2024年 第1期 总第12期

东吴哲学

马克思恩格斯哲学思想研究

任 平 桑明旭 主编

中国社会科学出版社

图书在版编目(CIP)数据

东吴哲学：马克思恩格斯哲学思想研究. 2024年. 第1期：总第12期／任平，桑明旭主编. -- 北京：中国社会科学出版社，2024. 12. -- ISBN 978-7-5227-4621-0

Ⅰ.A811.63

中国国家版本馆CIP数据核字第2024K57B29号

出 版 人	赵剑英
责任编辑	李　立
责任校对	张爱华
责任印制	张雪娇

出　　版	中国社会科学出版社
社　　址	北京鼓楼西大街甲158号
邮　　编	100720
网　　址	http://www.csspw.cn
发 行 部	010-84083685
门 市 部	010-84029450
经　　销	新华书店及其他书店
印　　刷	北京君升印刷有限公司
装　　订	廊坊市广阳区广增装订厂
版　　次	2024年12月第1版
印　　次	2024年12月第1次印刷
开　　本	787×1092　1/16
印　　张	13.5
插　　页	2
字　　数	206千字
定　　价	78.00元

凡购买中国社会科学出版社图书，如有质量问题请与本社营销中心联系调换
电话：010-84083683
版权所有　侵权必究

集 刊 名：东吴哲学·马克思恩格斯哲学思想研究

主　　办：苏州大学哲学系/苏州大学东吴哲学研究所
　　　　　中国马克思主义哲学史学会马克思恩格斯哲学思想研究分会

主　　编：任　平

执行主编：桑明旭

编 委 会：（按姓氏笔画排列）
　　　　　于树贵　车玉玲　任　平　邢冬梅　朱光磊　朱耀平
　　　　　庄友刚　李继堂　吴忠伟　陈　忠　陈进华　周可真
　　　　　姚兴富　桑明旭　韩焕忠　程雅君

责任编辑：王一成　王光耀　刘庆申　李翠琴　苏培君
　　　　　陈广辉　张晨耕

本期执行编辑： 苏培君

投稿邮箱：dongwuzhexue@126.com
　　　　　marxandengels@126.com

目 录

· **新时代人文经济学的哲学阐释（专题）** ·

新时代人文经济学出场逻辑的唯物史观阐释　　　　　　　　　　　桑明旭／1
新时代人文经济学的历史逻辑与思想史考察　　　　　　　王一成　李惟兆／13
新时代人文经济学的借鉴与创新　　　　　　　　　　　　　　　　张晨耕／29
从"经济伦理"到"人文经济"
　　——以先秦儒家经济伦理现代化转型为中心的考察　　苏培君　章亮亮／40

· **马克思主义哲学** ·

当代资本主义的新变化及其实质　　　　　　　　　　　　　　　　杨思基／57
《马克思恩格斯全集》中文第二版第39卷《前言》准《编辑说明》探析
　　　　　　　　　　　　　　　　　　　　　　　　　　　　　　陈长安／74
资本现代性的限度与中国新现代性的建构　　　　　　　　　　　　刘庆申／86

· **中国哲学** ·

黄老道家的社会治理思想　　　　　　　　　　　　　　　朱光磊　汪正祺／95
"金岳霖问题"与中国哲学的"名实"关系散论　　　　　　　　　于树贵／114
谈"幾（機）"　　　　　　　　　　　　　　　　　　　　　　　姚兴富／123

· **外国哲学** ·

斯宾诺莎论实体、万物和 conatus　　　　　　　　　　　　　　　陈广辉／137

· **科学技术哲学** ·

量子纠缠的非定域性和狭义相对论的定域性之间的关系问题　　　　李继堂／146

价值设计的发生、确立与发展 　　　　　　　　　　　　　　　　　　　　贾浩然 / 156

· 城市哲学 ·

现代城市的问题根源、社会历史本质与未来走向 　　　　　　　　　　　杨泽峰 / 171

· 书评 ·

马克思的感性概念及其理论效应的系统性阐发
　　——评《马克思的感性概念》 　　　　　　　　　　　　　　　　　翁　路 / 185

· 会议综述 ·

社会发展问题的理论根据、历史实践和当代创新
　　——"马克思的社会发展理论与中国式现代化"高端论坛综述
　　　　　　　　　　　　　　　　　　　　　　　　　　　　宋晓杰　吕世荣 / 196

重访马克思：从马克思现代性思想到中国式现代化
　　——"马克思现代性思想与中国式现代化"学术研讨会暨中国
　　　马哲史学会马恩哲学思想研究分会年会综述 　　　　　　　　　　王众凯 / 205

·新时代人文经济学的哲学阐释（专题）·

新时代人文经济学出场逻辑的唯物史观阐释

桑明旭[*]

摘　要　在新时代人文经济学研究中，系统澄清其当代出场的必要性、可行性与具体路径，是一个关乎破题准确性、阐释客观性、知识普遍性的前提性问题。以唯物史观追问新时代人文经济学的出场逻辑，必然指向对"两个大局"背景下世界和中国经济发展转型以及二者相互关系的历史性剖析。在"百年变局"时代，遵循"物的逻辑"的全球经济发展方式遭遇到一场无法继续通过传统"空间转移""生态修复"方式来予以缓解的深层危机。面对危机，不同于因循守旧的传统资本输出大国，中国在现代化进程中走出了一条有助于破解危机的可行性道路，打破了经济现代化必须遵循"物的逻辑"的迷思。人口规模巨大、全体人民共同富裕、物质文明和精神文明相协调、人与自然和谐共生、走和平发展道路，这些特征鲜明地体现出中国式现代化的经济形态是一种高度重视人的因素尤其是人的文化因素之于经济高质量发展的强大推动作用的经济发展新类型，即文化与经济的交融互动、融合发展的人文经济。从当前全球经济危机的根源、文化经济演进的趋势以及中国式现代化的世界影响来看，人文经济构成了全球经济转型的重要方向，而对这一转型的思想表达就是新时代人文经济学。

关键词　新时代人文经济学；出场逻辑；唯物史观；"两个大局"；中国式现代化

恩格斯在介绍和评价马克思的《政治经济学批判》第一分册时指出："在历史上出现的一切社会关系和国家关系，一切宗教制度和法律制度，一切理论观点，只有理解了每一个与之相应的时代的物质生活条件，并且从这些物质条件中被引申出来的时候，才能理解。"[①] 在这里，恩格斯深刻阐明了以唯物史观剖析一切理论观点的必要性及其相应的立场、观点、方法。时代是思想之母，实践是理论之源。在人

---

[*] 桑明旭，苏州大学哲学系教授、博士生导师，苏州大学人文经济学研究院研究员。
[①] 《马克思恩格斯文集》第 2 卷，人民出版社 2009 年版，第 597 页。

类思想史上，任何一种科学的理论知识都不是奇迹般地凭空出现的，其产生原因、发展过程总是与相应时代的内在规律、演进趋势本质性地关联在一起，并呈现为这一时代的主导性思想任务的重要组成部分或引领性要素。如果抛开时代背景和实践因素，就无法对这一理论知识作出深刻的理解与把握。习近平总书记指出，"唯物史观是我们共产党人认识把握历史的根本方法"①，"历史和现实都表明，只有坚持历史唯物主义，我们才能不断把对中国特色社会主义规律的认识提高到新的水平，不断开辟当代中国马克思主义发展新境界"②。因此，当前以唯物史观深化新时代人文经济学研究，需要深度追问、系统澄清其何以从当今时代的物质条件中被引申出来、其出场的现实逻辑是怎样的，而这一追问和澄清工作必然指向对"两个大局"（中华民族伟大复兴战略全局和世界百年未有之大变局）这一"我们谋划工作的基本出发点"③ 的历史性剖析。

一 全球经济发展遭遇"百年变局"意味着什么？

关于"百年变局"，习近平总书记作出了一系列重要论述，为我们深刻理解当今时代全球发展变化提供了根本遵循。应当说，"百年变局"的具体表现形式是多种多样的，我们可以从多个方面或多个维度来分析和把握；但是，根据唯物史观关于"物质生活的生产方式制约着整个社会生活、政治生活和精神生活的过程"④、"历史过程中的决定性因素归根到底是现实生活的生产和再生产"⑤、"经济的前提和条件归根到底是决定性的"⑥ 等基本原理，当前全球经济层面的重大变化才是催生"百年变局"的根本原因。因此，我们在剖析"百年变局"时，不能离开全球经济转型这条主线。既然"百年变局"是奠基于全球经济大调整大转换之上的，那么当前全球经济大调整大转换具体指的是什么呢？只有厘清这一问题，我们对"百年变局"的理解和把握才能达到唯物史观的理论高度。

需要注意的是，习近平总书记在强调深刻把握"百年变局"之于我们的理论和实践探索具有重要意义的同时，也特别指出当前我们所处时代的宏观背景依然是

---

① 习近平：《在党史学习教育动员大会上的讲话》，《求是》2021年第7期。
② 习近平：《坚持历史唯物主义不断开辟当代中国马克思主义发展新境界》，《求是》2020年第2期。
③ 《习近平谈治国理政》第三卷，外文出版社2020年版，第77页。
④ 《马克思恩格斯文集》第2卷，人民出版社2009年版，第591页。
⑤ 《马克思恩格斯文集》第10卷，人民出版社2009年版，第591页。
⑥ 《马克思恩格斯文集》第10卷，人民出版社2009年版，第592页。

"马克思主义所指明的历史时代"①。也就是说,当今时代的全球大变局,依然是发生在"马克思主义所指明的历史时代"的重大变化调整。毋庸讳言,"马克思主义所指明的历史时代"是资本主义生产方式居于主导地位的"资产阶级时代"②,而在"资产阶级时代"中,资本是"普照的光"和"特殊的以太"③,这意味着对"百年变局"时代全球经济大调整大转变的原因和趋势的分析、对资本逻辑和资本主义生产方式历史演变的分析这两项任务必然是紧密绑定在一起的。

从某种意义上说,资本主义生产方式的形成和发展与全球经济的形成和发展是同一个历史过程。在资本主义生产方式形成之前,真正意义上的全球化和世界历史并没有被开辟出来,在区域性世界历史而非世界历史的时代背景下,是不存在真正的"世界经济""全球经济"的。纵观近代以来资本主义生产方式的形成发展过程及其对全球经济的影响,我们不难发现:在资本原始积累阶段,正处于加速形成阶段的全球经济的主导原则是"暴力输出",即西欧相关国家以暴力殖民方式在全球掠夺资源,从而为资本主义生产方式在西欧的确立积累条件。关于此,正如马克思所言:"美洲金银产地的发现,土著居民的被剿灭、被奴役和被埋葬于矿井,对东印度进行的征服和掠夺,非洲变成商业性地猎获黑人的场所——这一切标志着资本主义生产时代的曙光。"④ 客观地说,在资本原始积累阶段,虽然一些经济贸易已经开始在全球范围内展开,但是具有普遍性意义的世界市场和经济秩序尚未形成,因而这一时期的全球经济只是处在呼之欲出的阶段。在自由竞争资本主义阶段,普遍性的世界市场逐渐形成,全球经济规则也逐渐建立起来,与之相应,全球经济的主导原则也发生了改变。在这一阶段,尽管"暴力输出"方式依然在场,但是它已经演化为"商品输出"的附属品,成为保障"商品输出"正常进行的必要力量。在这一阶段,正如马克思、恩格斯在《共产党宣言》中所指出的那样:"不断扩大产品销路的需要,驱使资产阶级奔走于全球各地。它必须到处落户,到处开发,到处建立联系……它的商品的低廉价格,是它用来摧毁一切万里长城、征服野蛮人最顽强的仇外心理的重炮。"⑤ 在垄断资本主义阶段,全球经济的主导原则再次发生了重大变化,即"资本输出"取代了"商品输出"。在《帝国主义是资本主义的最高阶

---

① 参见习近平《深刻认识马克思主义时代意义和现实意义 继续推进马克思主义中国化时代化大众化》,《人民日报》2017年9月30日第1版。
② 在《共产党宣言》中,马克思、恩格斯明确指认自己所处的时代是"资产阶级时代",他们说:"我们的时代,资产阶级时代,却有一个特点:它使阶级对立简单化了。"(参见《马克思恩格斯文集》第2卷,人民出版社2009年版,第32页)
③ 《马克思恩格斯文集》第8卷,人民出版社2009年版,第31页。
④ 《马克思恩格斯文集》第5卷,人民出版社2009年版,第860—861页。
⑤ 《马克思恩格斯文集》第2卷,人民出版社2009年版,第35页。

段》中，列宁明确指认了这一重大转变："对自由竞争占完全统治地位的旧资本主义来说，典型的是商品输出。对垄断占统治地位的最新资本主义来说，典型的则是资本输出。"[①] 从全球经济结构及其空间布局状况来看，"资本输出"取代"商品输出"在经济层面的核心表现是：在全球经济体系中，在一个地方（主要是经济发达的地方）生产商品、在另一个地方（主要是经济欠发达的地方）销售商品的局面被极大地改变了，经济发达的国家或地区通过"资本输出"直接将产业资本移植到经济欠发达的国家或地区，这样一来，不论是商品的生产还是商品的交换，都可以在同一个地方进行。基于上述分析可以发现，从"暴力输出"到"商品输出"再到"资本输出"，展现出资本开辟全球化和世界历史以来全球经济发展演变的一条清晰脉络。

从总体上看，在过往，全球经济发展的主导原则不论是从"暴力输出"转变为"商品输出"，还是从"商品输出"转变为"资本输出"，贯穿其中的都是"物的逻辑"，全球经济发展所追求的目标几乎都是物质财富的生产和再生产。具体而言，在历史发展中，全球经济的主导原则从"暴力输出"转变为"商品输出"，一方面是因为只有将掠夺而来的资源以商品生产和交换的形式组织起来才能实现物质财富的最大化，另一方面是因为只有将商品向全球市场销售才能缓解区域性的物质产品生产过剩危机。全球经济的主导原则从"商品输出"转变为"资本输出"，一方面是因为这一转变能够极大地减少人力、物力、交通等成本并缩短资本周转时间，另一方面是因为这一转变可以综合缓解区域性的商品生产过剩危机、生态环境危机、资本过剩危机。进一步分析则可以发现，不论是"暴力输出""商品输出"还是"资本输出"，都是建立在一个国家或地区对其他国家或地区的实体性资源（包括空间资源、生态资源、人口资源等）的掠夺和占有基础之上的，当一个国家或地区出现商品生产过剩危机、生态环境危机、资本过剩危机时，它便以牺牲其他国家或地区的实体性空间和生态条件的方式来"转移""修复"自己的危机，进而在全球经济发展中继续攫取物质财富。

但是，人类只有一个地球，全球范围内可以用于"空间转移""空间修复"的实体性条件是有限的，这一前提决定了不论是"暴力输出""商品输出"还是"资本输出"，其效力都是有限的，当产业资本的生产方式在全球广泛布展之后，就没有额外的空间和生态条件供其进行"空间转移""空间修复"了。当前，随着全球生态危机的普遍化、广泛化、深层化，一个国家或地区即便将高耗能、高污染、高排放的产业资本向外转移，也无法独善其身。正是因为深刻洞察到资本主义生产方

---

① 《列宁选集》第 2 卷，人民出版社 2012 年版，第 626 页。

式所主导的全球经济发展的这种趋势，一大批研究者尤其是西方生态学马克思主义阵营中的部分论者强调，全球化的彻底完成之时也就是资本主义生产方式的最终崩溃之时。必须承认，从当下的视角来看，上述观点是存在一定缺陷的，即相对低估了资本主义生产方式巨大的创新和调整能力，但是它也的确鲜明指出了遵循资本的"物的逻辑"的世界经济发展在全球化深度完成之后必然要遭遇一次前所未有的重大危机，即一种无法通过"暴力输出""商品输出""资本输出"来整体解决的危机。从世界历史的主导原则和全球经济发展的底层逻辑来看，当资本主义生产方式遭遇到全球实体性空间和生态条件的根本性制约之后，其所规制的全球经济发展必然要遭遇一场前所未有的危机。面对这场危机，全球经济向何处去，是依照"物的逻辑"继续走过去那种对实体性空间和生态条件严重依赖的老路，还是突破"物的逻辑"的制约积极开辟新路，就成为一个关乎时代走向和人类前途命运的重大历史课题。

当今世界，因循守旧走老路、开拓进取寻新路，这两种经济发展方式同时存在。对于一些传统"资本输出"大国来说，由于其在全球经济发展中依然占据最为重要的地位，因而一方面坚持霸权主义和强权政治，以继续维持自身金融资本的强势输出，另一方面采取单边主义和保护主义，以维护自身的实体经济最低程度地受到外部冲击。但是正如前文所述，在当前这个全球深度一体化的时代，传统"资本输出"大国所采取的上述应对方式是不可持续的，对其他国家或地区的实体性资源的攫取不仅会加剧日益严重的全球生态环境危机，也会造成地缘政治的高度紧张，给全球和平发展带来一系列不确定性因素。全球实体性发展资源的总量是有限的，各个国家的经济发展需求是无限的，对实体性发展资源展开激烈争夺以实现最大化占有必然会导致民族间、国家间的矛盾和冲突。面对这种矛盾和冲突，一些国家尤其是后发现代化国家一直在努力寻找破解之道。在其中，中国作为世界第二大经济体和对全球发展高度负责任的大国，通过长期的理论和实践探索，走出了一条有助于破解"百年变局"时代全球经济发展困境的可行性道路。

二 中国式现代化的经济形态：一种新的经济发展类型

现代化是人类社会发展的必然方向，是中华民族矢志不渝的奋斗目标，也是全面推进中华民族伟大复兴的关键动力。近代以来，在现代化道路的探索过程中，西方式现代化、苏联式现代化先后构成中国的参照和模仿对象。在马克思主义的科学指导下，中国共产党带领人民通过艰苦奋斗，在充分借鉴西方式现代化、苏联式现代化的积极方面并破除"西教条""东教条"的制约的基础上，开创了中国式现代化新道路和人类文明新形态。

"现代化"是一个整体性概念，其内在地包含经济、政治、文化等各个方面的现代化。人类社会是一个"一切关系在其中同时存在而又互相依存的社会机体"[①]，其中，"生产关系的总和构成社会的经济结构，即有法律的和政治的上层建筑竖立其上并有一定的社会意识形式与之相适应的现实基础"[②]。经济现代化构成社会现代化的根基，构成政治现代化、文化现代化的根本动因，在这个意义上，中国式现代化的成功开辟，决定性地意味着中国在探索现代化道路的进程中开创出了一条中国式的经济发展道路。由于"中国式现代化，打破了'现代化=西方化'的迷思，展现了现代化的另一幅图景"[③]，因而其必然也决定性地意味着中国式经济发展道路是不同于西方式经济发展道路的；由于"中国式现代化既有各国现代化的共同特征，更有基于自己国情的鲜明特色"[④]，因而其必然也决定性地意味着中国式经济发展道路不仅具有鲜明的中国意义，也有深远的世界价值。那么，在开创中国式现代化的过程中，中国所走出的这条经济发展道路具体是怎样的呢？我们可以基于中国式现代化的五大特色来进行概括。

其一，中国式现代化是人口规模巨大的现代化，这意味着中国经济发展的主体只能是广大人民群众，人民群众是中国经济发展的根本动力。在人类社会从传统向现代的转型过程中，人口规模如此巨大的现代化前所未有，实现这一现代化的艰巨性也前所未有，进而，实现这一现代化的基础性力量即经济发展道路的复杂性也前所未有。面对这种情况，如果抛开人的主体性因素，仅仅从物的客体性因素出发来考量和推动中国经济发展，是断然不可能取得成功的。坚持以人民为中心而非以资本为中心的发展思想，高度重视人的主体性、能动性、创造性，是走人口规模巨大的经济现代化道路的应有之义。

其二，中国式现代化是全体人民共同富裕的现代化，这意味着作为中国经济发展主体的人不是抽象的"经济人"而是"现实的个人"，中国经济发展的目标和取向不是"经济人"的财富积累而是"现实的个人"的共同富裕。以资本为原则的西方经济现代化模式所追求的是"经济人"的物质财富的积累，并主张在"经济人"依照趋利避害本性不断获取物质财富的过程中，整个社会的财富在"看不见的手"潜移默化的调节下也会随之不断增加。然而事实并非如此。正如马克思指出的那样，在资本逻辑规制的经济发展中，"工人生产的财富越多，他的生产的影响和规模越

---

① 《马克思恩格斯文集》第1卷，人民出版社2009年版，第604页。
② 《马克思恩格斯文集》第2卷，人民出版社2009年版，第591页。
③ 习近平：《正确理解和大力推进中国式现代化》，《人民日报》2023年2月8日第1版。
④ 习近平：《正确理解和大力推进中国式现代化》，《人民日报》2023年2月8日第1版。

大，他就越贫穷"①，在社会中出现严重的贫富差距是一种必然的普遍现象。马克思深刻批判了以"经济人"为出发点的各种理论和实践方式的问题与弊端，强调真正的出发点是"现实的个人"及其物质生产实践，西方现代化语境中所谓的理性"经济人"在本质上不过是资本的人格化或代言人，而唯物史观语境中的"现实的个人"在本质上则是一切社会关系的总和。正因如此，中国坚持走以全体人民共同富裕为目标的现代化道路，决定着中国经济发展与西方经济发展遵循不同的内在原则。既然中国经济发展是以"现实的个人"为出发点和落脚点的，并且"现实的个人"不仅是"经济人"还是"社会人""文化人"，那么中国在经济发展中也就必然会高度重视、充分发挥人的社会因素和文化因素的重要作用。

其三，中国式现代化是物质文明和精神文明相协调的现代化，这意味着中国经济发展不仅注重物质财富的创造也注重精神文化的创造。在以高质量经济发展推动现代化建设的进程中，物质财富的创造无疑具有基础性作用，没有充足的物质财富，"在极端贫困的情况下，必须重新开始争取必需品的斗争，全部陈腐污浊的东西又要死灰复燃"②。但是，只注重创造物质财富而忽视人民群众的精神文化需要，也会导致物质主义和工具理性盛行、主体单向度发展等问题，这反过来会影响和制约经济的高质量发展。要在现代化进程中实现物质文明和精神文明协调发展，就不能单方面强调经济对文化的决定作用，而要充分激活文化之于经济发展的强大反作用。

其四，中国式现代化是人与自然和谐共生的现代化，这意味着中国经济发展不能走涸泽而渔、焚林而猎的不可持续道路，而要走尊重自然、保护自然、顺应自然规律的可持续道路。我们在前文中指出，近代以来，全球经济发展总体上遵循"物的逻辑"，其增长方式是建立在对自然资源（不论是本国的还是他国的）的高度依赖基础之上的，对自然的污染和破坏是一种普遍现象，而在"百年变局"时代，这种增长方式遭遇到了根本性的制约。走人与自然和谐共生的现代化道路，强调自然界是人的无机身体、人与自然是生命共同体、既要金山银山又要绿水青山、绿水青山就是金山银山，就必须破除传统的高污染、高耗能、高排放的经济发展方式，开创一条崭新的绿色发展道路。这条绿色发展道路的开创，除了依赖于不断提高物质性自然资源的利用效率之外，还依赖于非物质性生产要素在社会整体经济结构中所占比重的不断提升，而在物质性自然资源之外的非物质性生产要素中，与精神文化相关的生产要素无疑是极为重要的方面。

其五，中国式现代化是走和平发展道路的现代化，这意味着在发展道路的选择

---

① 《马克思恩格斯文集》第1卷，人民出版社2009年版，第156页。
② 《马克思恩格斯文集》第1卷，人民出版社2009年版，第538页。

上，中国与那些通过战争、殖民、掠夺等方式实现现代化的国家存在本质不同。在人类发展史上，不同的经济发展方式规制着不同的现代化道路，不同的现代化道路形塑着不同的国际秩序、世界格局和人类文明。囿于全球发展需求无限性和实体性发展资源有限性之间的矛盾，那种完全遵循"物的逻辑"、将实体性发展资源作为经济发展绝对主导要素的经济发展方式必然推动全球秩序和世界格局陷入"丛林状态"，遵循"一切人反对一切人的战争"的弱肉强食逻辑。中国经济发展道路之所以是站在"历史正确""历史主动"一边的和平发展道路，主要原因就是它以新型工业化代替了传统工业化、以新型城市化代替了传统城市化、以绿色文明代替了传统工业文明，在高效利用实体性发展资源的基础上，充分调动了人的主体因素，充分激活了文化因素的经济价值。

习近平总书记指出："中国式现代化，深深植根于中华优秀传统文化，体现科学社会主义的先进本质，借鉴吸收一切人类优秀文明成果，代表人类文明进步的发展方向，展现了不同于西方现代化模式的新图景，是一种全新的人类文明形态。"[①]经济现代化是社会现代化的基础，在中国式现代化的开辟和推进过程中，中国经济发展也必然深深根植于中华优秀传统文化，体现社会主义的先进本质，借鉴吸收一切人类优秀文明尤其是经济文明成果，代表人类文明进步尤其是经济进步的发展方向，是一种全新的经济发展类型。从上述分析来看，这是一种高度重视人的因素尤其是人的文化因素之于经济高质量发展具有强大推动作用的全新经济发展类型，即强调"文化经济化和经济文化化""文化与经济的交融互动、融合发展"[②]的人文经济。

三 新时代人文经济学："两个大局"背景下经济发展转型趋势的思想表达

当今时代，中华民族伟大复兴战略全局和世界百年未有之大变局交织激荡，面对时代之问、世界之问、历史之问，我们需要以契合时代发展规律的理论来对其进行概括和表达。人文经济是中国式现代化的经济形态的典型表现形式，代表着未来的发展方向，也代表着"两个大局"时代全球经济转型的方向，对其展开系统性的概括表达必然催生出新时代人文经济学这一知识体系和学问内容。

2023年7月，习近平总书记在视察苏州时指出："苏州在传统与现代的结合上

[①] 习近平：《正确理解和大力推进中国式现代化》，《人民日报》2023年2月8日第1版。
[②] 习近平：《之江新语》，浙江人民出版社2007年版，第232页。

做得很好，这里不仅有历史文化的传承，而且有高科技创新和高质量发展，代表未来的发展方向。"① 这是对苏州长期坚持的传统与现代相结合、经济与文化相融合的经济发展方式的高度认可。结合习近平总书记在 2023 年全国两会期间参加江苏代表团审议时所强调的内容，即"上有天堂下有苏杭，苏杭都是在经济发展上走在前列的城市。文化很发达的地方，经济照样走在前面。可以研究一下这里面的人文经济学"②。可以发现，在新时代新征程上，人文经济是代表未来发展方向的重要经济类型之一，在以中国式现代化全面推进中华民族伟大复兴的进程中，作为一种新的经济类型，人文经济将发挥不可替代的重要推动作用。在当代中国，既然人文经济已经成为一种根植历史、立足当下、面向未来的重要经济类型，那么依照理论来源于实践的逻辑，人文经济的实践展开必然催生一种关于人文经济的学问即新时代人文经济学；同样，依照理论指导实践的原则，为了推动人文经济在未来发展中行稳致远，一种能够对之进行科学规划和准确指导的理论即人文经济学也必须在当代出场。由此可见，新时代人文经济学是对"中华民族伟大复兴战略全局"背景下中国经济发展趋势的新判断和新概括。

从"百年变局"背景下的全球经济发展来看，在当前，由于传统的经济发展方式遭受到实体性空间和生态条件的严重制约，以集约型和可持续性为基本特征的新型产业经济、以非物质生产为基本特征的知识经济和文化经济在全球经济结构中的占比将会呈持续上升趋势。在此意义上，尽管中国的人文经济与西方的人文经济存在诸多不同（尤其是主导原则上的本质不同），但是其在很大程度上已经构成全球经济转型的重要方向。要想深刻把握这一点，我们还需要对西方文化经济（不能完全等同于人文经济）的演进历程、内在逻辑、当代趋势展开一番历史性的分析考察。

以文化与经济关系的演变为主线审视西方文化经济的发展历程，我们可以将其划分为三个基本阶段。第一个阶段是"文化资本化"阶段，文化与经济的关系主要表现为文化尤其是科学文化以"一般智力"的方式转化为产业资本的生产要素。在这个阶段，文化经济虽然已经出现，但是其在社会总体经济结构中的比重是非常小的，以至于马克思在评价诸如表演艺术家、演员、演说家等群体的文化活动和文化成果时指出："资本主义生产在这个领域中的所有这些表现，同整个生产比起来是

---

① 转引自杜尚泽、潘俊强《总书记关注的这个题目，有中国的未来》，《人民日报》2023 年 7 月 10 日第 1 版。

② 转引自杜尚泽、潘俊强《总书记关注的这个题目，有中国的未来》，《人民日报》2023 年 7 月 10 日第 1 版。

微不足道的，因此可以完全置之不理。"① 第二个阶段是"资本文化化"阶段，文化与经济的关系主要表现为资本大量涌入文化产业并以文化产品的生产和销售的方式来获得利润。在这一时期，文化经济获得了快速发展，其主要形式就是霍克海默（Horkheimer）、阿道尔诺（Adorno）在《启蒙辩证法：哲学断片》中所批判的文化工业，即"文化工业的技术，通过祛除掉社会劳动和社会系统这两种逻辑之间的区别，实现了标准化和大众生产"②，"文化是一种充满悖论的商品"③。第三个阶段是当前初露端倪的"资本文化融合化"阶段，文化与经济的关系主要表现为相互融合、相互驱动、比翼齐飞。当然，从根本上说，在这一时期，文化依然受到资本的制约，但是其在资本发展中已既不再像"文化资本化"阶段那样仅仅作为产业资本的生产要素，也不再像"资本文化化"阶段那样仅仅作为资本生产的对象，而是发挥出明显不同于以往的强大的主体性和能动性力量。不难发现，当今时代，是否具有较好的文化品牌效应，是否能够反映消费者的文化认知，是否能够契合消费者的文化生活，已经成为决定一个市场主体在激烈竞争中能否长期立足和发展的决定性因素。正如有学者指出的那样，在当今时代，"文化因素成为渗透一切的主导因素"④。当然，需要注意的是，西方文化经济在其发展的第三个阶段依然或多或少地保留着前两个阶段的痕迹，在其中，"物的逻辑"依然占据主导性的地位，对实体性发展条件的严重依赖及其蕴含的危机依然未得到整体解决，但是从发展逻辑尤其是文化与经济关系的演变趋势来看，其正在向今天我们所言说的人文经济的方向迈进。

之所以如此，主要原因包括如下既相互联系又相互区别的两个方面。其一，以资本为原则的全球经济体系在今天依然具有面对新的利润空间或新的增殖危机而不断调整和创新的能力，正是这种调整和创新推动了文化经济发展在今天呈现出"资本文化融合化"的态势，并逐渐向人文经济方向演进。马克思、恩格斯在《共产党宣言》中指出："资产阶级除非对生产工具，从而对生产关系，从而对全部社会关系不断地进行革命，否则就不能生存下去。反之，原封不动地保持旧的生产方式，却是过去的一切工业阶级生存的首要条件。生产的不断变革，一切社会状况不停的动荡，永远的不安定和变动，这就是资产阶级时代不同于过去一切时代的地方。"⑤

---

① 《马克思恩格斯文集》第8卷，人民出版社2009年，第417页。
② [德]马克斯·霍克海默、西奥多·阿道尔诺：《启蒙辩证法：哲学断片》，渠敬东、曹卫东译，上海人民出版社2006年版，第108页。
③ [德]马克斯·霍克海默、西奥多·阿道尔诺：《启蒙辩证法：哲学断片》，渠敬东、曹卫东译，上海人民出版社2006年版，第146页。
④ 任平：《文化的资本逻辑与资本的文化逻辑：资本创新场景的辩证批判》，《江海学刊》2013年第1期。
⑤ 《马克思恩格斯文集》第2卷，人民出版社2009年版，第34页。

在全球经济发展遭遇实体性条件严重限制的情况下，为了缓解危机以持续在场，资本必然会创造出一种新的经济形式，即以非物质生产为基本特征的文化经济形式，并且这种文化经济在全球经济总体结构中的占比也必然会呈持续上升趋势。同时，由于以资本为原则的文化经济在其第一和第二阶段依然是建立在实体性发展条件基础之上的，因而它也必然会随着全球经济新一轮创新调整而向文化与经济深度交织交融的人文经济方向演进。其二，在经济全球化背景下，中国人文经济发展构成了全球文化经济转型的重要动力。一方面，作为人口占世界五分之一的大国和极具活力的世界第二大经济体，中国的人文经济发展本身即构成全球经济转型的重要组成部分。在全球分工协作高度紧密化、产业关联绑定高度一体化的背景下，面对中国人文经济发展给全球经济带来的巨大机遇，相关国家必然会转变经济发展方式，通过发展人文经济来融入新的经济格局以获得利益。另一方面，中国始终是全球经济升级转型的倡导者和推动者，面对传统经济发展方式导致的各种问题，中国大力号召全球走绿色、低碳、循环、可持续的经济发展道路，不仅以自身经济增长方式转变助推国内生态环境发生全局性、历史性、转折性的变化，而且积极主动地为全球许多发展中国家提供帮扶。在全球文化交往和人文经济发展上，中国坚定主张"不同国家、民族的思想文化各有千秋，只有姹紫嫣红之别，而无高低优劣之分。每个国家、每个民族不分强弱、不分大小，其思想文化都应该得到承认和尊重"①；换言之，尽管不同国家、不同民族的文化各不相同，但它们都可以在各国各民族的经济发展中发挥重要作用。再一方面，作为世界上最大的发展中国家，中国的人文经济实践深刻证明，在当今时代，任何国家不论其是否实现了现代化，都是可以发展人文经济的，对于各国各民族来说，那种先工业文明后生态文明或先污染后治理的经济发展道路并不具有"铁的必然性"。同样，在发展人文经济的过程中，文化经济的第一和第二个阶段也不是每个国家都必然要经历的过程，各个国家在充分占有和汲取人类既有文明的积极成果的基础上，可以绕开"文化资本化"和"资本文化化"阶段，快速走上"资本文化融合化"的人文经济发展道路。

综上所述，在"百年变局"的历史关口，中国式现代化开辟的人文经济类型已不可逆转地成为全球经济转型的趋势和方向。由于这种经济类型的宏观历史背景依然是"马克思主义所指明的历史时代"，因而马克思主义政治经济学的立场观点方法之于我们分析今天的人文经济实践、人文经济现象依然具有不可替代的指导性作用；由于这种经济类型与马克思主义创始人当年所面对和剖析的经济类型相比已经

---

① 习近平：《论坚持推动构建人类命运共同体》，中央文献出版社 2018 年版，第 161 页。

发生了重大变化,因而必然要有一种中国化时代化的马克思主义政治经济学来对之加以科学表达。在这个意义上,新时代人文经济学的当代出场,既是"百年变局"时代全球经济转型趋势使然,也是马克思主义政治经济学与时俱进品质的内在要求及其理论表现。

新时代人文经济学的历史逻辑与思想史考察[*]

王一成　李惟兆[**]

摘　要　从历史上看，新时代人文经济学萌芽于习近平同志早年在河北、福建等地工作的时期，在基层和地方的工作实践中，习近平同志特别注重文化建设和精神文明对经济发展的引领作用，开始关注经济发展中人与文化的相互作用；形成于习近平同志主政浙江时期提出并落实的作为浙江省域治理总纲领和总方略的"八八战略"，特别是在《之江新语》等文献中进一步发展了人、文化与经济的辩证关系。党的十八大以来，以习近平同志为核心的党中央紧密结合新的时代条件和实践要求，系统回答了新时代坚持和发展什么样的中国特色社会主义、怎样坚持和发展中国特色社会主义等重大时代课题，创立了习近平新时代中国特色社会主义思想。在习近平新时代中国特色社会主义思想中，人文经济学思想始终贯穿其中，成为其重要的理论基石与价值指引。这标志着人文经济学的确立。2023年3月习近平总书记在全国两会期间参加江苏代表团审议时的讲话，以及同年7月在江苏省苏州市考察时的讲话揭开了新时代人文经济学研究走向深入的序幕，人文经济"代表未来的发展方向"，这是中国式现代化高质量发展的经济形态，也是中华民族建设现代文明的崭新道路。

关键词　人文经济学；习近平；历史逻辑；思想史；中国式现代化

纵览世界经济思想史，注重"人"本身的地位、强调人文价值的经济思想由来已久。且不论中国古代将"经济"理解为"经邦济世""经国济民"，即直接把物质生产活动和治理国家、救助庶民联系在一起，古希腊将"经济"指涉为"家庭的生活事务管理"，即使到了近现代以"经济人"假设作为自身理论基石的自由主义经济学那里，实现人文价值和人文目标依然是经济学的最终落脚点。然而，作为一

---

[*] 本文系国家社会科学基金青年项目"当代法国学界《资本论》研究的最新进展及其评价研究"（编号：23CZX009）的阶段性成果。

[**] 王一成，苏州大学哲学系副教授、硕士生导师，苏州大学人文经济学研究院研究员；李惟兆，苏州大学哲学系本科生。

种学说或作为一种体系的"人文经济学"却是晚近的产物。在西方学界，人文经济学或是被作为部门经济的文化产业经济学加以研究，或是被作为对主流经济学片面追求数量增长之弊端的反思而被提及。应当说，与由资本逻辑占主导的主流经济学相比，西方人文经济学研究虽然取得了一定的进展，但就其本质而言，不过是新自由主义经济发展在意识形态领域内的理论反映。

因此，首先必须澄清，我们在这里谈的人文经济学不是打着西方自由主义旗号的人本经济学，也不是作为部门经济的文化产业经济学，而是特指新时代人文经济学。它根植于改革开放以来中国特色社会主义的伟大实践中，是马克思主义政治经济学与当代人文经济实践相结合的产物，是马克思主义中国化时代化理论创新的最前沿探索。从历史上看，新时代人文经济学萌芽于习近平同志早年在河北、福建等地工作的时期。在基层和地方的工作实践中，习近平同志特别注重文化建设和精神文明对经济发展的引领作用，开始关注经济发展中人与文化的相互作用；形成于习近平同志主政浙江时期提出并落实的作为浙江省域治理总纲领和总方略的"八八战略"，特别是在《之江新语》等文献中进一步发展了人、文化与经济的辩证关系。党的十八大以来，以习近平同志为核心的党中央紧密结合新的时代条件和实践要求，系统回答新时代坚持和发展什么样的中国特色社会主义、怎样坚持和发展中国特色社会主义等重大时代课题，创立了习近平新时代中国特色社会主义思想。在习近平新时代中国特色社会主义思想中，人文经济学思想始终贯穿其中，成为其重要的理论基石与价值指引。这标志着人文经济学的确立。2023 年 3 月习近平总书记在全国两会期间参加江苏代表团审议时的讲话，以及同年 7 月在江苏省苏州市考察时的讲话揭开了新时代人文经济学研究走向深入的序幕，人文经济"代表未来的发展方向"，这是中国式现代化高质量发展的经济形态，也是中华民族建设现代文明的崭新道路。

一 从河北正定到福建：新时代人文经济学的思想萌芽

新时代人文经济学萌芽于习近平同志早年在河北、福建等地工作的时期。在这一阶段，习近平同志先后在河北正定，福建厦门、宁德、福州和福建省委履职。在基层和地方的工作实践中，他特别注重文化和人才对经济发展的引领作用，开始关注经济发展中人与文化的相互作用，人文经济学思想开始萌芽。

第一，关注文化建设和精神文明建设。改革开放初期，党和国家将工作重心转移到经济建设上。由于历史认知的局限，一些领导干部片面追求经济指标的增长，而忽视了社会发展的客观规律，特别是经济、政治、文化、生态和社会的协同发展。

习近平同志敏锐地觉察到了这一问题,在不断推进经济发展的同时,高度关注文化建设和精神文明建设。

一是大力发展教育文化事业。1982年,习近平同志在河北正定工作时期,就在全县精神文明建设先进集体和先进个人代表会上指出,要"搞好教育文化事业",批评了"轻视文化、教育和歧视知识分子的错误观念"。[①] 针对教育文化事业,习近平同志一方面指出要改善当地学校的教学条件,另一方面则强调要关心人民群众的文化生活,为人们在劳动一天后提供"精神上的享受"[②]。习近平提出,要为正定人民普及公社文化站和集镇文化中心,大力举办农民夜校,组织文艺节目,以此丰富正定人民的文化生活。

二是推进精神文明和物质文明协调发展。在正定期间,习近平同志提出,要"真正把精神文明建设当作战略方针来抓"[③]。在他看来:"社会主义的物质文明建设和精神文明建设,是建设社会主义不可分割的两个部分,都是硬任务。它们互为条件又互为目的,相互促进,不可偏废。"[④] 在福建宁德工作时期,习近平同志以闽东为例,针对贫困地区做好精神文明建设的举措作了深入分析。这些都充分表明,习近平同志此时已经充分认识到精神文明建设的重要意义,意识到物质文明和精神文明协调发展的重要意义,初步形成了人文经济思想的价值底色。

三是"扶贫先扶志",思想脱贫是脱贫致富的应有之义。一般而言,脱贫致富主要指物质生产和物质生活层面的变迁过程,当物质生活达到一定的水平和层次后,再注重精神层面的改变和跃升。然而,习近平同志在早年工作期间就已经发现,脱贫致富并不仅仅局限于物质领域,他强调思想脱贫是脱贫致富的应有之义,在关注物质脱贫的同时要做到思想脱贫,把脱贫致富与精神文明建设结合起来。1988年,他在《弱鸟如何先飞——闽东九县调查随感》一文中着重指出,"扶贫先要扶志,要从思想上淡化'贫困意识'。不要言必称贫,处处说贫","要把脱贫与农村社会主义精神文明建设结合起来"[⑤]。在他看来,只有将物质脱贫和精神脱贫结合起来,脱贫工作才能真正落到实处,否则就会陷入发展的失衡状态,地方在脱贫后也难以有进一步发展。绝不能指望商品生产发展的过程中,贫困问题能够自然而然地解决,相反,正确的做法是兼顾物质文明和精神文明的发展。为此,必须"把思想道德教育和科学文化建设贯穿于脱贫致富的整个过程"[⑥]。

---

① 习近平:《知之深 爱之切》,河北人民出版社2015年版,第15页。
② 习近平:《知之深 爱之切》,河北人民出版社2015年版,第16页。
③ 习近平:《知之深 爱之切》,河北人民出版社2015年版,第17页。
④ 习近平:《知之深 爱之切》,河北人民出版社2015年版,第17页。
⑤ 习近平:《摆脱贫困》,福建人民出版社1992年版,第6页。
⑥ 习近平:《摆脱贫困》,福建人民出版社1992年版,第132页。

应当说，习近平同志对文化建设和精神文明建设的高度重视，反映了他在这一时期就已经充分认识到了片面追求经济指标增长发展模式的严重弊端，在紧抓脱贫致富的同时，他高度关注人民群众的精神文化需求，推进物质文明与精神文明协调发展，开始孕育出富有人文经济学底色的发展思维。

第二，强调人才对经济发展的引领作用。在推动地方经济发展的工作实践中，习近平同志还特别注重人才对经济发展的重要作用。1983 年，他在正定县全县干部会议上提出"人才对发展经济的作用不可估量"①。通过援引历史典故，习近平指出，当下要实现人民富裕、国家富强、中华振兴，就必然要求涌现出一大批与社会主义现代化建设相适应的各种有作为的人。1984 年，在石家庄地委召开的县委书记会议上，习近平同志进一步提出"念好'人才经'，开拓翻番路"。他从古今中外的历史经验出发，论证"开发人才是一项具有特殊地位的战略任务，关系四化成败，关系国家兴衰"，提出要从"内用、外招、上请、下挖、近补、远育"等六个方面多渠道开发人才，正确树立开发人才工作的"群体观、长远观、智力效益观、自我开发观"。② 这些都充分体现了习近平同志对人才工作的重视，展现了他对人与经济之间关系问题的思考。

针对闽东地区经济发展缓慢、办教育难的问题，习近平同志强调"必须站在经济、社会发展战略的高度来思考教育问题"③。习近平同志指出，发展教育事业必须因地制宜，适应闽东农村经济的发展，需要一个"泥土味十足"的教育特色。为此，必须把发展基础教育和发展职业技术教育、成人教育结合起来。可以看到，习近平同志在早年的工作实践中就已经洞察到人才对于地方经济发展的重要作用，因此特别关注地方的科教事业，逐渐形成了具有人文经济学思维方式的教育观和人才观。

第三，重视地方的历史文化。习近平同志十分关注地方的历史文化。1985 年 6 月，习近平同志赴厦门工作，担任厦门市副市长。为更好地了解厦门的历史传统和民俗民情，习近平同志特意找到厦门市地方志办公室的工作人员借阅相关书籍，认真聆听厦门的历史。习近平同志在地方工作时期，高度重视地方志、地方史，将当地的历史文化和人文底蕴当作自己开展工作的基础，表明他已经自觉地意识到地方的历史文化作为一种人文基础，对于当地经济发展的重要影响。在习近平同志看来，只有深刻了解当地的风土人情，立足于地方的实际，才能更有针对性地切实推动地方经济的长远发展。

---

① 习近平：《知之深 爱之切》，河北人民出版社 2015 年版，第 35 页。
② 参见习近平《知之深 爱之切》，河北人民出版社 2015 年版，第 154—165 页。
③ 习近平：《摆脱贫困》，福建人民出版社 1922 年版，第 129 页。

习近平同志在《闽东之光——闽东文化建设随想》中系统阐述了他在这一时期的文化建设思想。习近平同志指出，闽东地区灿烂的传统文化和闽东人民自强不息、艰苦奋斗、善良质朴的精神就是"闽东之光"。认识到自身的光彩，才有自信心、自尊心，才有蓬勃奋进的动力。习近平同志进而强调"文化建设本身也是精神文明建设""文明建设和改革开放密切相联"，① 闽东想要推进改革开放，就要让更多人了解闽东，突显闽东的特点，增加闽东的吸引力。在这一文化建设思想的引领下，习近平同志深入挖掘了闽东文化建设的宝贵素材，关注闽东的畲族文化、革命历史、脱贫之路和独特的自然风光，推进了独具闽东特色的文化建设工作，进而促进闽东地区的经济社会发展。可以看到，对当地历史文化的关切反映了习近平同志已经意识到人文环境与人文底蕴对于当地各项工作的开展有着重要影响。经济发展需要因地制宜，特别需要依托当地的人文环境，不断挖掘经济发展过程中的人文因素。

二 之江新语：新时代人文经济学的初步形成

2002年10月至2007年3月，习近平同志任浙江省委副书记、代省长和省委书记。这段历程，在习近平同志的地方领导实践中具有关键性的意义。他提出并落实的作为浙江省域治理总纲领和总方略的"八八战略"，不仅为浙江转型发展和长远谋划奠定了坚实基础，也成为习近平新时代中国特色社会主义思想形成的重要理论和实践准备。其中就包含"进一步发挥浙江的人文优势，积极推进科教兴省、人才强省，加快建设文化大省"② 的战略。这表明，在这一时期，习近平同志的人文经济学思想已经初步形成。

《之江新语》辑录了习近平同志担任中共浙江省委书记期间自2003年2月至2007年3月在《浙江日报》"之江新语"专栏发表的232篇短论。这些短论，鲜明提出了结合浙江实际、推进浙江经济社会科学发展的正确主张。在这些短论中，习近平同志已经初步阐释了其人文经济学思想，提出了以人民为中心的发展观和政绩观，进一步发展了马克思主义关于人、文化与经济的辩证关系思想，强调推进物质文明和精神文明协调发展，同时大力发展文化产业，重视地方文化的发掘和历史文化的保护，将"人文"与"经济"融为一体，强调经济发展的人文底色。

第一，以人民为中心的发展观和政绩观。在浙江任职期间，习近平同志已经敏

---

① 习近平：《摆脱贫困》，福建人民出版社1992年版，第17页。
② 习近平：《干在实处 走在前列——推进浙江新发展的思考与实践》，中共中央党校出版社2006年版，第73页。

锐觉察到了片面追求经济指标增长发展模式下的诸多弊端，强调领导干部要树立科学的发展观和政绩观，坚持以人民为中心，将各项工作落到实处，初步形成了以人民为中心的发展思想。在《要看GDP，但不能唯GDP》一文中，习近平同志旗帜鲜明地指出，要形成科学的政绩观和政绩考评制度，反对"唯GDP"的政绩观，并提出了考评政绩要坚持抓好发展与关注民生、对上负责与对下负责、立足当前与着眼长远的"三个结合"。习近平同志强调，必须把贯彻"立党为公、执政为民"这一本质要求作为一切工作的根本出发点和最终落脚点，领导干部"树政绩的根本途径是将人民群众的眼前利益和长远利益结合起来，尊重客观规律，按客观规律办事，脚踏实地地工作；树政绩的根本目的是为人民谋利益"[1]。这种以最广大人民的根本利益为标准的政绩观，突出了发展观中以人民为中心的基本立场。这些都体现了习近平同志发展观和政绩观中的人文向度，具有人文经济学的价值底色。

第二，人、文化与经济的辩证关系。文化，分为狭义文化和广义文化。狭义的文化主要指精神文化，在这一意义上，文化指与经济、政治相对应的领域，即唯物史观所指认的"意识形态观念上层建筑"。而广义的文化则包括物质文化、制度文化和精神文化三种形态，指人所创造的不同于自在自然和自身生物本能的东西，如生产工具、社会制度、观念习俗等。在广义层面上，文化即"人化"，它是相对于"自然"而言的。人文经济学所谈论的"文化"显然是在文化的广义层面上使用的，这里的"人文"与"文化"即人类的社会历史实践活动。在《之江新语》等文献中，习近平同志从区域发展的角度论述了人、文化与经济的辩证关系，进一步丰富和发展了马克思主义基本原理。他强调，人与文化实际上是统一的，人离不开文化，文化离不开人，两者合一便是"人文"。而文化与经济，即人文与经济之间，也是相互作用、辩证统一的。

首先，人与文化统一于"人文"。经济发展以社会发展为目的，社会发展以人的发展为归宿，而人的发展以精神文化为内核。西方自由主义经济学将"经济人""理性人"假定作为自己全部学说的立论基础，忽视了人存在和发展的多重维度，其理论推演与实践发展的结果必定导致人在资本逻辑支配下成为"物化的人"和"单向度的人"。马克思主义经典作家摒弃了从先验逻辑出发外在地设定人的抽象本质的做法，在历史的、现实的实践活动中考察人的存在和发展，把人的现实本质理解为"一切社会关系的总和"[2]。习近平同志对马克思主义基本原理的丰富和发展在于，他把人直接指认为"文化的人"。

---

[1] 习近平：《之江新语》，浙江人民出版社2007年版，第34页。
[2] 《马克思恩格斯文集》第1卷，人民出版社2009年版，第501页。

"文化即'人化',文化事业即养人心志、育人情操的事业。人,本质上就是文化的人,而不是'物化'的人;是能动的、全面的人,而不是僵化的、'单向度'的人。"① 这里的"文化"不是特指与经济基础相对应的"精神文化",而是广义上的文化,即"人化"。也就是说,把人放置于特定的社会历史实践活动中,且突出强调在物质生产生活领域之外,以精神文化为内核的全部实践活动和社会关系是人的真正本质。在习近平同志看来,人的发展与文化发展的统一性就要求既关注经济发展和物质文明建设,又关注文化发展和精神文明建设:"人类不仅追求物质条件、经济指标,还要追求'幸福指数';不仅追求自然生态的和谐,还要追求'精神生态'的和谐;不仅追求效率和公平,还要追求人际关系的和谐与精神生活的充实,追求生命的意义。"② "和合"文化是中华优秀传统文化的精髓之一,也是中华民族所追求的一种文化理念。因此,"文化育和谐,文化建设是构建和谐社会的重要保证和必然要求"③。

其次,文化是经济发展的"助推器"、政治文明的"导航灯"、社会和谐的"黏合剂"。在《文化是灵魂》和《文化育和谐》两篇文章中,习近平同志系统论述了文化的重要作用,揭示了文化发展对经济发展以及社会其他领域发展的重要意义。习近平同志指出:"文化的力量,或者我们称之为构成综合竞争力的文化软实力,总是'润物细无声'地融入经济力量、政治力量、社会力量之中,成为经济发展的'助推器'、政治文明的'导航灯'、社会和谐的'黏合剂'。"④

在历史发生学维度上,经济决定着文化,经济的物质平台是文化力量发挥效能的基础。而在具体的社会历史实践中,经济也离不开文化的支撑。一是没有文化为经济发展赋予的人文价值,人的经济活动就会彻底背离人存在的目的和价值。马克思在《1844年经济学哲学手稿》中提出"异化"理论,批判了资本主义制度下工人的"异化"生存状态——人在经济活动中找寻不到任何意义,经济活动成为纯粹谋生的手段,人被经济活动所奴役;二是文化可以作为一种"润滑剂",促进社会主体之间的沟通,并形成强大的社会凝聚力,在很大程度上提高社会的组织力和动员力,从而提高经济发展的组织效能;三是先进文化可以大幅度提高劳动力的素质,而劳动力作为生产力中最活跃的因素,可以极大地推动生产力发展,增强经济发展的活力和竞争力。实际上,文化不仅是经济发展的"助推器",能促进经济的增长,还是真正实现以人为本的发展的前提,是经济发展的目的。文化与经济彼此交融,

---

① 习近平:《之江新语》,浙江人民出版社2007年版,第150页。
② 习近平:《之江新语》,浙江人民出版社2007年版,第150页。
③ 习近平:《之江新语》,浙江人民出版社2007年版,第150页。
④ 习近平:《之江新语》,浙江人民出版社2007年版,第149页。

"人文"不仅能促进"经济"的发展,就其本身而言,也是"经济"发展的根本目的。

最后,推动人文与经济的融合发展。在系统分析了人、文化和经济之间的辩证关系之后,习近平同志富有创造性地提出了"文化经济"和"浙江人经济"两个重要概念,并在《"文化经济"点亮浙江经济》和《"浙江人经济"拓展浙江经济》两篇文章中加以论述,初步形成了人文经济学的基本逻辑。习近平同志将"文化经济"概括为:"所谓文化经济是对文化经济化和经济文化化的统称,其实质是文化与经济的交融互动、融合发展。"① 在此基础上,他进一步解释了"文化经济"在浙江的改革和发展:"古往今来,浙江人敏于挖掘文化传统中的经济元素和商业契机,善于向经济活动中注入更多文化内涵,以文化的力量推动经济发展。当代浙江人,善于用文化的内涵包装和经营产品,各种文化节庆活动都注重经济效益与社会效益的结合;善于借文化的传统打造和经营城市、保护和建设江南水乡、文化名城;善于依托民俗文化传统发展和壮大地方经济。"② 习近平同志强调,"文化经济"的本质是文化与经济的融合发展,其关键在于突出一个"人"字。发展"文化经济"就是要贯彻在经济发展中以人为本的价值底色,发展"文化经济"实际上就是发展人文经济。

第三,大力发展文化产业。文化产业是社会主义市场经济的重要组成部分,对经济发展具有重要意义。在《文化产品也要讲"票房价值"》一文中,习近平同志提出了先进的文化产品需要实现意识形态属性与产业属性、占领市场与占领阵地、社会效益与经济效益、文化产品的先进性与实现人民群众的文化利益之间"四个一致"的标准,系统阐释了文化产品的二重属性和文化产业发展的意义,并由此分析了文化产品创作和文化产业的发展方向。

文化产品具有二重属性:一方面,文化产品作为文化创作的结果,体现了一定的社会意识,具有意识形态属性;另一方面,在社会主义市场经济的背景下,文化产品也是一种商品,具有产业属性。发展社会主义文化产业必须把握住文化产品的二重属性。这就要求,一是占领阵地,即巩固和扩大社会主义意识形态阵地;二是占领市场,创作人民群众喜闻乐见的文化产品,使其成为广大群众的自觉消费。习近平同志将此总结为:"文化产品只有成为广大群众的自觉消费,才能最大限度地实现文化的宣传教育功能,达到以优秀作品鼓舞人的目的,这就是大力发展文化产业的意义所在。"③

---

① 习近平:《之江新语》,浙江人民出版社 2007 年版,第 232 页。
② 习近平:《之江新语》,浙江人民出版社 2007 年版,第 232 页。
③ 习近平:《之江新语》,浙江人民出版社 2007 年版,第 9 页。

在文化产业中，旅游经济是人文元素和经济元素融合发展的典型范式。旅游业作为一种服务业，本质就是要满足人民群众的文化需求，需要着重关注人文导向，挖掘地方的人文瑰宝，是一种重要的人文经济。在《发展旅游经济要坚持创新与继承相统一》和《重视打造旅游精品》两篇文章中，习近平同志论述了推动旅游经济可持续发展的人文经济路径。习近平同志强调，要挖掘旅游的人文资源，打造精品旅游。随着经济发展和人民群众生活水平不断提高，传统的观光旅游已不能满足人们的需求。为此，他提出了"求新、求奇、求知、求乐"的要求，强调挖掘浙江优秀的自然资源和人文资源，要"精心打造出更多体现浙江文化内涵、人文精神的特色旅游精品"[1]。旅游实际上是游客的一次沉浸式的人文体验，旅游业的高质量发展离不开对人文底蕴的深度挖掘，旅游经济在其属性上来说是一种典型的人文经济。

第四，发掘地方文化与历史文化遗产。习近平同志在浙江工作时期还特别关注对地方文化的发掘，在《"浙商文化"是浙商之魂》一文中，习近平同志深入分析了"浙商文化"对浙江经济发展的重要意义，进而论述了地方文化所蕴含的人文底蕴对于地方经济社会发展具有极其关键的作用。"浙商文化"传承于浙江深厚的文化底蕴，形成于广大浙商的创造性实践，是支撑浙商开拓进取的精神动力。随着浙江民营经济的不断发展壮大，"浙商文化"在企业和社会发展中的作用更加突出。[2] 习近平同志认识到通过不断发掘和培养积极向上的"浙商文化"，能够使其成为发展先进生产力的重要力量，为民营经济实现新飞跃提供重要支撑。

历史文化遗产是城市发展的人文底蕴，在追求城市发展的同时，必须重视对城市历史文化遗产的保护和利用。一方水土，一方文化，在五千多年的灿烂历史中，每个城市都拥有着独特的历史记忆和文化底蕴，体现着中华文化的源远流长、博大精深。在《加强对西湖文化的保护》一文中，习近平同志强调了历史文化遗产的重要意义和价值。习近平同志以杭州的西湖文化为例，分析了城市历史文化遗产中沉淀着的历史印记、人文瑰宝、英雄壮举和劳动人民的智慧结晶，强调了历史文化遗产的保护和利用具有重要价值。习近平同志强调："对这些历史文化遗存，我们一定要保护好，利用好，传承下去，发扬光大。"[3] 城市的发展建设中，要注重挖掘和恢复城市的历史文化景观，以此丰富城市的文化内涵，并进一步推动城市文旅产业的发展，打造城市的文化名片。

---

[1] 习近平：《之江新语》，浙江人民出版社2007年版，第75页。
[2] 参见习近平《之江新语》，浙江人民出版社2007年版，第209页。
[3] 习近平：《之江新语》，浙江人民出版社2007年版，第19页。

三 以人民为中心的发展思想：新时代人文经济学的确立

党的十八大以来，以习近平同志为核心的党中央紧密结合新的时代条件和实践要求，系统回答新时代坚持和发展什么样的中国特色社会主义、怎样坚持和发展中国特色社会主义等重大时代课题，创立了习近平新时代中国特色社会主义思想。在习近平新时代中国特色社会主义思想中，人文经济学思想不仅是其中重要的组成部分，而且还涵盖了诸多方面的要求，成为重要的理论基石与价值指引。

第一，坚持以人民为中心的发展立场。以人民为中心的基本立场，体现了新时代人文经济学以人为本的价值意蕴。这一立场不仅体现了中国共产党团结带领全国各族人民在推进中国式现代化发展过程中坚持人民至上、以人为本的价值取向，也构成了中国式现代化道路与西方现代化道路的根本不同。西方资本主义国家在现代化过程中陷入困境，出现了贫富两极分化、社会矛盾尖锐、精神贫瘠等诸多弊病，其根源就在于没有确立以人为本的价值立场，没有将现代化进程视为服务人民的事业，反而让资本逻辑大行其道，让广大劳动群众迷失在资本现代化的洪流当中。

不同于西方国家现代化的困境，人文经济学的要旨就是让人民共享经济社会发展的成果，真真切切地改善人民的生活，提高人民的幸福感和获得感。党的十八大以来，习近平总书记多次就共同富裕问题作出重要论述，并从不同角度加以阐释。习近平总书记强调："共同富裕本身就是社会主义现代化的一个重要目标。我们不能等实现了现代化再来解决共同富裕问题，而是要始终把满足人民对美好生活的新期待作为发展的出发点和落脚点，在实现现代化过程中不断地、逐步地解决好这个问题。"[①] 也就是说，共同富裕是中国特色社会主义的本质要求，是中国式现代化的重要特征。坚持以人民为中心的发展思想，真正做到发展成果由人民共享，就必须落实到扎实推进全体人民共同富裕上，在推动共同富裕过程中促进人的全面发展。中国式现代化道路始终坚持以人民为中心，不断满足人民日益增长的美好生活需要，以习近平同志为核心的党中央将人文经济学的价值立场内化于中国式现代化建设的伟大事业中，谱写出新时代中国特色社会主义发展的人文经济旋律。

第二，以新发展理念引领高质量发展。以新发展理念引领高质量发展，体现了新时代人文经济学辩证创新的方法论特征。高质量发展是新时代我国经济社会发展的鲜明主题，是全面建设社会主义现代化国家的首要任务。党的十八大以来，以习近平同志为核心的党中央在深刻总结国内外发展经验教训、深刻分析国内外发展

---

① 习近平：《全党必须完整、准确、全面贯彻新发展理念》，《求是》2022 年第 16 期。

大势的基础上，提出坚持以人民为中心的发展思想，着力解决好发展不平衡不充分问题，贯彻创新、协调、绿色、开放、共享的新发展理念，构建以国内大循环为主体、国内国际双循环相互促进的新发展格局，实现城乡融合发展，实现发展质量、结构、规模、速度、效益、安全相统一，努力实现更高质量、更有效率、更加公平、更可持续、更为安全的发展。这些重要思想，创造性地回答了新时代后实现什么样的发展、如何实现发展的重大问题，进一步丰富和发展了中国特色社会主义经济发展理论。

2017年12月，习近平总书记在中央经济工作会议上的讲话中指出："高质量发展，就是能够很好满足人民日益增长的美好生活需要的发展，是体现新发展理念的发展，是创新成为第一动力、协调成为内生特点、绿色成为普遍形态、开放成为必由之路、共享成为根本目的的发展。"① 高质量发展对经济增长和经济发展作出了鲜明区分，从追求经济增长速度转向追求经济发展的质量，避免了只注重经济增长而忽视经济发展的误区，科学地规避了"有增长无发展"的陷阱。这一体系中内含着党关于发展的政治立场、价值导向、发展模式、发展道路等重大政治问题，不仅坚持了人文经济学以人为本的价值立场，更对怎样发展人文经济学、如何处理人文经济学中各个要素的关系进行了系统的分析。这表明以习近平同志为核心的党中央已经深刻把握了人文经济学的发展要旨，奠定了科学的人文经济学方法论。

第三，建设社会主义文化强国。推进社会主义文化强国建设，体现了新时代人文经济学人文与经济融合发展的基本要求。党的十八大以来，以习近平同志为核心的党中央把社会主义文化强国建设提升到一个新的历史高度，把"文化自信"和"道路自信""理论自信""制度自信"并列为中国特色社会主义的"四个自信"，领导全国人民在坚定文化自信、坚持中国特色社会主义文化发展道路、建设具有强大凝聚力和引领力的社会主义意识形态、以社会主义核心价值观引领文化建设等方面取得了重要进展，特别是在传承发展中华优秀传统文化、繁荣发展文化事业和文化产业、不断提升国家文化软实力和中华文化影响力等领域不断铸就社会主义文化新辉煌。习近平总书记围绕着坚持建设社会主义文化强国，推动物质文明和精神文明协调发展作出了一系列重要指示，丰富和发展了人文经济学思想。

党的十九大报告指出："文化是一个国家、一个民族的灵魂。文化兴国运兴，文化强民族强。没有高度的文化自信，没有文化的繁荣兴盛，就没有中华民族伟大复兴。要坚持中国特色社会主义文化发展道路，激发全民族文化创新创造活力，建

---

① 《习近平著作选读》第二卷，人民出版社2023年版，第67页。

设社会主义文化强国。"① 2020 年 9 月，习近平总书记在教育文化卫生体育领域专家代表座谈会上发表了关于"把文化建设摆在更加突出位置"的重要讲话，并提出了文化的"四个重要"。统筹推进"五位一体"总体布局、协调推进"四个全面"战略布局，文化是重要内容；推动高质量发展，文化是重要支点；满足人民日益增长的美好生活需要，文化是重要因素；战胜前进道路上各种风险挑战，文化是重要力量源泉，突出强调了文化建设在社会主义现代化建设中的重要地位。2023 年 10 月，习近平总书记在全国宣传思想文化工作会议上对宣传思想文化工作作出重要指示，提出新的文化使命是"在新的历史起点上继续推动文化繁荣、建设文化强国、建设中华民族现代文明这一新的文化使命，坚定文化自信，秉持开放包容，坚持守正创新"。这次会议首次提出了"习近平文化思想"的概念，标志着我们党对中国特色社会主义文化建设规律的认识达到了新的高度。习近平文化思想为做好新时代新征程宣传思想文化工作、担负起新的文化使命提供了强大思想武器和科学行动指南。坚持和贯彻习近平文化思想，不仅有助于我国在新时代新征程上进一步推进社会主义文化强国建设，而且对于促进经济与文化融合发展、以人文经济理念推动物质文明和精神文明协调发展具有重要意义。

第四，中国式现代化与人类文明新形态。在人类历史的长河中，不同的民族孕育和发展出了多姿多彩的文明，共同构成人类文明史的绚烂图谱。近代以来，随着工业革命的兴起，人类历史进入了现代化的崭新篇章。西方资本主义国家作为现代工业革命的先行者，开启了世界现代化的历史进程。在两百余年的历史中，西方文明凭借着先发优势，将其自身的现代化道路传播到世界各地。这就给人们一种错觉，似乎现代化就等于西方化、进入现代文明就是要复刻西方文明的模式。实践证明，西方资本主义现代化道路并非人类走向现代化的唯一途径与理想范本，以资本增殖为核心的西方现代化有其无法克服的内在矛盾，且在当下已经暴露出诸多弊病。

在庆祝中国共产党成立 100 周年大会上的讲话中，习近平总书记庄严宣告："我们坚持和发展中国特色社会主义，推动物质文明、政治文明、精神文明、社会文明、生态文明协调发展，创造了中国式现代化新道路，创造了人类文明新形态。"② 中国式现代化道路内含着中国式现代化的革命道路、建设道路与发展道路，它是普遍性与特殊性的统一，是民族性与世界性的共融。说它是普遍的，因为中国式现代化有着世界各国现代化的共同特征；说它是独特的，是因为中国式现代化道路不是西欧经典现代化道路的复制，也不是苏联社会主义模式的翻版，而是一条结合自身特点、

---

① 《习近平著作选读》第二卷，人民出版社 2023 年版，第 33—34 页。
② 《习近平著作选读》第二卷，人民出版社 2023 年版，第 483 页。

由中国共产党领导中国人民开辟出来的现代化新道路。说它具有世界历史意义，是因为它丰富了马克思主义的现代化理论，拓展了发展中国家走向现代化的途径，为解决人类现代化问题贡献了"中国智慧"与"中国方案"，创造了一种人类文明新形态。

中国式现代化，坚持以中国化时代化的马克思主义理论为指导，深深植根于中华优秀传统文化的厚土中，体现了科学社会主义与时俱进的先进本质，借鉴吸收一切人类优秀文明成果，代表人类文明进步的发展方向。它为人类文明提供了一种全新的现代化模式和文明形态，有力地打破了"现代化=西方化"的迷思，展现了不同于西方现代化的新图景。这一图景的典型形态就是"人文经济"形态，即在坚持以人民为中心的基本立场上，经济与文化、物质文明与精神文明高度融合的发展形态。它立足于中国自身的发展实际，充分吸收中华民族优秀传统文化，探索出了一条独特的社会主义现代化强国建设之路和中华民族伟大复兴之路，为人类文明的进步和发展提供了中国智慧和中国方案。

四　代表未来的发展方向：新时代人文经济学的深化

2023年3月，习近平总书记在全国两会期间参加江苏代表团审议时指出："上有天堂下有苏杭，苏杭都是在经济发展上走在前列的城市。文化很发达的地方，经济照样走在前面。可以研究一下这里面的人文经济学。"同年7月，习近平总书记在江苏省苏州市考察时指出："苏州在传统与现代的结合上做得很好，不仅有历史文化传承，而且有高科技创新和高质量发展，代表未来的发展方向。"习近平总书记的相关讲话引起了学界对于人文经济学这一重大命题的深入研究，揭开了新时代人文经济学研究走向深化的序幕。学界开始从理论和实践两个维度探讨各地如何探索落实推动高质量发展的人文经济学方案，以及我国实现第二个百年奋斗目标、全面建成社会主义现代化强国的人文经济学路径。

第一，深入推进人文经济学实践的样本解读。习近平总书记将苏州、杭州作为人文经济学研究的样本具有深刻意义。苏杭样本为从横向对比维度深入探索人文经济学提供了思想启发。中国幅员辽阔、文化悠久，各地都有深厚的文化底蕴，却在经济发展上呈现出巨大的不平衡。唐宋以降，经济重心南移，江南一带的商品经济空前繁荣，进而向内生型现代化发起冲击；改革开放以来，长三角一带更是率先在社会主义现代化建设中取得巨大成就，在高质量发展中走在前列。人文经济学不仅要发现文化对经济发展的推动作用，更要探索什么样的文化能够推动经济的高质量发展。这就要求在人文经济的样本解读中，从内生型现代化的角度发掘中华优秀传统文化中"中国式现代化何以可能"的深层的文化原因，发扬中华优秀传统文化中的现代性因素，以之赋能经济的高质量发展。

以苏州和杭州为代表的江南地区，拥有灿烂悠久的历史文化底蕴。古代的姑苏城和西湖畔吸引了无数文人骚客在此地留下不朽的诗篇，江南水土也孕育出了吴越文化这一富有人文关怀的地方文化，形成了开放、包容、进步的社会风尚。苏杭历史上不断涌现出卓越的思想家和科学家，拥有着数不尽的人文瑰宝；唐宋以来，江南地区便成为中国经济最为发达的地区，实现了跨越千年的持久繁荣。以苏杭为代表的江南地区，无疑是人文与经济协同并进，实现高质量发展的典型范本。深入推进新时代人文经济学研究，就必须从人文与历史的维度，回顾苏州、杭州等人文经济学样本城市的发展历程，对其实现辉煌的人文经济学密码进行深入解读；同时还需继续发掘其他地区发展过程中所蕴含的人文经济学思路，将苏杭样本向全国各地推广。

第二，深入挖掘人文经济学的唯物史观基础。唯物史观基础上的政治经济学批判是人文经济学的理论基石，也是新时代人文经济学的理论魂脉。推动新时代人文经济学研究向纵深发展，就必须深入挖掘马克思主义经典理论中人文经济学的唯物史观基础，并加以阐释和发展。从人本主义阶段的异化批判理论到历史唯物主义阶段的政治经济学批判理论，再到马克思晚年对东方道路的探索，马克思思想蕴含着深刻的人文经济学底蕴，深刻探讨了人文与经济的辩证关系。马克思不仅在青年时代就基于费尔巴哈的人本主义方法批判了资本主义制度下的异化劳动，更从历史唯物主义的角度深刻剖析了资本主义的经济运动规律与历史演进趋势，批判了资本主义社会的拜物教特征，并重新建立了唯物史观基础上的科学异化批判理论。马克思晚年进一步拓展了历史唯物主义的空间范围，突破了西方中心论的视角局限，研究并思考多元文明的历史演进问题，从更深层次回答了多元现代性的问题，为反思韦伯命题留下了重要的思想遗产。

在这一阶段，马克思一方面继续探索以资本主义为核心的西方现代性的内在矛盾，另一方面将研究视域拓展到东方社会发展道路的探索上，深化了历史唯物主义的"世界历史"理论，阐发了关于东方落后国家跨越资本主义"卡夫丁峡谷"可能性和条件的思想。马克思曾一度把世界历史形成的过程看作资本主义向全球空间布展的单向过程，把世界历史形成的动力单向度地归结于西方社会。通过晚年对东方社会发展道路的探索，马克思逐渐认识到东方社会发展的独特性，认为"多线"发展是"世界历史"理论的应有之义。应当说，马克思晚年对多元现代性的思考，是我们在人文经济学视角下反思韦伯命题和解释"中国式现代化何以可能"的重要理论依据。

第三，人类文明新形态与中国现代性话语体系的建构。近代以来，起源于西方的现代资本主义文明席卷世界，以其强势的姿态塑造和定义了人类的现代文明；而曾经在中古时期繁荣领先的东方文明却没有自发地走入现代，不得不从属于西方。马克斯·韦伯从人文与经济内生联系的角度奠定了西方中心论的现代性话语体系。韦伯命题认为，是西方的"新教伦理"孕育了现代资本主义文明，而传统东方文明的儒教伦理则阻碍了其进入现代文明。20世纪80年代以来，当东亚特别是中国开始取得举世瞩目的发展成就时，学界开始反思韦伯命题留下的疑问——多元现代性是否可能？中国式现代化到底是西方道路的中国复制，还是一条内生于中华文明的现代化之路？2021年，在中国共产党成立100周年大会上，习近平总书记鲜明提出了"中国式现代化"这一重大论断。新时代人文经济学研究，正是建立在中国式现代化这一理论基础之上，从人文经济学的角度回应中国式现代化问题，反思和超越以韦伯命题为代表的西方现代性话语体系。

以韦伯命题为核心的西方现代性话语体系将现代社会视为西方文明的产物，否认了东亚文明诞生内生型的现代社会的可能。然而，改革开放以来中国式现代化所取得的举世瞩目的成就，意味着一条不同于西方的独特现代化道路依然在理论和实践上取得了成功。西方现代性话语体系之下，所有非西方国家在现代化建设中都不得不面临本民族传统与西式现代化之间的巨大张力。推进中国式现代化进一步发展的当下，需要深刻反思原有的西方现代性话语体系，深入区分"现代的"和"西方的"的区别；需要站在"两个结合"的高度、在"四个自信"的角度反思中国式现代化成就与中华文明自身底蕴的因果联系，在多元现代性的视域下厘清中国式现代化与各文明现代化道路之间的普遍性和特殊性的辩证关系，回答中国式现代化何以可能。

新时代人文经济学的深化研究与中国式现代化超越西方式现代化的进程遥相呼应，是中国式现代化道路作为人类文明新形态自我实现的必然结果。伟大实践呼唤伟大理论，伟大理论回应伟大时代。新时代人文经济学不仅是对以资本增殖为核心的西方主流经济学之逐利本性和人文缺位的扬弃，更是中国式现代化进程中人文与经济同频共振之路对西方式现代化带来的一系列根本弊端的超越，是中国共产党领导中国人民创造出的独特奋斗道路的经验总结，是全面建成社会主义现代化强国、实现中华民族伟大复兴的方法论路径。

第四，人文经济学的学理化阐释与体系化表达。作为习近平总书记布置的重大理论任务，深化新时代人文经济学研究对于深入理解习近平新时代中国特色社会主义思想、构建中国自主的知识体系具有重要意义，并且能够为中国式现代化的现实发展和人类文明新形态的深入探索提供强有力的理论支撑。

其一，对新时代人文经济学进行学理化阐释，必须深入发掘新时代人文经济学的本质内涵和基本特征，从而在根本上区分其与以资本增殖为核心的传统西方经济学的差异。人文经济学的核心在于对经济发展过程中人文价值的强调，坚持以人为本，坚持以人民为中心的基本立场，是用以"人"为目的的经济学对传统西方以"物"和"利"为目的的经济学的超越。与此同时，还要深入挖掘新时代人文经济学的唯物史观基础，并从我国推进社会主义现代化建设的社会现实根源出发，在中华优秀传统文化的思想宝库中寻找所蕴含的人文经济学线索。

其二，构建新时代人文经济学的体系化表达，需要综合哲学、经济学、政治学、社会学等相关学科资源，构建与新时代人文经济发展相适应的学科体系、学术体系和话语体系，以推动其在中国和世界范围内的传播和应用，推动解决当前世界所面临的全球性危机，携手构建人类命运共同体。

其三，人文经济学强调人文历史、文化底蕴与经济发展之间的辩证关系。在地方层面，这一辩证关系就体现为当地的风土人情、历史文化对于经济发展的影响。政策的实施离不开当地的人文环境，只有适合的举措才能促进经济的可持续发展。文化产业、旅游资源的开发也是将当地的人文资源转化为经济资源，用人文来助力经济，经济再反哺人文，最后提高当地居民的获得感和幸福感。在国家层面，就是要找寻求民族的历史文化积淀与其现代化道路之间的关系，就是要鼓励各个民族探寻符合本民族历史文化传统与社会现实的现代化之路，实现多元现代性，而非将西方的现代文明生搬硬套。同时，也要寻找各民族之间现代性的共性与区别，找到人类现代性的共同追求，避免打着保护本民族传统的旗号盲目排外，甚至拒斥现代性。

新时代人文经济学的借鉴与创新

张晨耕[*]

摘 要 发展新时代人文经济学必然要秉持一定的方法论,而对中国传统思想与西方理论的借鉴与创新,则是方法论中的重要内容。这种方法论不仅适用于新时代人文经济学理论,也适用于现时代的人文经济实践。我们可以在从教民到"以文化人"、从重民到"尊重人民首创精神"、从养民到"实现人民对美好生活的向往"、从富民到"扎实推进共同富裕"的思想转换中窥见新时代人文经济学对传统思想的借鉴与创新。马克斯·韦伯关于新教伦理在资本主义发展中作用的讨论、法兰克福学派的文化工业理论、皮埃尔·布尔迪厄的文化资本理论、约翰·费斯克的大众文化理论等西方思想理论启示我们:在新时代,发展人文经济和研究人文经济学,要注重从传统文化中吸取经济发展养分,推动大众文化的规范化发展,注重文化产业的价值导向作用,加强文化资源的产业开发。

关键词 人文经济;新时代人文经济学;以人为本

任何事物的生成与发展都必然遵循一定的方法论原则。方法论既是该事物存在发展的内在规律的体现,也是人们认识、把握、改造该事物的方式途径。而在认识世界与改造世界的过程中,以及在认识事物改造事物的过程中,借鉴与创新是一种重要的方法论原则。新时代人文经济学作为对人文经济学的理论总结与反思,与新时代人文经济实践紧密纠缠在一起,其不仅从广泛的人文经济实践中来,而且进一步指导与推动新时代人文经济实践的发展。因此新时代人文经济学的方法论很大程度上也是新时代人文经济实践的方法论。探究新时代人文经济学方法论,研究新时代人文经济学,推动新时代人文经济实践发展,需要对中国传统思想与西方理论进行充分的借鉴与创新。

---

[*] 张晨耕,苏州大学哲学系讲师,苏州大学人文经济学研究院研究员。

一 对传统思想的借鉴与创新

人文经济的关键与核心在"人文"。一方面,"人文"具有历史性,是历史积淀的产物,每个时代的人文都具有差异性,都带有该时代经济社会发展的特征,而不同时代的人文又具有相互映射的传承性,在"现代"这一历史场域,人文就呈现出传统与现代相映射的关系,这种映射关系为我们理解人文,发展人文经济,研究新时代人文经济学,都提供了方法论指引。另一方面,"人文"的关键在"人",不管是哪一种经济形态——即便是那些带来剥削奴役的经济形态——也都是围绕"人"而展开的,并且任何一种人文产物,也都是由人创造,并反映人的能动性与需要。可以说,人文经济是一种以"人"为本的经济,推进人文经济发展,必须紧紧抓住"人"这一核心,而"人"这一核心也构成研究新时代人文经济学最重要的突破口。因此,以对"人"的理解为抓手,对传统思想进行借鉴与创新,是发展人文经济、研究新时代人文经济学的内在要求。

(一)从教民到"以文化人"

教民思想是民本思想的重要组成部分,由孔子提出,后经由孟子等儒家先贤发扬光大。孔子不仅是儒家学派的创始人,也是古代最负盛名的教育家。他将教育作为社会治理的基石,通过著书立说、广收弟子来践行自身的理想。正如《孔子世家》中所载"孔子以《诗》《书》《礼》《乐》教,弟子盖三千焉"。"君子"是孔子教民思想中非常重要的内容,如《里仁》中的"君子喻于义,小人喻于利"。《泰伯》中的"君子所贵乎道者三:动容貌,斯远暴慢矣;正颜色,斯近信矣;出辞气,斯远鄙倍矣。笾豆之事,则有司存"。对"君子"的培养是孔子教民思想与实践的追求,而有教无类、因材施教、改过迁善等,则是孔子教民思想的具体主张。

"以文化人"源自《易经·贲卦》中的"关乎人文,以化成天下"。"以文化人"就是要"努力用中华民族创造的一切精神财富来以文化人、以文育人"[1]。"以文化人"强调文化的教化作用,其思想旨归与孔子教民思想一脉相承,是教民思想的现代映射,有着鲜明的本土色彩。作为新时代人文经济学的重要构成,"以文化人"超越了教民思想:一方面,从价值取向的角度而言,教民思想源于孔子"克己复礼"的根本理念,以培养符合当时社会发展需求的"君子"为目标,教化本质上

---

[1] 习近平:《把培育和弘扬社会主义核心价值观作为凝魂聚气强基固本的基础工程》,《人民日报》2014年2月26日第1版。

是维护当时社会统治的手段。"以文化人"则聚焦人的自由而全面发展,着力发挥人文感染人、浸润人、滋养人的作用。另一方面,从实施进路的角度而言,教民思想实施场域较为狭隘,以学校教育为主,即孟子所谓的"设为庠序学校以教之"(《孟子·滕文公上》)。以文化人则是一种常态化、全方位的教化方式,将文化的化人、育人作用融入更为广阔的社会实践中来。更为重要的,以文化人是文化供给方式的变革,古代社会,文化供给极为有限,文化掌握在少部分人手中,能够受到教化的人寥寥无几,人类进入现代社会以来,随着物质生产力的飞跃,文化生产力也获得大幅提升,文化产业迅猛发展,文化供给,如各种类型的文化商品、文化服务日益丰富,文化的普及性日益提升,每个人都有条件成为文化的创造者与接受者。

文化的发展,是新时代人文经济学得以兴起与发展的基础,同时,新时代人文经济学融人文和经济于一体的特性,也对文化的发展提出更高的要求。现代社会中"以文化人"的实现得益于传统社会中教民思想的传承,而传统社会中的教民思想,在现代社会中以"以文化人"的方式延续。从教民思想到"以文化人",在这一传统与现代的映射中,文化得到了发展,为新时代人文经济实践与新时代人文经济学奠定了基础。

(二)从重民到"尊重人民首创精神"

重民思想同样可以远溯到孔子。《论语·乡党》中记载:"厩焚。子退朝,曰:'伤人乎?'不问马。"春秋时期,马是重要的战略物资,孔子在马厩失火后,只关心人是否受伤,而不问马的情况,这充分体现了重民意识。《左传·襄公二十五年》记载,崔杼弑君后,上大夫晏婴拒绝殉君,并说"君民者,岂以陵民?社稷是主"。《孟子·尽心下》更是直言"民为贵,社稷次之,君为轻",使重民思想发展到"民贵君轻"的阶段,对后世产生了极为深远的影响。

在庆祝中国共产党成立100周年大会上,习近平总书记指出:"站稳人民立场,贯彻党的群众路线,尊重人民首创精神。"[①] 这既推动了重民思想的创造性转化与创新性发展,也为新时代人文经济学研究提供了方法论指引。唯物史观诞生前,基于唯心主义的英雄史观大行其道,朱熹所谓的"天不生仲尼,万古如长夜"以及卡莱尔宣扬的"世界历史只不过是伟人们的传记",均是英雄史观的体现。唯物史观不仅阐明了生产力与生产关系,经济基础与上层建筑的关系,更提出群众史观,强调人民群众在社会历史发展中的主体性地位。

重民思想发轫于儒家民本思想,"尊重人民首创精神"植根于群众史观,底层

[①] 习近平:《在庆祝中国共产党成立100周年大会上的讲话》,《人民日报》2021年7月2日第2版。

逻辑的差异使得二者在内涵、实质上有着根本性的差别。重民思想本质上是主客二分的，统治阶层（贵族与士大夫）为主，民为客，要求统治阶层以民为重。而"尊重人民首创精神"则以人民群众为社会历史发展的主要塑造力量，强调人民群众的主体性地位，着力激发人民群众的创造力。

重民思想是传统文化的重要构成，"尊重人民首创精神"是马克思主义中国化时代化的成果，是经济社会发展的产物，也是新时代人文经济学的重要研究内容。"尊重人民首创精神"要求。一方面，深刻把握人民群众在社会发展中的主体地位。在人类社会的发展历程中，人民群众不仅是物质财富的创造者，也通过物质财富的创造为精神财富的创造提供物质基础。此外，人民群众也直接参与到精神财富的创造中，诸如民歌、民间文学、说唱艺术、民间舞蹈等，均是人民群众创造的精神财富的体现。另一方面，拜人民为师。早在延安时期，毛泽东便提出文学艺术服务工农兵的重要论断。习近平总书记进一步指出："必须自觉拜人民为师，向能者求教，向智者问策。"① 人民群众是社会实践的主体，并通过社会实践为文化发展提供了丰富多样的素材。新时代人文经济学既将文化作为重要的经济资源，也强调经济发展的文化效益，必须具有拜人民为师的意识，将人民的生动实践、宝贵经验作为学科建设与发展的养分。可以说，在从重民到"尊重人民首创精神"的借鉴与创新中，确定了新时代人文经济实践与新时代人文经济学研究的主体力量与主要研究对象。

（三）从养民到"实现人民对美好生活的向往"

养民思想是民本思想的重要内容，早在周代，周公便告诫成王"徽柔懿恭，怀保小民，惠鲜鳏寡"（《册府元龟·宰辅部》）。儒家学派延续了周代的养民思想，而孟子则是养民思想的集大成者，提出了"无恒产者无恒心"的著名观点，主张"制民恒产"。所谓"恒产"，即固定产业，自然经济时期主要指的是耕地、房屋，在现代社会，"恒产"的范围则更广泛。在孟子看来，赋税过重，是导致民无恒产的主要因素。他秉持孔子的仁政思想，游走于诸侯国间，希望恢复周代的井田制，"请野九一而助，国中什一使自赋"（《孟子·滕文公上》），让民众有更多的积蓄，同时，他也希望统治者能够"不违农时"，保证农业活动正常开展。

党的十九大报告明确了新时代中国社会所要解决的主要矛盾，党的二十大报告强调："必须坚持在发展中保障和改善民生，鼓励共同奋斗创造美好生活，不断实现人民对美好生活的向往。"② "实现人民对美好生活的向往"系统性吸收了养民思

---

① 习近平：《在纪念毛泽东同志诞辰120周年座谈会上的讲话》，《人民日报》2013年12月27日第2版。
② 习近平：《高举中国特色社会主义伟大旗帜 为全面建设社会主义现代化国家而团结奋斗》，《人民日报》2022年10月17日第2版。

想的内容，并以马克思主义中国化时代化为引领，对养民思想进行了创造性的发展。首先，将精神需求纳入养民框架中。古代养民思想仅关注人的物质需求，如"老者衣帛食肉，黎民不饥不寒"。根据马斯洛的需求层次理论，人的需求具有层次性，低层次需求得到满足后，便会追求高层次需求，而精神需求则是物质需求得到满足后人民的重要需求。精神需求是当前人民对美好生活向往的重要内容，人文经济学坚持物质与精神并举，既要求以产业经济的发展来提升人民的物质生活水平，也注重以精神文明建设来满足人民的精神需求。其次，政策体系更为完善。古代养民政策主要体现在轻徭薄赋，孟子说："有布缕之征，粟米之征，力役之征。君子用其一，缓其二。用其二而民有殍，用其三而父子离。"（《孟子·尽心下》）而新时代人文经济则聚焦人民对美好生活的向往，内容更为齐全、体系更为完善。新时代人文经济学也表现为一种以经济和人文为线索的复杂政策体系。最后，社会保障更加齐全。孔子主张"博施济众"，但具体的保障措施较为单一。新时代人文经济是有人文要素深度参与并发挥作用的经济形态，新时代人文经济学是有人文关怀的经济学，完善的社会保障体系，则是新时代人文经济学人文关怀的具体表现。

新时代人文经济作为一种新型的经济形态，"实现人民对美好生活的向往"既是其兴起的动力也是其发展的目标。作为研究新时代人文经济实践的新时代人文经济学，其对"实现人民对美好生活的向往"的考察必然要观照到传统的养民思想，只有完整把握从养民到"实现人民对美好生活的向往"的思想弧线，实现传统与现代的借鉴与创新，才能为新时代人文经济实践与新时代人文经济学研究提供更科学的方法论指导。

（四）从富民到"扎实推动共同富裕"

富民思想由养民思想发展而来，其本质是对人合理物质欲望的承认与满足。孟子在考察诸侯国的时候发现了"国富民贫"的问题，国家层面"仓廪实，府库充"（《孟子·梁惠王下》），但平民百姓却"老弱转乎沟壑，壮者散而之四方"（《孟子·梁惠王下》）。孟子认为这种现象是不合理的，不利于国家的长治久安。富民思想主张藏富于民，将民富作为国富的前提，与当代共同富裕的理念相契合。习近平总书记在中央财经委员会第十次会议上强调："共同富裕是社会主义的本质要求，是中国式现代化的重要特征。"[①]

"扎实推动共同富裕"是古代富民思想在新时代背景下的创造性发展，也是新

---

① 新华社：《习近平主持召开中央财经委员会第十次会议》，中国政府网，2021年8月17日，https://www.gov.cn/xinwen/2021-08/17/content_5631780.htm，2024年9月19日。

时代人文经济学的重要构成。"扎实推动共同富裕"高度注重文化共富在共同富裕中的地位与作用。文化共富的核心要义有三个方面。一是文化产业的发展。产业是经济发展的关键所在，新时代人文经济实践将人文嵌入经济学中，将文化产业作为驱动经济发展、推进人文关怀的着力点。新时代人文经济实践不仅在实践层面突破了人文与经济的壁垒，也为新型文化业态、新型文化消费模式的培育指明了方向，其要求从人民的切身需求出发，推进文化产业与其他产业的融合发展，增强文化产业在满足人民需求中的作用。二是推进公共文化服务的均等化。受经济发展不均衡的影响，公共文化服务的区域供给、城乡供给严重失衡。城市地区、东部沿海发达地区的公共文化服务供给较为充足，乡村地区、中西部地区的公共文化服务供给相对稀缺。公共文化服务不均衡严重影响了公共文化服务的普惠性，降低了人民的获得感、幸福感。新时代人文经济实践要求着力推进公共文化服务的均等化，并以公共文化服务的均等化来实现文化共富。三是文化自信自强。党的二十大报告在文化自信的基础上，提出文化自强的概念，强调"推进文化自信自强，铸就社会主义文化新辉煌"，凸显了文化主体从精神状态到实践意志的演进逻辑。文化自信自强涵盖指导思想和创新理论的自信自强、中华优秀传统文化的自信自强、借鉴外来有益文化的自信自强、新时代文化发展道路的自信自强、新时代文化交流的自信自强五大方面的内容[①]。这不仅是文化共富的内核，也是推动共同富裕的巨大精神力量。新时代人文经济实践旨在将个体层面的"以文化人"与国家层面的"文化自信自强"统一起来。

"扎实推动共同富裕"给新时代人文经济实践提出了上述诸多任务，这些同样也是研究新时代人文经济学的目标所在。作为一门学科，新时代人文经济学不仅要打破横向学科壁垒，而且要贯通纵向文化脉络，从富民到"扎实推动共同富裕"的借鉴与创新，则为上述"打破"与"贯通"提供了方法论指导。

二 对西方理论的借鉴与创新

广义的人文经济实践可能发生在世界上任何一个经济体中，因为任何一个经济体中都内含着深厚的人文要素与经济实践，且这些人文要素都必然会以不同的方式融入经济发展中来。由此，也就必然会产生相应的讨论人文与经济关系的思想理论，这些都能够为新时代人文经济学提供理论借鉴，而新时代人文经济学与这些理论存

---

① 郑保卫、郑权：《新时代推进文化自信自强的历史逻辑、思想内涵与实践路径》，《东岳论丛》2023年第11期。

在本质区别，新时代人文经济学应在对西方相关理论借鉴的基础上实现创新。

（一）对西方相关理论的借鉴

不论是文化还是经济，都是西方思想理论长期考察的对象，尤其是人类进入现代社会以来，由于资本主义生产方式向各领域的浸入，文化与经济之间的独立性越强，其关联性也越强，形成了众多有关文化创生与经济社会发展之间关系的理论，这些理论为新时代人文经济学研究提供了借鉴。

第一，马克斯·韦伯关于新教伦理在资本主义发展中作用的讨论。马克斯·韦伯（Max Weber）作为社会学的三大奠基人之一，是一位"百科全书"式的思想家，一生致力于对现代资本主义的考察、研究，并从文化、制度两个层面，对现代资本主义的形成与演化做了鞭辟入里的分析。其文化层面的研究，围绕思想、观念、精神等形而上的元素在资本主义生活中的作用开展，并着力揭露文化对于资本主义形成的影响。其制度层面的研究，主要阐释了资本主义社会下的各种制度，如经济制度、政治体制、法律规范等。《新教伦理与资本主义精神》是韦伯论述文化之于资本主义经济发展之重要性的主要著作。在韦伯看来，现代资本主义既是经济、政治范畴，也是文化范畴，其形成不仅是机器发明与使用的产物，也是文化的产物，特别是基督新教精神催动下的产物。在《新教伦理与资本主义精神》一书中，韦伯从引导、规制两个方面，解读了新教伦理在资本主义发展中的作用：一方面，引导指的是新教伦理为世俗生活和谋利动机做出了道德解释，并为勤勉劳动和尽忠职守奠定了道德基础；另一方面，规制指的是新教伦理为人的欲望的恶性膨胀提供了伦理禁忌。韦伯将经济发展追溯到文化根源层面，为经济学研究提供了新的方法，这一方法相比于新时代人文经济学将人文要素深度融入经济发展之中的做法，具有宏观上的一致性。

第二，法兰克福学派的文化工业理论。文化工业理论是法兰克福学派的重要理论主张，对文化工业生产方式及其产品的批判，则是文化工业理论的主体内容。工业革命前，文化的生产与传播是少数受过系统教育的群体的专利。科学技术的发展以及工业革命的到来，不仅极大地提升了人类社会的生产力，重塑了生产关系，更彻底变革了文化的生产方式，使面向大众的，由传媒技术促动的文化商品化，并成为主要的文化生产方式，由此造就了文化工业。法兰克福学派的主要人物，如霍克海默、阿多诺等，均对文化工业持激烈的批判态度，并从不同维度，分析了文化工业对文化乃至社会的危害。法兰克福学派理想中的文化是超越于政治、经济、社会的文化，具有一定的现实批判性，然而文化工业标准化、同质化的文化生产方式，使得生产出来的文化产品，完全丧失了应有的独创性，失去了该有的人文气息。这种文化生产方式本质上是资本主义维护自身统治的一种手段，并将其作为区分资本主义与封建专制的独特标记。封建专制主要依靠强制性的方式来统治民众，资本家们以丧失人文价值的文化产品来规训社会。法兰克福学派的文化工业理论从反面说明了文化工业下的文化产品，不可能为经济发展提供健康、持续的推动力，新时代人文经济实践应该对这类文化产品进行充分的鉴别与批判。

第三，皮埃尔·布尔迪厄（Pierre Bourdieu）的文化资本理论。文化资本理论由法国思想家皮埃尔·布尔迪厄提出，依据载体的差别，文化资本分为具身化、客体化、制度化三种形式：具身化的文化资本，以个体为载体，表现为身体和精神持久的性情，如文化底蕴、教养等；客体化的文化资本，以文化产品、文化商品为载体，承载物既包括传统意义上的文学艺术作品，也包括工业革命以来的机器、工具等；制度化的文化资本，以社会为载体，表现形式为国家行政认可，或社会统一默认的各种证书，如文凭等。布尔迪厄将资本划分为三种形态，除文化资本外，还包括社会资本、经济资本，其中，经济资本是资本最为基本的形式。在布尔迪厄看来，不同资本间具有转化性，当然，这种转化并非直接或平等的转化，且往往伴随着波折和风险。从经济资本转化的角度而言，文化资本如学历，能够让高学历群体获得收入更高的工作，从而获得更为可观的经济收益。从社会资本转化的角度而言，文化资本具有阶级划分的作用，特定的文化资本，不仅是开展特定文化活动的前提，如欣赏古典主义音乐、观看艺术电影等，也是融入相应社会圈层的必要条件。文化资本理论将资本的概念引入文化领域，并通过对不同资本间转化机制的论述，阐明了作为一种资本的文化对于经济社会发展的重要意义。文化不可能直接参与到经济发展中来，并形成新时代人文经济实践，文化必然要以某种"新的形态"参与到新时代人文经济实践中来，新时代人文经济学应积极探索这种"新的形态"，布尔迪厄的文化资本理论则提供了借鉴。

第四，约翰·费斯克（John Fiske）的大众文化理论。大众文化理论是战后美国文化产业理论体系中影响力最大的一支。对法兰克福学派的批判，是费斯克构建大众文化理论的根基。法兰克福学派对大众文化持负面态度，认为基于工业生产的大众文化，以生产方式的标准化、生产目的的商品化为主要特点，致使文化应有的独立性和批判性遭到阉割，并由此得出大众文化没有美学价值、人民大众不具创造性的悲观看法。费斯克以文化的重新界定为切入点，将文化与文化产品区分开来。在他看来，文化产品是静止的，而文化则是鲜活的，存在于现实的社会生产实践中，大众文化存在于人民大众的日常生活中，日常生活的丰富性、多样性，决定了大众文化同样具有鲜活、生动的特性。因此，费斯克认为尽管资本主义工业化的生产方式，颠覆性变革了文化的生产、传播方式，但人民大众并非机器，而是具有创造力的主体，他们在切身参与文化实践的过程中，从文化中获得养分，并推动文化的创新、发展。费斯克对文化生活性的阐发以及对大众参与的高度重视，对美国文化产业的发展产生了深远影响，诸如超级碗、音乐节、文艺复兴节等文娱活动，均体现了大众文化理论的主张。新时代人文经济实践必然要细化为诸多具体的经济活动，因此人文经济中的人文与经济都必然是大众广泛参与的实践活动，新时代人文经济学不仅要做宏观研究，而且要做针对具体经济活动的微观研究，费斯克的大众文化理论则能为此提供借鉴。

（二）新时代人文经济学的创新

上述理论对新时代人文经济学有深刻的借鉴意义，但新时代人文经济学是基于中国自身人文传统与中国特有国情而产生的，其发挥着更广泛、更高层次的推进中国式现代化的作用，这就要求人文经济学必须在既有理论上实现创新。这种借鉴与创新，构成了新时代人文经济学的重要方法论。

第一，从传统文化中吸取经济发展的养分。韦伯关注到文化对经济的作用，并在考察现代资本主义的形成时，多维阐发了新教伦理的作用，为经济学研究开辟了新的视野。改革开放以来，我国经济发展态势迅猛，跃升为世界第二大经济体。中国经济取得的巨大的成就，引发了世界的关注，国内外学者在探讨中国经济奇迹时，已经关注到中国悠久历史文化的重要作用。儒家思想是传统中国的正统思想，并深刻塑造了中华文化的底色。在新时代人文经济学中，可以借鉴韦伯的关于新教伦理与资本主义关系的论述，揭示儒家经济伦理对于中国经济的影响，这契合新时代人文经济学的研究取向。但需要注意的是，这种借鉴不是对西方理论的直接移植，在借鉴之中，关键的是要总结呈现中华优秀传统文化的内涵、特性，多维发掘其中有助于当前经济发展的文化要素。例如儒商思想，儒商思想可以追溯到先秦时期孔子的弟子子贡，作为商人的子贡在聚集财富的同时，坚持"君子爱财，取之有道"的基本信念，将义置于利先，子贡也关心社会贫苦人士，用经商积累的财富，造福社会。子贡的经商理念、方式，被后世称为"端木遗风"。"端木遗风"正是培育企业家精神的重要养分，塑造这种具有社会责任感的企业家精神，正是新时代人文经济学的内在追求。

第二，推动大众文化的规范化发展。大众文化是现代化的产物，不同学者对大众文化持不同的态度：法兰克福学派对大众文化持悲观态度，认为大众文化会导致个性的瓦解与文化批判性的丧失；伯明翰学派对大众文化持中立态度，认为大众文化是工业技术和商品经济下的客观产物，文化是一种整体的生活方式；费克斯则对大众文化持积极态度，认为大众文化展现了大众的创造性。这三种态度均有其合理性，对新时代人文经济学的研究有着不同的启发价值。新时代人文经济学在方法论建构上，要结合我国大众文化实践，并辩证看待西方各类观点，探索大众文化的规范化发展道路。一方面，激发大众的文化创造性。马克思主义坚持群众史观，坚持人民群众在社会历史发展中的主体性地位。同时，优秀传统文化必须通过人民群众的再创造，才能发挥推动经济社会发展的作用。因此，大众文化作为人民群众创造的文化成果，有其必然性和合理性。激发人民群众的文化创造性，推动大众文化的发展与繁荣，这是文化发展的第一步，也是新时代人文经济实践的第一步。另一方面，加强对大众文化的引导。法兰克福学派对大众文化的忧虑和批判是深刻的，事实上，大众文化发展过程中确实产生了许多消极、负面的问题，如新媒体平台中散播的拜金主义、享乐主义等。因此应在尊重大众主体性、激发大众创造性的基础上，做好对大众文化的引导，使作为当前文化产业中最庞大部分的大众文化产业，沿着正确的方向发展。新时代人文经济学就是要在借鉴西方大众文化理论的基础上，对大众文化作创新性、规范化的引导。

第三，注重文化产业的价值导向作用。法兰克福学派认为，工业化生产为资本主义社会以文化产品来操控民众思想提供了便利，文化产品成为异化人的工具，但从另一个角度来看，工业化生产也为文化产业价值导向功能的强化，提供了巨大的便利。文化产业在强化社会价值导向、保持社会文化传承、建设社会主义核心价值体系等方面发挥着巨大作用。新时代人文经济学的目标要义不仅在于促进人文经济的发展，而且在于依托新时代人文经济实践——尤其是文化产业——来实现价值导向。与众多资本主义经济理论相比，新时代人文经济学价值导向功能着眼于人的自由而全面发展，体现了"以人民为中心"的发展观。文化资本理论将资本的概念引入文化领域，探讨了文化资本对人的发展的重要性，也揭露了因社会地位、财富地位不同而导致的文化资本不均衡性的问题，这是应该重点被我们借鉴的地方，但文化资本理论并没有给出适宜的解决方案。新时代人文经济学不仅将价值导向功能作为文化产业发展内在的要求，强调文化产业的社会效益，更注重在文化产业发展的同时，发展公益性文化事业，普及公共文化服务，使每一个人都能获得相应的文化资本，成为文化资本的获益者。

第四，加强文化资源的产业开发。传统文化的传承与发展，是世界各国共同的课题，以产业开发为重点的活态传承逐渐成为人们的共识。新时代人文经济作为一种经济形态，其必然是以产业为载体，而其"人文"特性使得那些作为其载体的产业中，文化产业处于至关重要的地位，新时代人文经济学所关注的产业形态也是以文化产业为主。因此，以文化产业的方式来开发文化资源，发展新时代人文经济，具有必然性，而这也是新时代人文经济学所重点关注的内容。文化是一个极为宏大的概念。从不同受众群体的角度来看,中国有"下里巴人"与"阳春白雪"之分,无独有偶,美国人类学家罗伯特·雷德菲尔德在其代表作《农民社会与文化》中区分了两种不同的文化层次:大传统和小传统,前者指流行于社会上层人士、达官贵族、知识分子之间的文化,后者指流行于普通民众之中的文化。中外的这两种文化划分方式反映了文化发展的真实状况,对文化资源的开发利用提出了挑战。新时代人文经济学视域下的文化资源产业开发,就是要兼顾两种不同类型的文化,以阳春白雪(大传统)来提升文化产业的高度,以下里巴人(小传统)来拓展文化产业的广度。同时,也要从二者融合的角度出发,推动阳春白雪(大传统)与下里巴人(小传统)的衔接,一方面积极推动高雅文化通俗化,另一方面促进通俗文化精品化。只有兼顾了两种不同的文化类型,新时代人文经济才能是真正面向全体人民,实现人的自由而全面发展的经济。

综上所述,不论是中国优秀传统思想,还是西方关于人文与经济关系的理论,都能够为新时代人文经济实践与新时代人文经济学研究提供借鉴。新时代人文经济学不仅是基于新时代人文经济实践的发展而生成的,而且是在充分借鉴吸收了古今中外优秀思想理论的基础上建构起来的。新时代人文经济学的创新不仅植根于人文经济实践的创新,而且生长于古今中外优秀思想理论的滋养。本文所选取的可借鉴的思想理论有限,新时代人文经济学对优秀思想理论的借鉴,以及在此基础上的创新,是个历史性命题,需要更多的人关注与思考。

从"经济伦理"到"人文经济"

——以先秦儒家经济伦理现代化转型为中心的考察

苏培君 章亮亮[**]

摘 要 构建新时代人文经济学既是以中国式现代化全面推进强国建设、民族复兴伟业的必然要求,也是破除资本主义市场经济体制下"资本逻辑"所造成的人与自然、人与人之间关系异化困境的重要举措之一。这种异化困境的破除与人文经济学本土化出场路径的确立理应建立在对中华优秀传统文化"根脉"的系统考察之上。由此出发,本文尝试立足于新时代人文经济学之"根脉",并以其中对构建新时代人文经济学具有启示性意义的先秦儒家经济伦理为考察中心,从先秦儒家经济伦理现代化转型的隐性前提、基本原则与路径、当代形态三个方面出发,探索先秦儒家经济伦理向"人文经济"的现代化转型问题,以期为构建新时代人文经济学提供"根脉"上的有益参考。

关键词 先秦儒家经济伦理;人文经济;"根脉"

2023 年全国两会期间,习近平总书记在参加江苏代表团审议时指出:"上有天堂下有苏杭,苏杭都是在经济发展上走在前列的城市。文化很发达的地方,经济照样走在前面。可以研究一下这里面的人文经济学。"[①] 文化很发达的地方,经济为何照样能够走在前面,这一时代之问直接指向在以中国式现代化全面推进强国建设、民族复兴伟业的历史征程中如何把握经济发展与文化建设之间辩证关系,进而完成构建新时代人文经济学的历史使命。为了完成这一历史使命,我们首先需要把握一个前置性问题:习近平总书记为何要提出人文经济学的概念?或者说,人文经济学中的"人文"一词应当怎样理解?早在 2004 年 7 月,时任浙江省委书记的习近平

---

[*] 本文系国家社会科学基金青年项目"当代中国马克思主义哲学话语创新的理论范式转换与方法论研究"(编号:23ZXC013)和中共安徽省委党校(安徽行政学院)校(院)科研创新工程"中华优秀传统文化同科学社会主义价值观主张的契合性研究"(编号:CXGCXKJC202301)的阶段性成果。

[**] 苏培君,苏州大学哲学系讲师,苏州大学人文经济学研究院研究员;章亮亮,中共安徽省委党校(安徽行政学院)马克思主义学院讲师。

① 杜尚泽、潘俊强:《总书记关注的这个题目,有中国的未来》,《人民日报》2023 年 7 月 10 日第 1 版。

同志，在一次专题学习会上提到了美籍德国哲学家马尔库塞的代表作《单向度的人》，并在发言中引用了书中的一段话："传统的工业文明，使人变为没有精神生活和感情生活的单纯技术性的动物和功利性动物，这种物质性压迫下的人，是一种变形与异化的人。"① 人，应当是怎样的？对此，习近平同志曾在《之江新语》中给出明确的回答："人，本质上就是文化的人，而不是'物化'的人；是能动的、全面的人，而不是僵化的、'单向度'的人。人类不仅追求物质条件、经济指标，还要追求'幸福指数'；不仅追求自然生态的和谐，还要追求'精神生态'的和谐；不仅追求效率和公平，还要追求人际关系的和谐与精神生活的充实，追求生命的意义。"② 由此出发，人文经济学中的"人文"至少具有两层含义。一是"人文"为经济生活中人的永续发展指明了根本方向，即成为文化的、能动的、全面的人；二是"人文"描绘了经济生活中人的应然生活状态，即在经济指标与"幸福指数"的协同提升中达至自然生态、人际关系的和谐共生。习近平总书记提出人文经济学概念的直接目的正是祛除西方现代化进程中由于资本侵蚀所造成的人的"单向度"生存状态之诟病，消解资本主义市场经济体制下"资本逻辑"所引起的人与自然、人与人之间关系的异化状态。在把握这一前置性问题之后，我们能够明确：推动"人"实现"人的自由全面发展"而非裹挟于"资本逻辑"的大潮继而最终跌入"单向度"的深渊是构建"新时代人文经济学"的根本出发点。由此而言，新时代人文经济学的构建应在西方经济学的基础上指向两大理论支点：一是以马克思主义的"魂脉"奠定其唯物史观基础，二是以中华优秀传统文化的"根脉"厚植其文化根基。就"根脉"而言，中华优秀传统文化中深厚隽永的人文思想，特别是先秦儒家经济伦理中诸如"道德职责""道德义务""民富国富""国以义为利"等诸思想观念理应成为构建新时代人文经济学的"本土化""民族化"养料。鉴于此，本文尝试从先秦儒家经济伦理现代化转型的隐性前提、基本原则与路径、当代形态三个方面出发，探索先秦儒家经济伦理向"人文经济"的现代化转型问题，以期为构建新时代人文经济学提供"根脉"上的有益参考。

一 先秦儒家经济伦理现代化转型的隐性前提

在世界范围内普遍诞生商品经济的历史潮流中，真正建立在现代意义上的市场经济何以仅仅发轫于西欧诸国？对此，马克斯·韦伯（Max Weber）在《新教伦理

---

① 陈振凯：《"我最大的爱好是读书"》，《人民日报海外版》2014年2月14日第4版。
② 习近平：《之江新语》，浙江人民出版社2007年版，第150页。

与资本主义精神》中给出了明确的答案：新教宣扬的"入世苦行"或者说"入世禁欲"的宗教教义直接推动了西欧国家市场经济的孕育。在韦伯看来，加尔文教徒在"先定论"的统摄下，其上帝"选民"的身份必须借由世俗世界中朴素的生活方式与事业上的成果丰硕加以认定。由此出发，新教基于生活朴素、事业有成之上所形成的"入世禁欲"与"入世苦行"精神最终衍变为现代市场经济的催化剂。因此，韦伯认为，由于儒教、道教未能承载新教"入世苦行""入世禁欲"的独特精神教义，16、17世纪的中国未能诞生现代意义上的市场经济。[①] 然而，韦伯的这一命题自20世纪中叶起，便迎来了亚洲国家强有力的回击。应当承认，无论是20世纪50年代至60年代日本经济发展的十年飞跃，还是20世纪60年代末至90年代亚洲四小龙的横空出世，抑或是20世纪80年代，中国大陆经济崛起大幕的正式开启，这些都无一例外地受到儒家文化的直接或间接的影响。

诚然，在中国传统文化的历史长河中，宗教文化始终未能占据主导地位，但儒家文化究竟是否如韦伯看到的那样，不具有新教所承载的诸如"入世苦行""入世禁欲"一类的精神，确存商榷的必要。余英时在《中国近世宗教伦理与商人精神》一书中，深刻阐释了汉唐以降的中国宗教思想，特别是儒教、道教思想演变历程中呈现出的"俗世化"脉络。在余英时看来，中国近世皆有"入世苦行"（inner-worldly asceticism）之精神，其渊源莫过于禅宗清规。唐代以降，"诸恶莫作，众善奉行，自净其意，是诸佛教"（《增一阿含经》）的根本纲领已然显露出浓厚的儒家化色彩。由唐入宋，"无论是'禅'是'教'，都出现了明显的入世转向，以致儒与释原先的深沟巨壑，已经在不知不觉中遭到了调和式的解构"[②]。及至明清，"注重治生和经商的思想在文人阶层开始兴起"[③]，王守仁士农工商"四民异业而同道"、黄宗羲"工商皆本"等观点的提出，为文人、士大夫在心理与实践层面实现由士向商，乃至士商、儒商一体身份的历史转换提供了基本理论遵循。一言以蔽之，在余英时看来，不论是儒家文化，还是儒教、道教等中国宗教，入世精神皆是其思想的重要底色。毫无疑问，余英时此番关于中国宗教思想演变历程中蕴含"俗世化"脉络的阐释之于韦伯命题是直击要害的。但其中仍有一个问题不容忽视，即儒家文化圈国家，特别是中国经济发展的迅猛程度，在一定时期内超越了世界上其他国家与地区，这仅仅用儒家文化的"入世精神"是难以解释透彻的。尽管，我们可以以此

[①] 参见［德］马克斯·韦伯《新教伦理与资本主义精神》，彭强、黄晓京译，陕西师范大学出版社2002年版，第7—51页；［德］马克斯·韦伯：《中国的宗教：儒教与道教》，康乐、简惠美译，广西师范大学出版社2010年版，第279—301页。

[②] 张新民：《儒释之间：唐宋时期中国哲学思想的发展特征——以儒学的佛化与佛教的儒化为中心》，《文史哲》2016年第6期。

[③] 徐永斌：《明清时期文人的治生观念》，《中国文化研究》2011年第4期。

对韦伯的命题予以"以子之矛，攻子之盾"式的回应，却无法回答"超越为何会发生在儒家文化圈国家，尤其是中国"这一直接关涉儒家文化与现代经济发展之间关系的根本问题。由此出发，中国学界更多地倾向于以脱胎于儒家文化的儒家经济伦理为理论渊源，以儒家文化圈国家经济发展为样本，建立起一套旨在探究经济发展规律、科学分析经济活动的中国式话语体系。其中，最普遍、最典型的莫过于把"生财有大道。生之者众，食之者寡，为之者疾，用之者舒，则财恒足矣"（《大学·传十》）、"因民之所利而利之"（《论语·尧曰》）、"放于利而行，多怨"（《论语·里仁》）等诸种"道德职责"作为以儒家经济伦理解释中国现代社会某一经济现象的切入点。

但是，仅仅凭借"道德职责"这样一个切入点，我们还无法求得先秦儒家经济伦理现代化转型的具体路径及其对市场经济的推动。毕竟，是否涉及经济活动与经济行为才是其能否实现现代化转型的根本前提。但问题在于，先秦儒家经济伦理究竟是否涉及经济活动与经济行为呢？可以肯定，先秦儒家经济伦理并非只重视个体的道德职责而拒斥经济活动与经济行为。譬如，就最为经典的"义利之辩"而言，义大于利、重义而轻利的观点由来已久，这实际上不能不说是一种偏见或误解。学界普遍认为，义利之辩发轫于春秋时期。这一时期，义利之辩主要集中于两个方面。一是国家的大政方针，二是个人的价值取向。在国家的大政方针方面，《国语》记载，周襄王十三年，郑国出兵讨伐滑国，襄王派大夫游孙伯赴郑国调解冲突失败，襄王大怒，欲以狄讨伐郑国，大夫富辰以"章怨外利，不义"劝谏襄王。此历史语境中的"义"指宗法族规之义，即"于宗族内部有利的内利"；"不义"则指"于宗族之利相悖、于外族有利的外利"[①]。从根本上看，这里的"义"强调执政者在处理涉及宗族根本利益的大事要事时，要以维护周王朝政治安全和社会稳定为最高政治原则，明血脉宗亲永续之"大义"，明"大义"则"所以生大利"；如果若"不义"则"利不阜"，"利不阜"意指宗族根本利益受到侵害，导致国家陷入国弱民贫的危局。在个人的价值取向方面，晏子的义利观可谓是对春秋时期"正德利用厚生"思想的充分诠释。在对义、利的认识上，晏子首先肯认"利"，作出"不受邶殿，非恶富也，恐失富也"[②]的基本判断，同时也强调"义"乃"利之本也"。在对义与利关系的认识上，晏子主张"以义幅利""以义胜利"。"以义幅利"，指借由"义"主动地将所获之利限定在既定范围之内。当然，"幅己之利"不是为了阻断"人之所欲"，而恰恰是为了确保求利求欲在现实层面具有可持续性，即所谓

---

① 参见《国语》，尚学锋、夏德靠译注，中华书局2007年版，第19页。
② 参见《晏子春秋》，陈涛译注，中华书局2007年版，第305页。

"非恶富，恐失富"。晏子虽强调"义"为"利之本"，但同时也鲜明地指出，应当竭力避免"蕴利生孽"。"蕴"意指"不加限制地积蓄、扩充"，"孽"意指"祸端、祸事"。在"以义幅利"的基础上，晏子进一步解释，积蓄、扩充财富必须以"义"加以节制，如若不然，将会招致祸端、诱发祸事。"以义胜利"，即所谓"利不可强，思义为愈"。晏子承认，人皆有好利足欲之心，利之好、欲之足固然可借由强权实现，但强权又必然会引起纷争与动乱，故而在求利求欲时，应当"思义为愈"，将"求义"置于优先位置。总体上看，春秋时期，义利之辩主要见于《国语》《左传》，其思想底色主要包括两个方面。其一，在基本意涵方面，"义"的基本意涵集中地指向周王室的宗族礼法、礼制，自始至终未能脱离于"利"而独立存在，也正因如此，"义"虽然在实践层面发挥出道德的支撑作用，但并不是严格意义上的道德概念，亦在一定程度上缺少人文精神。"利"，在广义上指向一切有利于周王朝赓续血脉，维护宗族团结、政治安全、社会稳定的事务，并不局限于单一的物质利益、经济利益。其二，在发展方向方面，义利之辩呈现出国家大政方针与个人价值取向的分野。在国家大政方针上，凸显"义、利一致"，凸显"义"即大利、公室之利、宗族之利；在个人的价值取向上，强调以"义"之礼法、礼制，节制"人之所欲"，务使求得之利、欲限定在礼法、礼制所规定的范围之内。及至战国，"义"的基本意涵在孔子那里已由宗族礼法、礼制演变为"君子之仁"，迸发出深厚的人文精神。这里仍可从国家大政方针和个人价值取向两方面加以审视。在国家大政方针上，孔子一是强调"因民之所利而利之"（《论语·尧曰》），且在"富之"的同时亦"教之"；二是强调"无见小利"，若"见小利，则大事不成"（《论语·子路》）。应当看到，在国家层面，孔子的义利观与春秋时期的"义、利一致"思想不可谓不相通，但值得注意的是，由于周王室的日渐衰微，孔子之谓"成大事"中"大事"的宗族公室之意蕴已然淡化，这实际上也就反映出"义"之人文精神已在孔子那里孕育生成，并集中地表现为个人的价值取向。概言之，在孔子的视域中，义利关系中"义"的人文精神底蕴由浅及深分为"见利思义""义以为上""安贫乐道"三个层次。"见利思义"，在基本意涵上可等同于晏子之谓"利不可强，思义为愈"（《左传·昭公十年》），不过，孔子给出了更高的要求："见利思义"方可"成人"，但也仅仅是"成人"的一条基本标准，如欲由"成人"走向"君子"，就必须将"义以为上"一以贯之于日常言行中，自始至终地做到"喻于义"，而非"喻于利"。在"义以为上"的基础之上，孔子进而为君子描绘了"安贫乐道"的人生最高价值准则，化用孔子的话来说，也就是"义而不富且不贵"。

由此而言，先秦儒家经济伦理并非拒斥个体的经济活动与经济行为，义利之辩中指向个体欲望的"利"也并非肇始于先秦时期。从思想史上看，《尚书》"惟天生民有欲，无主乃乱，惟天生聪明时乂"① 的记载已然表明，早在前诸子时代，中华先民就已经普遍觉察到人之欲望的存在。人之欲望生而即有，并且这种内在生而即有的欲望能够影响人的外在行为自然而然地成了历代中国学者的共识。应当明确的是，在欲望的去存问题上，先秦儒家自始至终都承认欲望生而即有的先天属性，但同时又对欲望抱有清醒的认识与高度的警惕，认为人之欲望极大地阻碍了心的道德践履与认知思辨活动，即"道德职责"的展开。这也就决定了，先秦儒家经济伦理视域下诸个体一切经济活动与经济行为被"道德职责"所统摄。

反过来看，先秦儒家经济伦理亦无可辩驳地揭示出传统的社会与文化制度对完善中国特色社会主义市场经济体制具有举足轻重的意义，体现出现代化的意蕴。譬如，在改革的初期，尤其是在2016年中共中央、国务院《关于完善产权保护制度依法保护产权的意见》出台以前，我国的产权保护制度尚未完善，经济活动中的产权保护尚存漏洞。在此情形下，产权交易却依然能够呈现有序、高效达成的总体态势，其中一个至关重要的原因就在于，传统社会与文化制度中的"差序格局"观念、"关系主义"② 理念有效填补了产权保护的漏洞。简言之，"差序格局"与"关系主义"深刻描绘出中国传统社会的社会关系与结构以及"依存于其中的道德义务"。在传统社会里，中国人的社会关系以家族关系为基石，起讫于具有血缘关系的诸个体，形如将石子投掷于平静的湖水，而后在水面由内向外漾起的一圈圈波纹。以亲疏远近为基本遵循，家族、宗族内部具有血缘关系的直系亲属之间所构成的直系亲属关系是全部社会关系的第一层级，即第一圈波纹。由此出发，旁系亲属关系是第二层级，而无血缘关系的诸个体之间所构成的君臣、友朋、同窗、邻里、雇佣等诸种家族、宗族以外的关系是第三层级、第四层级、第五层级，等等。在每一层级内部，因循相应的"关系主义"，诸个体彼此之间具有既定的、康德"道德律令"式的道德义务。这种建立在既定的、康德"道德律令"式的道德义务基础上的道德践履在社会主义市场经济活动中，"自然而然"而又"不知不觉"地填补了因产权保护制度尚未完善所造成的诸种制度漏洞，正如学界指出的那样，中国的产权制度，与其被视作现代经济学意义上的一项"权利"，倒不如被视作根植于传统社会与文化的某种"关

---

① 李学勤主编：《十三经注疏·尚书正义》，北京大学出版社1999年版，第196页。
② 孟子曰："仁也者，人也。"杨伯峻在《孟子译注》中引用《说文》"仁，亲也。从人二"的说法注解仁："仁的意思是只要有两个人在一起，便不能不有仁的道德，而仁的道德也只能在人与人间产生。"（参见杨伯峻《孟子译注》，中华书局2016年版，第305页。）由此而言，关系主义实则是一种基于把对方看成与自己相同的个体而对待的人、仁合一的群体化生活形态。这种生活形态始建于具有血缘意义的个体之间，最早生发于家庭内部。对此，梁漱溟有着明确深入的认识："人一出生，便有如父母，兄弟等与他相关系之人，他的一生将始终在与人相关系中生活，实存于各种关系之上。家人父子，是其天然基本关系。"（参见梁漱溟《中国文化要义》，上海人民出版社2005年版，第72页）。

系"①。由此而论，"道德职责"统摄下诸个体的经济活动与依存于诸个体经济活动中的"道德义务"理所当然构成了先秦儒家经济伦理现代化转型的隐性前提。

二 先秦儒家经济伦理现代化转型的基本原则与路径

当然，我们仍需审视先秦儒家经济伦理所强调的这样一种"道德职责"的主体是什么，以及这种"道德职责"是否具有普遍适用性。譬如，"因民之所利而利之"指的是君王"因民之所利而利之"，履行"道德职责"的主体是"君王"，而非普遍意义上的社会诸个体；"利之"是建立在"君王"主观价值评判，而非客观实际需求之上的"利于百姓"；"民之利"，其本质指向"君之利"，并非我们今天所强调的"最广大人民的根本利益"。由此深究而论，先秦儒家经济伦理中的诸种"道德职责"集中地指向人的道德禀赋及建立在其基础之上的道德自觉，即所谓"尽心"。这种内在的道德禀赋与道德自觉向外在的具体道德行为的演进生成，并不具有逻辑与现实层面的必然性。简言之，孔子以前，"道德职责"更多地体现在"德"与"位"的相互关系中，一旦脱离了"德"与"位"的特定关系，这种"道德职责"便难以甚至无法演进生成为某一具体的道德行为。究其原因，主要来自两方面。一方面，"德"与"位"相互依存，即"德以配位"。所谓君承"天命"，臣尽其"礼"②，士当"弘毅"③，君、臣、士的责任各不相同，三者的"德"在具体呈现样态上亦有所不同，"德"之样态的最终呈现，取决于个体所处的君、臣、士之"位"。另一方面，春秋时期"德"与"位"的相互依存观念，强调君子"在其位"，即"人有十等，下所以事上，上所以共神"（《左传·昭公七年》），唯有"在其位"，方能"尽其心"；与君子相对的"小人"，既无所谓"位"，因而同时也就无所谓"德"，即对"小人"不作"德"的要求。由此而言，儒家经济伦理所强调的"道德职责"，其主体具有鲜明的"位"的指向性，特别是在春秋时期，君、臣之"位"是典型代表，士与农、工、商诸"位"之间的界限也比较分明。这种特征决定了"道德职责"终究难以独立于"位"之外，不具有"诸个体共同活动方式"意义上的普遍性。

与之同理，仅依赖于"差序格局"与"关系主义"难以在现代经济生活中推动诸个体建构起真正意义上的社会关系。单颗石子所激发的波纹圈，经由层层外扩，

---

① 周雪光：《"关系产权"：产权制度的一个社会学解释》，《社会学研究》2005年第2期。
② "以尽臣礼，所以报也。"（参见《左传》，刘利、纪凌云译注，中华书局2007年版，第167页）。
③ "士不可以不弘毅，任重而道远。"（参见程树德《论语集释》，程俊英、蒋见元点校，中华书局1990年版，第527页）。

止于最大最外围的一圈，依此类推，不同石子所激发的波纹圈之间，终将形成"最大圈壁垒"，即"同种圈子关系"。这就决定了，不处于同一种圈子的个体，其自身以及彼此之间的道德践履，不是"必需的"，即"可做可不做"。所谓"故意侵犯他人知识产权"，是因为"他人"是潜意识中的"与我没关系的圈外之人"；"故意侵犯"恰是道德践履上的"知而不为"。亦如前文所述，"君子"与"小人"处于两种截然不同的圈子，"德"于"君子"而言是必需的，于"小人"而言则是可选择的；"君子"与"君子"之间讲"德"是必需的，"君子"与"小人"之间讲"德"是可选择的。即使在同一种圈子内，由于所处层级的不同，诸个体道德践履的具体内容亦有所侧重。譬如，家族、宗族外部的臣与君之间侧重于讲"忠"；作为直系亲属的子与父之间侧重于讲"孝"；作为旁系亲属的弟与兄之间侧重于讲"友、恭"等。此外，同样受"关系主义"统摄，家族、宗族内部诸个体之间关系的亲密程度与彼此之间"道德义务感"的强烈程度，以及"道德践履"的完成度，都远胜于家族、宗族外部。这是因为，随着波纹圈的外扩，诸个体的"道德义务感"逐渐显露出下降、弱化，甚至是流失的趋势；诸个体之间的关系越亲密、稳固、长久，其"道德义务感"越强烈，"道德践履"的完成度越高；反之，诸个体之间的关系越疏远、松散、短暂，则其"道德义务感"越微弱，"道德践履"的完成度也就越低。由此而论，"差序格局"与"关系主义"所凝结熔铸成的共同体更多的是"家族、宗族共同体"，而非真正意义上的"社会共同体"；诸个体"道德践履"的根本动力，更多的源自其所在"圈子关系"中的"私德"，而非马克思之谓"一切社会关系"中所承载的"公共价值规范"，即"公德"。

显而易见，"道德职责"与"道德义务"深刻反映出先秦儒家经济伦理在现代化转型过程中必须直面的一个根本性问题，即"伦理"如何走向"制度"？质言之，在守正创新中推动"伦理"走向"制度"，实现"差序格局"观念与"关系主义"理念统摄下的宗族、亲属关系向社会关系的转型，宗族、亲属关系中私德向社会关系中公德的转型，是先秦儒家经济伦理现代化转型的基本原则与路径。从严格意义上看，先秦儒家经济伦理不是一个经济学的概念，而是一个儒家哲学的概念。在研究对象与目的上，先秦儒家经济伦理致力于以伦理道德，去规范经济行为，同时从伦理道德层面出发，去阐释这一规范的合理性。这一"伦理闭环"决定了推动先秦儒家经济伦理实现现代化转型应当秉持"守正创新"的基本原则。"守正"，就是要把握其根本重心，坚守其根本精神。看待先秦儒家经济伦理，应当把重心置于伦理而非经济层面。一方面，先秦儒家经济伦理中的"伦理"属于"道"的范畴，而"经济"则属于"器"的范畴，"伦理"之"道"承载其根本精神，根本精神经由历史的检验与积淀，孕育出中华优秀传统文化中具有超越时空的真理性力量的鲜明价值旨归，譬如，习近平总书记指出的"富民厚生、义利兼顾"①的思想。另一方面，如若偏离这一重心，将阐释的落脚点置于"经济"层面，那么先秦儒家经济伦理必然会跌入列文森式的"博物馆"，其现代化转型亦无从谈起。"创新"，就是在坚守其根本精神，即"道"的根本前提下，突破"伦理闭环"，推动"伦理"生成契合于新时代中国特色社会主义市场经济体制要求的"新制度"。

如开篇所述，先秦儒家经济伦理的现代化转型问题，其本质是传统与现代的二元对立问题。深究之，二元对立集中地表现为古今之"器"的对立，但我们不能受制于"古之器"（主要指政治制度与经济制度），更不能"以今之器，观古之道"，而是要"承古之道，开今之器"，这也是整体性继承与批判性创新②传统文化所必须遵循的根本规律。习近平总书记指出："中国式现代化，深深植根于中华优秀传统文化"③，这里的中华优秀传统文化，指的是中华优秀传统文化的"道"，而非其"器"，落在先秦儒家经济伦理上，就是要"循其古道，弃其旧器"。由此出发，我们厘定了先秦儒家经济伦理现代化转型的基本路径：在守正一面，从思想史的角度切入，还原先秦儒家经济伦理"道""器"之本真原貌，梳理"道""器"之发展脉络；在创新一面，坚持创造性转化与创新性发展，推动先秦儒家经济伦理中的优秀元素融入中国特色社会主义市场经济体制，以实现"差序格局"观念与"关系主义"理念统摄下的宗族、亲属关系向社会关系转型；宗族、亲属关系中的"私德"向社会关系中的"公德"转型，进而于经济学领域开辟"同当代中国相适应、同现代社会相协调、同现实文化相融通"④的中国式现代化"新思想"。这是因为，只有将传统意义上个体的道德践履转化为一种具有科学性、规范性、制度性和法治性的社会公共价值规范，才能使先秦儒家经济伦理作为一种推动物质文明与精神文明协调发展的机制，贯通于中国特色社会主义市场经济建设的全过程，从而为新时代人文经济学的出场提供必要的先决条件。具体而言，再回到"义利之辩"，如前所述，春秋时期"义利观"始终未能走出宗族礼法、礼制的窠臼，"义"与"利"基本上属于同一概念，"义"并不蕴含多少人文精神，但在坚持和完善社会主义基本经济

---

① 习近平总书记指出："中华优秀传统文化有很多重要元素，比如，天下为公、天下大同的社会理想，民为邦本、为政以德的治理思想，九州共贯、多元一体的大一统传统，修齐治平、兴亡有责的家国情怀，厚德载物、明德弘道的精神追求，富民厚生、义利兼顾的经济伦理，天人合一、万物并育的生态理念，实事求是、知行合一的哲学思想，执两用中、守中致和的思维方法，讲信修睦、亲仁善邻的交往之道等，共同塑造出中华文明的突出特性。"（参见习近平《在文化传承发展座谈会上的讲话》，《求是》2023年第17期）。

② 参见苏培君《由选择性继承到整体性继承——"中国话语的马克思主义哲学"之方法论转向》，《苏州大学学报》（哲学社会科学版）2021年第2期；苏培君：《构建"中国话语的马克思主义哲学"的批判性创新原则及其双重维度》，《江汉论坛》2022年第11期。

③ 《习近平新时代中国特色社会主义思想学习纲要》，人民出版社2023年版，第61页。

④ 《习近平新时代中国特色社会主义思想学习纲要》，人民出版社2023年版，第194页。

制度意义上,仍然具有一定的启发性。及至战国,特别是到了孔子那里,"义"的人文精神得以迸发凸显,"义利观"中以伦理道德去规范经济行为的现代经济学理念已然萌发,这便为先秦儒家经济伦理向中国特色社会主义市场经济体制的演进提供了"自然土壤"。由此而论,创新既要从"自然土壤"中披沙拣金地吸收推动其演进的营养,更要明察秋毫地过滤阻滞其演进的杂质。总体来看,春秋时期"义、利一致"的启发性集中地体现为诸个体对国家各项规章制度的遵守,当然这种规章制度本质上指向"等级制度",并非"公共价值规范"。换言之,所谓"遵守"于外在具体行为表现上所营造出的"道德性"氛围本质上指向"等级道德"、"宗族、家族私德",并非"社会公德"。由此便决定了,创新应当以将"义、利一致"所承载的"等级制度""等级道德"创造性转化为中国特色社会主义市场经济条件下的"公共价值规范"与"社会公德"为根本方向。唯有如此,方能探索出先秦儒家经济伦理的当代形态,从而为以中国式现代化全面推进强国建设、民族复兴伟业提供思想与实践方面的引领。

三 "人文经济":先秦儒家经济伦理的当代指向

完成现代化转型的先秦儒家经济伦理究竟应该以何种现代化的理论形态实现全新的出场?如前文所述,以守正创新为基本原则,推动先秦儒家经济伦理由传统走向现代。其中,"人文经济"可以视为其完成现代化转型的当代形态。既如此,"人文经济"必然要坚守中华优秀传统文化的"根脉",即必然蕴含先秦儒家经济伦理中"能够实现现代化的部分"。这一部分主要包含两个方面的内容:一是由"伦理"孕育生成的"制度",这是就"经济"层面而言;二是先秦儒家传统文化中跨越时空藩篱,旨在肯认、弘扬全人类共同价值[①]的精髓要义,这是就"文化"层面而言。当然,作为一个既不觉得非常陌生,却又未感十分熟悉的概念,"人文经济"的基本内涵在学界尚无定论,这里主要以先秦儒家经济伦理的现代化转型为参照点,从"人文"之于"经济"的关系、人文经济的领导力量、人文经济的实践主体三个方面出发,对"人文经济"的基本内涵作一纲要性梳理。

第一,"人文经济"中的"人文"应当如何理解?或者说,"人文"之于"经济"的关系是怎样的?这是我们首要回答的前置性问题。"人文"是什么?概言之,

---

[①] 2022年10月23日,新一届中共中央政治局常委在北京人民大会堂同采访中共二十大的中外记者亲切见面,中共中央总书记习近平发表重要讲话指出:"新征程上,我们要始终弘扬全人类共同价值。""我们将同各国人民一道,弘扬和平、发展、公平、正义、民主、自由的全人类共同价值,维护世界和平、促进世界发展,持续推动构建人类命运共同体。"参见《习近平著作选读》第二卷,人民出版社2023年版,第613页。

作为中华优秀传统文化的典型概念，"人文"一词首见于《周易》第二十二卦贲卦的卦辞，其原文为"《象》曰：'文明以止，人文也'"[1]。先来看，何以谓之"文"？东汉经学家许慎在《说文解字》中释"文"曰："文，错画也。象交文。凡文之属皆从文。"[2] 这里，许慎强调了理解"文"字的两个基本点：一是交错的笔画，如同相交叉的纹案，构成了"文"字的基本字形；二是从广义上看，凡与"文"字相关的问题，以"文"字为中心视域是其研究的基本方向。沿袭许慎的这一诠解，我们把视野投诸前诸子时期的思想史，可以明晰"文"字原初意涵的四个层次。首先，《周易·系辞下》记曰："物相杂，故曰文"，"物"原指阴阳，后引申为自然界中的各种物象（包括人），各种物象交互错杂在一起呈现出的状貌谓之"文"，亦所谓"物一不文"（《国语·郑语》）。其次，自然界中各种物象交互错杂在一起呈现出的状貌在视觉感官上不是杂乱无章，而是具有某种规律性，亦如《礼记·乐记》之谓"五色成文而不乱"。换言之，各种物象的交互错杂遵循了自然界的某种规律，这也就决定了"文"字原初意涵的第二个层次："文"指向自然界的规律。再次，唐初经学家孔颖达在《周易正义》中引庄氏云："文谓文饰"，强调欲使万物万象交互错杂且繁而不乱，就要在遵循其运动规律的基础上对其进行修饰，简言之，"文"即修饰。最后，东汉末年经学家郑玄在《礼记注》中阐述了修饰所应达至的境界，即"文，犹美也，善也"[3]，这也就揭示出"文"字的第四层原初意涵指向美、善的境界。

进一步而言，究竟何以谓之"人文"？"贲"卦卦辞曰："文明以止，人文也"[4]，其卦象为"下离上艮"（䷕），"离"（☲）为火，意指光辉璀璨、盛美明丽之地；"艮"（☶）为山，意指行而所归、终将以至之地。由此而论，能够遵循自然界万物万象运动规律，并指引其最终迈向光辉璀璨、盛美明丽之地，通达至美、至善境界的就是"人文"。以此为据，中华人文精神的核心要义，用最简单的话，可以概括为"人之所向"，这一"所向"是至美、至善的境界。因循"人文"的基本意涵出发，应当明确，"人文经济"概念中的"人文"不可与"伦理道德"画等号，这里的"人文"孕生"全人类共同价值"，在此价值视域内，"万物并育而不相害，道并行而不相悖"（《中庸》），义与利、精神文明与物质文明之间的张力得以被消解，抽象的精神之物与具象的物质之物终将通达于"人之所向"的至美、至善之境。在此意义上，"人文"之于"经济"的关系即"以人文精神为价值引领，规

---

[1] 《周易》，郭彧译注，中华书局2006年版，第117页。
[2] （汉）许慎：《说文解字》，天津市古籍书店1991年版，第185页。
[3] 《礼记注》，（汉）郑玄注、王锷点校，中华书局2021年版，第521页。
[4] 《周易》，郭彧译注，中华书局2006年版，第117页。

范市场经济行为、催生经济发展活力,为'实现全体人民共同富裕,促进人与自然和谐共生,推动构建人类命运共同体,创造人类文明新形态'提供精神动力。这也就是新时代人文经济学的根本前进方向与最高价值旨归,亦构成了新时代人文经济学是认识中国式现代化的一把钥匙"① 的理论与实践依据。

第二,人文经济的领导力量是什么?习近平总书记在庆祝中国共产党成立100周年大会上的重要讲话中指出:"过去一百年,中国共产党向人民、向历史交出了一份优异的答卷。现在,中国共产党团结带领中国人民又踏上了实现第二个百年奋斗目标新的赶考之路。"② 由此而言,中国共产党是人文经济的最高领导力量。建党百余年来,我们党走过了从领导计划经济到领导市场经济的赶考之路,迎来了"实现全体人民共同富裕"新的赶考之路。新的历史时期,站在"两个大局"的历史方位,中国经济行进在具有许多新的历史特点的伟大斗争中,能否一以贯之地领导驾驭好中国这一世界第二大经济体,能否保证社会主义市场经济体制的巍巍巨轮在风云变幻的汪洋大海中劈波斩浪、行稳致远,从根本上讲,取决于中国共产党在市场经济新的义利之辩考验中的领导力量。这要求中国共产党在坚持马克思主义指导地位的同时,以"人文"为范导,一方面要引领全体党员在社会主义市场经济体制下坚守共产党人的道德高地。中国共产党人"何以"坚守道德高地?恩格斯在《反杜林论》中明确地指出:"一切以往的道德论归根到底都是当时的社会经济状况的产物。"③ 换言之,社会主义社会性质、我国基本经济制度,在本质上决定了人文精神在规范市场经济行为、催生经济发展活力方面具有资本主义经济制度所无法企及的强大生命力,能够为中国共产党坚守道德高地提供坚固的现实基础。除此之外,"君子喻于义""君子义以为质"等中华人文精神的核心要义,作为中华民族所独有的精神基因,凝聚熔铸成中国共产党人生生不息的精神力量,亦为其坚守道德高地提供了精神方面的支撑。于中国共产党人而言,"中共党员"不仅仅是政治面貌,更应当是新时代君子人格的集合体,党在领导中国经济建设伟大征程中、党员在参与市场经济活动全过程中,必须始终坚守、忠诚践行"义以为上"的崇高道德信念,率先垂范、以身作则,引领构建适宜中国特色社会主义市场经济体制的公共价值规范。另一方面,要引领全体党员在市场经济的大潮中,明辨"权"与"利",筑牢拒腐防变的思想堤坝,坚决彻底地把权力关进制度的笼子里。趋利是市场经济的最根本特征,在市场经济行为中如何规范权力、廉洁用权,自始至终驾驭好经济利益的"双刃剑",从源头上彻底切断权力与资本暗自勾连,是每一名党员,尤其

---

① 新华社新时代人文经济学课题组:《新时代人文经济学》,新华出版社2023年版,第5页。
② 习近平:《在庆祝中国共产党成立100周年大会上的讲话》,人民出版社2021年版,第22页。
③ 《马克思恩格斯文集》第9卷,人民出版社2009年版,第99页。

是党的高级领导干部必须直面的重大现实问题。利益输送的渠道如何从源头上彻底切断？这就需要在"权"与"利"之间明晰边界，既要"以义幅利"，又要扎牢权力的"栅栏"，使个人利益的追求与获取，以及权力的使用始终运行于道德底线要求与宪法、法律所限定的范围内，坚决切实防止"蕴利生孽"，时刻警惕蜕变至党和人民的对立面。

第三，"新时代人文经济学坚持以人民为中心的发展思想"①。"人民"是人文经济的实践主体，"以人民为中心"是构建新时代人文经济学的根本立场。从"根脉"上看，"以人民为中心"这一根本立场的确立，秉持了先秦儒家经济伦理现代化转型守正创新的基本原则，构成了对先秦儒家经济伦理重要论断"国以义为利"的全新哲学表达。"国以义为利"语出《大学》，精准把握"国以义为利"的基本内涵需建立在以《大学》具体文本为语境，进而全面理解"德本财末"与"生财有大道"的基础之上。首先来看"德本财末"，《大学》记曰："君子先慎乎德。……德者，本也；财者，末也。"②应当明确，《大学》之谓经济伦理主要是从国家大政方针、治国理政之要层面出发，很少涉及个人价值取向。因此，这里的"君子"指向一国之君，即执政者（集团）；"财"同样并非指向个人的物质财富，而是类乎于现代经济学意义上的国家财经，即国家税收（《大学》之谓"府库才"）；"德"与"财"相对应，指向执政者在国家税收活动全过程中所应当履行的合理分配国家财政收入的经济责任，即"将导利而布之上下者"（《周语上·第一》）。由此而论，"德者本财者末"旨在强调执政者应当以"正德"③合理分配国家财政收入，以"利民"为根本出发点，切不可"专利"（《周语上·第一》），以致将国家财政收入作为私有财产任意支配。那么，执政者以何利民？概言之，在国家财经层面，"生财有大道"是利民的基本方针。这里的"财"在语义上指向社会财富，在语法结构上属于名词的使动用法，即"使民众获得财富"。"使民众获得财富"应当建立在执政者调动强大的政治组织、制定合理的经济政策，从而创造更多社会物质财富的基础之上，此"大道"之谓也。进一步而言，"生财有大道"充分体现出孔孟经济伦理思想中"以仁（仁政）利民"的观点。孔子之谓"惠而不费"（《论语·尧曰》），孟子之谓"徒善不足以为政，徒法不能以自行"（《孟子·离娄下》）皆旨在强调，凡治国之利民，不可施民以小恩小惠，而应当以"仁政"为本，充分发挥"为政以德"的政治智慧，从而创造出"恒足""厚生"的社会财富。至此，我们也就能够精准把握"国以义为利"基本内涵的三个层面。其一，"国"相较于春秋

---

① 新华社新时代人文经济学课题组：《新时代人文经济学》，新华出版社 2023 年 12 月版，第 5 页。
② 《大学 中庸》，王国轩译注，中华书局 2006 年版，第 31 页。
③ "正德利用厚生，谓之三事。"（《左传·文公七年》）

时期，其宗族、宗法制度意味已然淡化，政治性组织意义逐渐生成。"国"之立，立于执政者"以义为利"，"为利"的衡量标准并非取决于国家财政收入的增加，而是取决于民众生活富裕程度的提高。其二，对执政者而言，"为利"不是假国家税收之名，谋一己一时之利，而是全面统筹国家税收，将所生所聚之财作合理分配以厚生富民。进一步而论，执政者（集团）若以厚生富民为天职己任，而后加官进禄（土地、器物、粮食、钱币等），是之谓"以义为利"；若将加官进禄视作首要追求目标，以致"剥民以自俸"，则是之谓盗取"不义之财"。其三，国者以利为利，而有悖出之祸，执政者（集团）切不可"以利为利"，即不应当同时作为实际参加者直接从事经济活动。所谓"悖"，意在言明，执政者（集团）的职责是在国家层面以"义"推进经济治理，而不应有悖于本职工作，参与经济合作与竞争；所谓"祸"，意在强调，执政者（集团）若将政治权力付诸经济活动，以"裁判员""审判员"的身份参与经济竞争，恐将引发与民争利的祸端。不可否认，在先秦时期社会制度与经济发展状况双重桎梏下，"国以义为利"难免不合时宜，也难以付诸现实。但毋庸置疑，在新的历史时期，"国以义为利"无疑饱含了深厚而隽永的"人文"价值。一言以蔽之，从"根脉"出发，"国以义为利"为新时代人文经济学"以人民为中心"根本立场的确立凝聚了民族底色；反过来看，"新时代人文经济学坚持以人民为中心"发展思想的提出无疑是对"国以义为利"的守正与创新。具体而言，不断提高民众的生活富裕程度深刻揭示出"实现全体人民共同富裕"这一中国式现代化本质要求；统筹国家税收，切莫"剥民以自俸"，将所生所聚之财作合理分配以厚生富民全面凸显了中国共产党"没有任何自己特殊的利益，从来不代表任何利益集团、任何权势团体、任何特权阶层的利益"[①] 的根本政治立场；国者莫以利为利，无有悖出之祸集中熔铸成中国共产党领导驾驭社会主义市场法治建设，构建"亲""清"新型政商关系的政治智慧。

当然，"人民"作为人文经济的实践主体，其主体性不仅体现在"国以义为利"的国家大政方针层面，同时也体现在个人价值取向层面，即在市场经济活动中，每一个人都能够自觉地以"人文"引领自我经济行为。何以"能够自觉地"？恰是缘于"心"对"欲"的调节、疏导、规约。应当明确，从起源上看，先秦儒家经济伦理以人性论为基石，义与利关系的本质是心与欲之间的相互作用。自孟子伊始，先秦儒家逐渐认识到，耳目口鼻之感官欲望在接触外在事物时，往往容易受其诱导而作出错误的感性判断，从而给心的认知思辨造成极为不利的影响。为此，孟子倡扬"养心莫善于寡欲"（《孟子·尽心下》）。事实上，孟子尤为注重阐释人之欲望的

---

① 习近平：《在庆祝中国共产党成立 100 周年大会上的讲话》，人民出版社 2021 年版，第 11—12 页。

来源问题，在孟子看来，人之欲望固然生而即有，但反观自身，欲望也并非凭空而降、无所依托，而是分别源自人体两大器官，继而相应地又可划分为两大类型。具体而言，"天"生而成人，人自诞生之日起，天既赋予了人具有内在认知思辨禀赋的思维器官——心官，同时又赋予了人得以直接接触外部一切客观存在的形体器官——耳、目、口、鼻诸感官。心官作为人体之主宰能够在其认知思辨禀赋的牵引之下透过物质的表象觉察、捕捉、体悟、省思人之善性，因而称其为"大体"，换言之，人之善性是"可欲"的，"可欲之谓善"（《孟子·尽心下》），"善"不能简单狭义地理解为"恶"的对立面，而是指向"与天地参"的完满人生样态，即所谓"人文"①。基于人之"道德生命"②的立场上省察，"可欲"可以说是一种实现达至"与天地参"完满人生样态的欲望，即一种"道德性欲望"③。耳、目、口、鼻诸感官处在从属地位，不具备认知思辨的禀赋，所要感知的最直接对象往往是物质本身，因而称其为"小体"。综合以上两点，"大体"赋予人实现达至"与天地参"完满人生样态的欲望，"小体"赋予人"味、声、色、富、贵"等诸多物质生命意义上的生理欲望。"寡欲"从外在的行为方法上看，是减少人之物质生理欲望，但这也只能或应当被视为"寡欲"的基本实施形式，"寡欲"的真正内涵在于"先立乎其大者"（《孟子·告子上》），以"大体"驾驭、疏导"小体"，将"小体"调节至不因"为其养小以失大"（《孟子·告子上》）的合乎"义"的矩度之内，这也就是孟子之谓心与欲、义与利"兼所爱，则兼所养"，"无以小害大，无以贱害贵"（《孟子·告子上》）的要旨所在。由此而论，作为人文经济实践主体的人民应当坚守中华优秀传统文化的"根脉"，创造性转化、创新性发展孟子"养心莫善于寡欲"的心性论，在广泛、深入

---

① 《中庸》记曰："能尽人之性，则能尽物之性；能尽物之性，则可以赞天地之化育；可以赞天地之化育，则可以与天地参。"由此观之，"与天地参"足可谓对"人文"基本内涵的精准凝练与高度概括。

② 人的道德生命指的是什么？或者说，人究竟有没有道德生命？对这一问题，恩格斯的一番论断可谓一语中的，恩格斯在《反杜林论》中指出："我们关于生命的定义自然是非常不够的，因为它还没有包括所有生命的现象，而只是限于其中最一般最单纯的现象。……为了要对于什么是生命，获得真正详尽的理解，我们必须探究生命表现的所有形式，从最低级到最高级。"（参见恩格斯《反杜林论》，人民出版社1956年版，第83—84页）。梁漱溟先生则进一步指出，恩格斯所说的"最高级"，应当就是指"人类意识活动（涵括自觉能动性、计划性）那样形式"（参见梁漱溟《人心与人生》，上海人民出版社2018年版，第148页）。显然，人的道德生命指向人的意识活动，是人的生命表现的最高级形式。

③ 显然，达至"与天地参"完满人生样态欲望的实现需要仁、义、德性等诸多道德因素的介入，此类道德因素也就是孟子所说的人之异于禽兽的道德本性。由此而言，达至"与天地参"完满人生样态的欲望实际上可以被称为一种"道德性欲望"。值得注意的是，这种"道德性欲望"并没有被孟子的后来者荀子所继承，诚如蒙培元先生所言，荀子仅仅关注人之物质生理欲望，以致步荀子之后尘的"后儒几乎很少从道德情感出发谈论欲的问题"（参见蒙培元《情感与理性》，中国社会科学出版社2002年版，第209页）。事实上，先秦儒家对欲望的认识是较为全面而客观的，后儒一味地否定"道德性欲望"的客观实在性，将人之欲望狭隘地等同于生理欲望，甚至直接定义为消极性生理欲望无疑是失之偏颇的，这也为儒家人性论的研究造成了不少原本应当可以避免的困境。

进行市场经济活动的全过程中,以"大体"驾驭、疏导"小体",规范自身经济行为,共同促进中国特色社会主义市场经济持续健康发展。

余 论

先秦儒家经济伦理的现代化转型,无疑从中国传统哲学层面证实了"人文经济"固然可以说是一个新概念,但绝不是一个新命题。在 2023 年 12 月中旬召开的中央经济工作会议上,党中央就全年的经济发展状况作出了"我国经济回升向好,高质量发展扎实推进"①的全面总结。面对俄乌冲突、美国经济霸凌等诸多风险挑战,中国经济何以能够在波谲云诡的国际政治经济环境和繁重艰巨的国内改革发展稳定任务中始终保持长期稳定向好的基本面?一个举足轻重的原因在于:"中国人民对美好生活的憧憬和追求,具有不竭的动力和源泉。这种不竭动力和源泉代代相传、生生不息,系植根于中华民族血脉深处的独有特质、独有禀赋和独特价值体系,深刻影响着当代中国的发展进步,深刻影响着当代中国人的精神世界。"② 中国人民对美好生活的憧憬和追求,就是"人文"之于中国经济高质量发展最基本、最深沉、最持久的引领力量,就是先秦儒家经济伦理得以在今天的中国实现华丽转身、完成现代转型,继而迈向"人文经济"的最坚实、最稳固、最强大的精神前提。总体而言,先秦儒家经济伦理的现代转型,应当把握三个方面:在逻辑主线上,要紧扣中华优秀传统文化的"根脉",以先秦儒家经济伦理之"道"凝聚熔铸"人文经济"的底色与底气。在根本认识上,要明确先秦儒家经济伦理本就有"制度"与"规范"的基本意涵,只是这种制度是宗族、宗法与封建制度,"礼"是此种制度的产物;而"规范"在发展演进过程中始终与旨在阐释心性关系的儒家"道德哲学"同频共振,往往于经济伦理呈现出些许不自觉的疏离感,给今天的人们造成一种在人格特质、道德品性上"一直仰望星空"而"忽略底线要求"的曲解与误判。因此,在方法论上,要守正创新,以儒家传统文化为协调机制,以"人文"为价值引领,推动"伦理"向"制度"演进,进而形成具有普遍适用性的"社会公共价值规范",最终实现先秦儒家经济伦理向"人文经济"的现代化转型。譬如,就义利观而言,"人文"价值引领作用集中地表现为:厘定诸个体在市场经济活动中所必需、应当坚守的道德与法律双重底线。双重底线的意义恰在于其揭示出:我们的确不能以儒家"道德哲学"为标尺来衡量现代经济活动中诸个体经济行为的对与错,但我

---

① 参见新华社《中央经济工作会议在北京举行——习近平发表重要讲话》,中华人民共和国中央人民政府网,2023 年 12 月 12 日,https://www.gov.cn/yaowen/liebiao/202312/content_6919834.htm,2024 年 9 月 19 日。
② 高培勇:《中国经济的底色与底气》,《经济日报》2022 年 8 月 1 日第 1 版。

们同样无法否定"道德性欲望"的存在，同时我们已然看到，社会主义核心价值观之于公民个人层面"爱国、敬业、诚信、友善"的价值准则，是"道德性欲望"的现代化、制度化外显。由此而论，判定先秦儒家经济伦理完成现代化转型的一个重要参照点，正是在"我国市场主体蓬勃发展、市场规模大幅拓展、市场结构持续优化、市场环境日益完善"①的新的历史方位上找回曾经被削弱、被遗忘的"道德性欲望"，并以"人文"作为其茁壮成长的精神沃土，从而全面激发"道德性欲望"与市场主体协同发展的中国经济新动能。当然，先秦儒家经济伦理现代转型之于新时代人文经济学理论构建之"根脉"因子，远远不止于"义利观"。这里我们只是抛砖引玉、以飨学界，诸如义利观在国际贸易中的运用②、公平观对共同富裕问题中"共同"与"同时"③概念的科学区分、诚信观之道德底线规约在完善政府诚信履约机制、优化民营经济发展环境④方面的规范性表述、探讨在马克思主义交往实践观基础上建立国际经济交流与合作新的基本准则等分支问题，尚有待学界进一步开掘。

---

① 林丽鹂：《市场主体蓬勃发展——全面小康成色更足》，《人民日报》2021年9月7日第2版。
② 乔咏波：《国际贸易中的正确义利观》，《光明日报》2023年4月13日第6版。
③ 习近平总书记指出："我们要实现十四亿人共同富裕，必须脚踏实地、久久为功，不是所有人都同时富裕，也不是所有地区同时达到一个富裕水准，不同人群不仅实现富裕的程度有高有低，时间上也会有先有后，不同地区富裕程度还会存在一定差异，不可能齐头并进。这是一个在动态中向前发展的过程，要持续推动，不断取得成效。"（习近平：《扎实推动共同富裕》，《习近平谈治国理政》第四卷，外文出版社2022年版，第146—147页）。共同富裕，不是同时富裕，这与先秦儒家经济伦理公平观"食货"富足需要分阶段实现的思想一脉相承。
④ 参见《国家发展改革委关于完善政府诚信履约机制 优化民营经济发展环境的通知》（发改财金〔2023〕1103号）。

·马克思主义哲学·

当代资本主义的新变化及其实质[*]

杨思基[**]

摘 要 当代资本主义在科技革命推动下,有一系列新变化,主要表现在:(1)科技革命突飞猛进,人工生产力日新月异,自然生产力得到进一步利用,劳动者素质得到很大提升,劳动者就业结构以及产业结构发生很大变化,科技与人才的竞争成为竞争的核心;(2)伴随生产力的社会化发展,资本主义生产关系在所有制、企业经营、收入分配、资本形态方面都发生了很大变化,资本主义生产关系在全球范围迅猛扩张和重组;(3)资本主义社会的阶级结构日趋复杂,不仅出现了新的阶级分化和融合,而且出现了国内阶级关系的国际化;(4)当代资本主义意识形态更加资本化、市场化、国际化,资本主义文化意识形态特征越来越明显。如何理解当代资本主义新变化的主要问题、矛盾与时代特征,如何认识当代资本主义新变化的根源和实质,在时代大变局关口正确处理各种问题和矛盾,事关我们事业的兴衰成败。

关键词 生产力;生产关系;当代资本主义;意识形态

第二次世界大战后的资本主义与战前的资本主义相比有了许多重大变化,如何以马克思主义的立场和观点认识这些新变化,怎样把握资本主义出现的新问题和新矛盾,把握认识资本主义新的时代特点,在时代大变局的关口坚持与发展马克思主义,坚持正确的发展方向,正确处理各种问题和矛盾,事关人类前途命运,事关我们的事业兴衰成败,至为紧要。

---

[*] 本文系国家社会科学基金重大项目"马克思主义社会发展理论的当代重大问题研究"(编号:19ZDA020)的阶段性成果。

[**] 杨思基,苏州大学哲学系教授、博士生导师。

一 当代资本主义社会生产力的重大发展

其一，科技革命突飞猛进。现代科技革命包括物理学革命、原子能和纳米技术等新能源新材料技术革命、航空航天技术革命、计算机人工智能和信息技术革命、数字化自动化控制技术革命、化学生物学革命和生物遗传技术革命，以及地学革命与天文学革命等，它是生产力发生质的飞跃的先导，是现代化进程的引擎。

物理学革命起源于19世纪末的三项新发现。首先是德国物理学教授伦琴发现了X射线，接着是法国学者贝克勒尔发现了放射性和铀元素，第三是英国科学家J. J. 汤姆逊发现了电子。电子的发现还向人们展示了电流的本质，由此开启了物理学一个崭新的"电子时代"。物理学的革命以量子力学的建立和相对论的问世而告成功。化学在19世纪已经取得很大进展，不仅建立了近代原子论，而且还提出了元素周期律，但当时人们对元素周期律的本质还不能提出自圆其说的科学解释。对元素周期律的科学解释只是在物理学发现了电子，揭示了原子内部的结构以后才得以完成。在20世纪物理学革命推动下，化学通过深入研究现有物质的分子结构，发现了创造新的分子和物质结构的可能性，于是就引发了创造新材料的化学革命。19世纪以前的生物学都是从群体、个体，至多是从细胞水平来研究生物，进入20世纪后，由于物理理论和实验手段的现代化，生物学开始提高到了分子研究的水平，并以此为基础来研究生物的进化和遗传等，从而引起了生物学革命。20世纪30年代，基因被证明是分子，并带有遗传信息。至20世纪50年代，人们发现了脱氧核糖核酸的双螺旋结构，并于20世纪60年代破译了生物遗传密码，进一步揭示了生命遗传的秘密，为开启现代生物学生物遗传工程技术奠定了基础。

科学革命的直接后果就是带来了一系列新技术革命，并通过技术革命改变人们的生产生活方式，使整个社会发生翻天覆地的革命性变革。自20世纪五六十年代以来，以微电子技术为核心，一大批新兴技术群体正在崛起，像计算机、激光、光纤通信、互联网、数字化自动控制、非晶态、碳纤维、结构陶瓷、分离膜、超导体、核能、太阳能、海洋能、风能、生物质能、地热能、微生物、酶、细胞、基因，以及海洋和空间技术等。一系列科技革命不仅促进了生产力的极大发展，改变了人们的生产生活方式，更是使新质生产力得以不断地生成与更新，为整个社会的变革奠定了越来越坚实的基础，不断推动人类向更高级、更广阔的文明社会发展迈进。

其二，人工生产力日新月异。生产力从质上分析分为两类，一类是人工生产力，一类是自然生产力。人工生产力是在自然生产力基础上依靠人工的生产创新、加工改造而形成的新质生产力，主要依靠技术进步及分工协作而获得，技术革新创新是人工生产力发展的根本动力和实质。生产工具的革新是人工生产力的标志性要素，它与新能源、新材料及分工协作共同构成了新质生产力的基本要素。

人工生产力在"二战"后发生了日新月异、突飞猛进的发展变化，创造了前所未有的生产力和巨大财富，使得整个生产生活面貌都发生了翻天覆地的变化。在新技术革命以前的1955年，国内生产总值按人口平均计算，美国为2394美元，日本为268美元，西德为857美元，英国为1052美元，法国为1131美元。10年以后，美国的人均国内生产总值为3517美元，日本为900美元，西德为2032美元，英国为1840美元，法国为2030美元。到了1982年，美国为13038美元，日本为8973美元，西德为10714美元，英国为8504美元，法国为10000美元。[①] 而到了2021年，美国的人均国内生产总值则达到了69288美元，日本为39285美元，德国为50802美元，英国为47334美元，法国为43519美元。[②] 按照目前生产力的发展水平，人们已经真正看到了以现有的生产来满足全人类生活需要的希望。

从我们业已经历的三次产业科技革命及其发展趋势看，第一次产业革命所经历的发展过程是"生产→技术→理论（科学）"，第二次产业革命所经历的发展过程是"技术→生产→理论"，而第三次科技革命所走的道路则是"理论→技术→生产"，而且从科学发现和技术发明到生产中的应用时间周期性在不断缩短。据统计，蒸汽机从发明到生产应用的时间间隔大约是80年，电动机为65年，电话为50年，真空管为33年，飞机为20年，原子弹为6年，晶体管为3年，而激光器仅仅为1年。目前，无线通信技术的更新与升级换代基本上是5年。大数据、云计算、人工智能、互联网远程控制、超导材料、空间技术、生物遗传基因技术、新能源新材料技术不断地运用于生产和人们的生活，科学技术与人们的生产和日常生活更加紧密地联系在一起，与寻常百姓的生活息息相关，使人们感觉生活节奏与时代变迁的脚步都在明显地加快。20世纪50年代以前，知识总量30年增加一倍，那时候全球科技刊物只有4000种。到了20世纪60年代，科技刊物达到40000种以上，知识总量每6—7年即可增加一倍。1982年，全世界已有80000多种科技刊物，知识总量每4年就增加一倍。据法国一位社会学家估计，当代社会在3年内所发生的变化相当于20世纪初30年内的变化，牛顿以前时代的300年内的变化，石器时代的3000年内的变化。[③]

其三，自然生产力得到进一步利用。自然生产力是指土地、矿藏、空气、阳光、水及自然生长的动植物等自然生产资源。这些自然生产资源是不需花费任何劳动而

---

① 转引自华民《当代资本主义经济导论》，华东师范大学出版社1989年版，第20页。
② 转引自《世界经济年鉴》2022年卷，2022年10月版，第529页，表1—2—2。
③ 转引自华民《当代资本主义经济导论》，华东师范大学出版社1989年版，第18页。

天然赋予人类供人类开发利用的资源,而开发利用到什么程度,则取决于人类的技术,技术越是进步,人类可发现和利用的自然生产力就越大、越多。因此,生产力的发展状况取决于多种因素,自然生产力是基础,人工生产力是先导,技术先进程度和应用范围是决定因素,而生产主体劳动者的状况则作为主体能动因素影响全局。

其四,劳动者素质得到很大提升。伴随科技进步和经济的发展,不仅各方面生产需要更多的技术工人,需要劳动者不断提高技术水平,并需要劳动者为提高技能而增加收入,同时也促进文化教育事业获得空前的发展。普通劳动者受教育程度在战后普遍得到提升,接受专业培训的机会也在不断增多,许多发达国家甚至普及了高等教育,接受中等教育、高等教育的劳动者在就业人员中的比重不断提高,而且总体呈现向更高层次高等教育不断提升的趋势。这便使劳动者队伍发生了根本性变化,由原来文盲半文盲居多的劳动者队伍变成了接受中等专业技术教育和高等教育者居多的劳动者队伍,从而使劳动者的整体素质得到很大提升。1960 年,受 12 年以上教育者在美国工业部门占到了 30%,在服务部门占到了 68%。[1]

其五,劳动者就业结构和产业结构发生很大变化。由于科技进步,生产的自动化程度不断提高,劳动者的就业结构和产业结构也发生了很大变化。这种变化主要表现为车间工人大量向办公室转移,产业工人不断向劳动服务业转移,即通常所说的"蓝领工人白领化"。据统计,第二次世界大战以来美国的职业类型发生了以下变化:白领工人(包括专业人员、技术人员、管理人员、行政人员、售货员、办事员等)1947 年为 2018.05 万人,1977 年为 4518.7 万人,增长了 124%;其中专业人员和技术人员 1947 年为 379.5 万人,1977 年为 1369.2 万人,增长了 261%。蓝领工人(包括一线技术工人、其他熟练工人、操作工人、非农业体力工人等)1947 年为 2355.4 万人,1977 年为 3021.1 万人,仅增长了 28%。服务行业(包括私人家庭服务,大部分为白领工人)1947 年为 598.7 万人,1977 年为 1239.2 万人,增长了 107%;其中私人家庭服务 1947 年为 173.1 万人,1977 年为 115.8 万人,减少了 33%。农业(包括农民、农场经理、农业工人)1947 年为 821 万人,1977 年为 275.6 万人,减少了 66%。[2] "蓝领工人白领化"的工人就业状况,以及服务行业就业人数大幅增加、工农商业部门产业工人大幅减少的现象,并非意味着工人阶级在走出历史舞台、无产阶级在中产化,也没有动摇资本主义雇佣劳动制度以及工人阶级受剥削的阶级地位,而是说明工人阶级工作场所与工作内容的变动和更新,说明工人阶级内部的阶层和结构发生了重大变化,其中脑力劳动、智能劳动者所占比重

---

[1] 参见华民《当代资本主义经济导论》,华东师范大学出版社 1989 年版,第 160 页,表 6—3:1960 年美国工业部门和服务部门的劳动力特征。

[2] 转引自华民《当代资本主义经济导论》,华东师范大学出版社 1989 年版,第 46—47 页。

在不断增加，资产阶级所剥削的主要对象已经不再是简单的体力劳动者，而是包含了越来越多的脑力劳动者，工人阶级知识化的趋势越来越明显。

这里值得指出的是，脑力劳动和体力劳动、白领工人和蓝领工人的区分是相对的，而且仅仅是职业上的区分，并非劳动性质上的区分，更非阶级意义上的区分。伴随科技进步，一般办公室工作人员从事的劳动与车间工人的劳动区别越来越小，其收入也不高，甚至低于一般蓝领工人，他们的收入和生活水平一般处于中等以下，仍然属于社会底层较贫困的社会阶层，他们属于有知识、有文化，并受过良好教育的新型无产阶级。

其六，科技与人才的竞争成为竞争的核心与焦点。第二次世界大战后，垄断资本主义发展到了更高的阶段，垄断向金融垄断、国家垄断、跨国垄断发展的势头日显突出，但垄断资本主义取代自由竞争的资本主义并没有消除资本主义竞争，而是在垄断条件下加剧了资本主义竞争，只是竞争的手段在战后发生了新的改变，由原来主要依靠资本实力而进行追逐剩余价值的竞争变成了主要依靠科技进步和人才而进行追逐剩余价值的竞争。战后形成的美国霸权，实质是以科技领先、美元霸权和军事霸权为支撑的，没有了以美元霸权及高价收揽全世界人才的人才垄断优势，就没有美国的科技领先，没有了科技领先也就没有了美国的军事霸权，没有了美国在全世界的一极独霸和称霸世界。这说明科技与人才的竞争是当前竞争中最为核心和根本的竞争。

二 当代资本主义生产关系的深刻调整

其一，在所有制方面，企业公司化，公司股份化，资本社会化，从个人股份所有制到国家股份所有制，再到法人股份所有制的变化，是当代资本主义所有制关系变化的新特征或总趋势。

企业是社会经济的基本组成部分，在当代资本主义社会，企业典型的存在形态是公司。企业形态公司化，公司所有制关系股份化，是资本主义生产力发展及金融资本主义发展的必然结果，也是货币转化为资本的最低限额不断提高的必然结果。伴随生产力的发展，竞争的加剧，大规模联合企业、垄断企业的优势越来越明显。在这种情况下，企业以股份公司的形式进行联合合作，就成为现实的必要，于是股份公司取代旧式的厂商就成为当代资本主义典型的企业存在形态。19世纪末20世纪初，随着股份公司成为主要的企业组织形式，私人股份资本所有制取代私人资本所有制就成为占主导地位的所有制形式。

第二次世界大战后，资本主义生产资料所有制关系又发生了新的重要变化，那就是伴随着凯恩斯国家宏观调控政策的实施、政府的不断介入，国家资本所有制形成并发挥越来越重要的作用，且法人资本所有制崛起并成为居主导地位的资本所有制形式。在法人资本股份所有制公司，公司的法人代表既可以是个人，也可以是机构，"控股人"通过发行股票并依靠其控股权即可掌握并拥有比自身资本大得多的从社会募集来的资本，公司往往由法人授权委托给专门的企业管理人员来管理，使资本的社会化程度得到空前提高。但资本的社会化程度提高，并不意味着当今资本主义已是全民持有资本，也不意味着所有持股人都成了资本家，而是意味着大量社会闲散资金已通过发行股票被集中在资本家手里充当了新的榨取雇佣工人剩余价值的工具。因大机构控股操盘，通过做多做空手段制造市场大起大落巨幅震荡，任意猎杀中小散户，股票持有者在股票的炒作买卖中获利的只是极少数，绝大部分中小散户少量的持股及极少的分红远远不足以使他们成为不劳而获仅仅靠剩余价值来生存的资本家，不足以改变他们作为雇佣劳动者的受剥削受奴役地位，仅就目前而言，资本的社会化，还不可能实现所谓"共有共享的资本主义"。

企业公司化，公司股份化，资本社会化，通过大规模募集社会资本可以超越个人资本的积累迅速集聚起大量社会资本扩大生产规模，进行垄断经营获取垄断利润。在旧式厂商企业，资本家个人财产与企业财产没有严格区分，企业主对企业经营需负无限责任，但在股份公司里，个人财产与企业财产已有严格区分，股东一般只对企业经营承担有限责任，即仅仅是购买股票的付款，如果公司破产，他们的个人资产不致发生危险，债权人可以对公司法人起诉，但不能对该公司的所有者作为个人进行起诉。而且与旧式厂商企业相比，在股份公司里，资本的所有权与使用权发生分离，实际使用资本的已不再是资本家，而是由股东大会选举产生的董事会及其所聘用的各级经理，资本家作为单纯的所有者而退出了生产过程，这样的经营管理方式不仅减轻了资本所有者的经营负担和社会责任，而且有利于企业的科学管理并提高资产使用效益。总之，企业的公司化、股份化和资本的社会化是更加有利于资本家攫取剩余价值并能够减轻他们所承担社会责任的所有制关系调节，也是更适合资本主义发展的生产方式变革。但这种变革尤其是资本的社会化同时也证明和预示了：资本家阶级已经是一个多余的寄生的阶级，人类完全可以在一个没有资本家参与的社会更有成效地进行社会的生产和发展。

其二，在企业经营方面，伴随技术进步和企业规模的不断扩大，劳动者的分工协作和管理越来越专业化、精细化、规模化，出现了一个专业的经理阶层，而专业化的管理不仅能大大提高劳动效率，还能为企业在选择发展方向和市场定位上予以更加科学专业化的指导，从而大大提高投资效率。于是为获得更多的剩余价值和利润，发达资本主义国家就率先发生了企业所有权与经营权的分离，所有者在保持自己所有权及最终决策权的前提下将企业管理委托给专业的企业管理人员来经营的经营方式。另外，为寻求廉价的劳动力和资源，获取超额垄断利润，发达资本主义国家的产业不断从国内向国外转移，企业的管理及所有权归属自然也发生了空间上的分离，企业的所有者不可能事事亲临现场去进行企业的经营管理，迫使企业所有者不得不将企业的经营管理交给专门的管理人才。这样，企业的管理权和所有权便发生一定程度分离，而且成为现代企业管理的一种趋势。另外，为调动企业职工的生产积极性，提高企业对职工的凝聚力和向心力，越来越多的企业采取了职工持股参与企业管理与决策的经营方式，这不仅提高了职工的地位和收入，也提高了企业管理效率，同时对扩大企业社会影响、提高市场占有份额也带来积极影响。但资本主义企业在经营管理方面的这些变化并不足以改变资本主义的所有制关系和生产关系，企业管理的最终决策权，包括企业经营管理人员的选择权、投资与经营的表决权仍然掌握在大股东手里。

在西欧，工人参与管理的形式和渠道是多种多样的，归纳起来，主要有以下渠道和形式：（1）通过自由竞争市场商品的选购来影响直至决定资本主义企业的经营活动；（2）作为股票持有者通过参与股东会议选举企业的董事会或监事会，影响企业的经营活动；（3）作为公民通过选举政府机构，借助政府干预来影响企业的经营活动，或者是作为工人通过工会集体谈判而影响企业的经营管理；（4）通过工会等工人组织选举代表参加公司董事会直至最低一级的车间理事会或工作小组直接参与企业的管理活动；（5）作为利益相关方派出代表参加公司的董事会而参与企业管理，使工人阶级的利益能够得到更大程度反映和保障。资本主义条件下的工人参与管理，实际是在资本主义私有制前提下、在资产阶级统治的框架下，借鉴社会主义国家企业管理的经验，资产阶级为缓解阶级矛盾而进行的阶级合作关系的一种尝试。伴随着工人参与管理的制度化，这种实践在企业管理方面无疑是增加了社会主义的因素，一定程度动摇了资本主义生产关系的基础，但仍然没有改变资本主义生产关系的根本性质。

其三，在收入分配方面，国民收入的分配分初次分配和再次分配两个方面，既取决于所有制关系和生产方式，也取决于参与分配的主体的竞争和力量对比。资本主义社会的"按资分配"或"按要素分配"就是由资本主义的生产资料所有制关系和生产方式决定的。所有制关系和分配关系还决定着社会阶级的划分和结构，人们之所以划分为阶级并在阶级内划分为不同的阶层，这些阶级和阶层在生产和生活中又是一种怎样的关系，归根到底是由他们的生产资料所有制关系和收入分配关系所决定和制约的。

"二战"后，在科技进步、企业规模扩大、生产对资本的需求量增加、资本的所有权和管理使用权分离共同作用下，资产阶级出现了食利资本家和企业经营管理者两个阶层的分化。在美国，食利资本家中的百万富翁人数，1948 年为 1.3 万人，1980 年为 57.4 万人，32 年间增加了 40 多倍。食利资本家的利息收入从 1948 年的 18 亿美元增长到 1990 年的 4671 亿美元，50 年间增长 258 倍。[①]

作为资产阶级一部分的经营管理者，他们不是一般的管理人员，而是在资本主义企业中作为职能资本家代表资本家利益、掌握着企业决策权和经营管理权，为资本家服务的企业董事长、总经理、首席执行官（CEO）等高级管理人员，他们获得的不是一般的工资，而是包含剩余价值的高薪，并在其附加收入中因持有企业大量股票而分享着企业的股息和红利，与食利资本家共同分享雇佣劳动者创造的剩余价值。他们往往由掌握高科技知识和专业管理技能的"知识精英"所构成，是代表整个资产阶级实际履行资本职能的所谓"知识资本家"。

另外，从国家宏观层面看，资产阶级国家是"理想的总资本家"，国家政权是为资产阶级服务的国家政权，国家政府机关的高级官员、高级雇员及那些为政府和企业提供各种决策咨询服务的所谓"智囊团""思想库"等，他们作为资产阶级的附庸与代表在为维护与发展资产阶级的利益与统治服务，并分享着工人阶级所创造的剩余价值，在总体上属于资产阶级范畴，其收入高且稳定，往往是数十倍于普通劳动者的工薪收入。

战后，伴随着经济全球化、科技进步、科技文化教育事业的发展与生产方式的变革，工人阶级的队伍不仅有所扩大，而且其整体素质有了很大提高，在与资产阶级的阶级对抗和竞争中开始出现一些有利于自己的形势变化，使他们有了与资本家讨价还价的资本，为他们增加收入、提高待遇奠定了基础和条件。由于所有权和经营权的分离，专门的经营管理专家成了企业的实际管理者，在企业经营和收入分配方面拥有一定的自主权；同时在技术不断进步条件下，工人的生产劳动方式也发生了重大变化，不仅部分工人成为企业的管理者，而且有大量专门技能的技术工人进入到产品设计、设备保养维修、产品销售的队伍，对企业的经营和利润有重大影响；加上普通工人持股并参与企业的管理以及他们利用资产阶级国家的民主不断为增加收入和提高工资而进行积极的斗争，所有这些都或多或少影响到资本主义企业的初次分配和国民收入的再次分配。

工人阶级就业的方式和获取报酬的方式在战后呈现多样化趋势和特点，工作的流动性则进一步加强，失业大军也由于生产的自动化而不断扩大，这不仅导致工人

---

① 靳辉明、谷源洋主编：《当代资本主义与世界社会主义》上卷，海南出版社 2004 年版，第 216、223 页。

队伍进一步分化，收入差距不断拉大，而且加剧了整个社会的贫富两极分化，影响了社会稳定。这里，撇开越来越庞大的失业队伍而单就就业的劳动群体来看，就业者群体本身的地位不仅因劳动市场状况而分化，而且因劳动合同的种类（是核心职员还是临时工）、劳动岗位的稳定程度、籍贯和劳动关系而分化，使劳动者不仅与资产阶级的收入差距越拉越大，而且劳动者内部的收入差距也越拉越大，收入稳定性也很难得到保障。为了缓解社会的贫富两极分化及其所带来的社会矛盾，资产阶级国家普遍通过税收与社会福利、社会保险保障制度来调节国民收入初次分配的不公，以所谓"从摇篮到坟墓的普遍的社会福利、保险保障制度"来救济贫民和失业者，维护社会稳定。

总的来说，战后，由于劳动生产率的大幅提高及工人阶级的斗争，资本主义国家工人的劳动时间呈缩短趋势且工资收入呈波动式上涨趋势。但发达资本主义国家在对外投资及对外贸易高速发展而国内产业呈空心化历史条件下，加上生产自动化技术排挤工人的现象日趋严重，发达资本主义国家工人的工资收入在20世纪80年代后也出现了下降趋势。另外，战后还有一个体现资本主义生产关系本质的特征表现明显，那就是，工人的收入增长大大低于劳动生产率的增长，更低于剩余价值率的提高。如自1960年到1970年期间，单位产品的劳动力费用在美国增加了9%，在日本增加了32%，在西德增加了35%，在法国增加了25%，在意大利增加了32%，在英国增加了40%，而一个工时劳动生产率的增长却更大，上述各国分别为37%、169%、68%、81%、100%和42%。剩余价值率的提高更是远远高于工人收入增长的幅度。据统计，美国制造业的剩余价值率，1947年是146%，1975年提高到263%；西德工业中的剩余价值率1950年是204%，1974年提高到265%；日本工业中的剩余价值率，1951年是275%，1976年提高到431%。[①]

其四，资本形态发生了重大变化。金融资本、数字资本、虚拟资本、文化资本迅速发展（资本的形式创新及其地位的变化，尽管在某种程度上反映了资本主义发展水平与特点的不同，但据此来说明资本主义不同发展阶段的时代特征却有些牵强），资本的空间限制被不断突破，使生产要素的配置呈现全球配置格局，提升了资本配置效率，同时也使剩余价值的分配呈现国际化弱肉强食格局。

资本表现为物，但本质上不是物，而是一种资本主义生产关系，是体现资本家剥削雇佣工人剥削关系、能够为资本家带来剩余价值的价值。离开资本主义的生产过程和生产关系，资本家作为资本来使用的那些东西就不能成为资本，不能成为资本家剥削工人的工具、手段并发生价值增值。资本还是一种社会性的力量，是一种

[①] 转引自华民《当代资本主义经济导论》，华东师范大学出版社1989年版，第54页。

个人不能驾驭它却能主宰和支配个人命运的社会力量。资本形态的创新和变化，实际上体现的是资本主义生产关系适应社会化大生产需要而发生的在资本主义限度内的变化。资本无所不至，无所不在，哪里有需要，哪里有利于实现资本的积累积聚和增殖，并能够减少资本增殖的费用，提高资本的使用效率，资本就流向哪里，而把那里已有的资源资本化，而创新出资本的新的形式或形态。整个资本主义发展的历史，就是一部资本不断扩张并不断创新出资本主义新的资本形式和形态的历史。一旦资本再也无法创新出它的新形式并实现不断增值，资本主义社会基本矛盾也就全面爆发并要宣告资本主义寿终正寝了。

产业资本和商业资本是生产和实现剩余价值的职能资本，借贷资本是资本家为收取利息而暂时转让给职能资本家使用的资本，是从职能资本分离出来的形式资本。金融资本指银行资本和工业资本融合或混合生长而形成的垄断资本。虚拟资本是独立于现实的资本运动之外，以有价证券的形式存在、能给持有者按期带来一定收入的资本，如纸币、期票、汇票、股票、公债券、不动产抵押单等。虚拟资本与借贷资本一样仅仅是与职能资本相联系并为职能资本实现其职能提供了某种特殊的服务而具有了资本属性的形式资本，它们本身虽然也能与职能资本分享剩余价值，但本身并不生产和实现剩余价值。

资本是能够为资本家带来剩余价值的价值，这便意味着并不是任何东西都可以成为资本，都能够为资本家带来剩余价值。当前人们关于"数字资本""人力资本""文化资本"等说法就存在将"资本"概念任意泛化而滥用的情况。什么是数字资本，至今没有公认的明确定义，有的认为数字资本是能够带来利益的数字资源，有的则将其理解为数字能力和数字技术的存量，有的说它是企业的无形资产，[1] 还有的说"数字资本是主导数字劳动生产和数字商品交换的过程以实现剩余价值增殖的资本新形态"。[2]

"文化资本"这个概念是布迪厄对马克思的资本概念进行任意的扩展之后提出的一个社会学概念。布迪厄指出，资本是一种积累的劳动，它需要通过时间的积累，并且需要以具体化及身体化的方式进行积累。与此同时，资本也是一种以知识扩大的方式获取生产利润的潜在能力，即一种进行自身再生产的能力。布迪厄认为，资本并非仅限于经济资本，若要认识理解社会的结构与功能，就必须引进文化与社会资本的一切形式来理解。文化资本泛指任何与文化及文化活动有关的有形或无形资产，它包括三类：一是身体形态文化资本，通常指从家庭环境及学校教育获得并成

---

[1] 齐兰、何则懿：《数字资本研究进展》，《经济学动态》2023年第10期。
[2] 徐景一：《马克思资本积累理论视角下的西方数字资本主义批判》，《马克思主义研究》2022年第11期。

为精神与身体一部分的知识、教养、技能、品位等文化产物；二是客观形态文化资本，具体指书籍、绘画、古董、道具、工具及机械等物质性文化财富，但客观形式的文化资本最终需要转化为我们身体形态的文化资本才有意义；三是制度形态文化资本，指通过知识技能的考试形式对考试合格者授予相应的文凭、以文凭形式来认可文凭持有者所达到的知识技能水平之制度化的文化资本形态。这显然是把人们所掌握的知识和技能甚至人的地位和身份视为文化资本，显然属于资本概念的无界限无条件滥用。

其五，资本主义生产关系的全球性扩张和重组。资本无所不至、无所不在、近乎无限扩张的历史趋势决定着资本主义天生具有世界性。资本主义的全球化、国际化和世界性的扩张不仅是资本社会化进一步发展的表现，也是资本主义贪婪性和扩张性的体现。战后，伴随对外投资和国际贸易的发展，不仅资本主义世界经济一荣俱荣、一衰俱衰的一体化经济特征日益明显，生产关系的资本主义性质一体化特征也越来越明显，资本主义雇佣劳动生产关系及其市场运行规则被推广运用到世界各个角落。这一方面使各国在经济上的联系与合作日益加强，另一方面又促成了欧洲共同体类地区性国家集团的建立和发展。资本主义国家政府间的联系与合作在战后已经大大超越了原来国际垄断同盟大垄断资本之间就单一商品的生产和贸易而达成的合作，而由此形成的经济共同体是政府在关税、货币和财政、贸易、福利等经济政策的制定、超国家共同体市场的建立等方面进行全面经济合作的跨国家联盟。在这种全球经济一体化的浪潮中，伴随资本和商品的全球性流动，不仅有生产与流通经济结构的重构和重组，有资本主义生产关系的扩张和重组，而且有资本主义社会基本矛盾、阶级矛盾的全球性扩展和重构。如何认识这种超越国界的资本主义生产关系及其所包含的矛盾，对于正确处理社会主义国家与资本主义世界既有合作又有竞争和对抗的关系具有非常重要的价值。

跨国公司是资本主义生产关系国际化的又一突出表现。跨国公司，又称多国公司、国际公司，指主要资本主义国家的大垄断企业在许多国家、地区设立分支机构或控制所在国的子公司而形成的一种国际性垄断组织。它们是当代主要资本主义国家进行资本输出和对外经济扩张的重要工具。跨国公司少数由两个或更多国家的垄断企业合并组成，多数由一国的大垄断资本建立，以总公司所在国为基地在海外设置分支机构，有的由总公司独资经营，有的与其他垄断企业共同投资或与所在国的私人或政府合资经营，在经营管理上要受总公司的直接支配。在第二次世界大战后，各主要资本主义国家，尤其是美国的跨国公司，获得了空前迅速的发展，海外子公司的数目日益增多，在业务经营上实行"全球战略"，在组织机构和管理体制上也有了很大改变，投资的行业以石油业、制造业和新兴工业部门为主，除了向亚非拉地区进行投资，还向工业发达地区投资，使投资和生产越来越国际化，使对外投资的生产远远超过了对外商品的出口，同时也使资本主义生产关系越来越成为国际化的生产关系。

跨国公司充分利用现代化的交通运输和电讯设备，形成了一整套高度集中的组织系统和灵活机动的管理体制。它从所谓"全球战略"出发，即从公司的总体利益着眼，以全世界市场为对象，全面安排各分支机构、子公司的生产、销售、资金调拨和研究发展项目，根据国外原料、劳动力和市场情况，将各公司的生产进行专业化分工，组成跨国界的生产线和商品销售渠道，力求在税率最低的地区实现最高额的利润，并利用技术垄断赚取技术专利使用费，使生产的组织化社会化程度与计划性都达到了极高的程度，使资本主义个别企业的有组织性与资本主义社会生产的无政府状态之间的矛盾更趋尖锐。

另外，跨国公司高额垄断利润的获取，也表明了它对资本输入国劳动人民的剥削也远远多于其母公司所在国。目前，跨国公司已经成为左右影响国际关系的一种庞大的势力，它们通过控制所在国的生产、贸易和资金流动，对所在国的经济、政治施加影响，通过垄断和投机活动破坏正常的国际经济关系，损害所在国的国家主权，甚至通过控制所在国的经济命脉，干涉与操纵其内政外交，俨然成了所在国的"国中之国"与"太上皇"。

三　当代资本主义社会阶级结构日趋复杂

一方面，在当代资本主义社会，占统治地位的新资产阶级是一个融合型资产阶级。首先是高科技产业形成了金融资本与创新科技资本的融合；其次是在传统产业部门、金融服务部门和企业形成了管理知识与技术资本和原有资本的融合，形成了一个与原来资产阶级有所不同的融合型新生资产阶级；最后是与国家垄断资本主义相联系，权力与资本联姻结合形成了一个官僚资产阶级与上述融合型新资产阶级进一步融合的新生资产阶级，当代资本主义社会占统治地位的剥削阶级——资产阶级实际上是这样一种融合型的新生资产阶级。而伴随资本主义国内国际竞争的加剧、矛盾与危机的周期性爆发，科技进步的快速发展，传统产业老资产阶级的命运则越来越不堪，破产倒闭的风险时常伴随它们，它们已沦落到资本主义发展初期小资产阶级所面临的朝不保夕、极不稳定之同样的境地。

另一方面，在当代资本主义社会，工人阶级逐渐知识化，阶级关系固化并代际传递，与阶级关系流动性变化是同一进程的两个方面。伴随非物质生产部门相比于传统的物质生产部门所占比重不断提高，企业的技术构成和资本有机构成不断提高，工人阶级同样也伴随当代资本主义的发展变化发生了新的阶层和阶级分化,"知识工人""白领工人"等脑力劳动者在工人队伍中所占比重不断增加,而且发生了"金领、银领、铜领"的分化,形成了一个流动不居的介于资产阶级和无产阶级之间的小资产阶级。同时,"蓝领工人"即传统物质生产部门、服务部门的体力劳动者、基层下层工作者在工人队伍中所占比重不断下降,其阶级地位与生活状况也越来越下降,就业的机会在不断减少,贫困始终伴随着他们,而且出现了他们自身难以改变的身份地位固化与代际传递。

再一方面,在当代资本主义社会,资本主义社会的国内阶级关系向国家间关系转化。发达国家越来越寄生化和资产阶级化,而落后国家则越来越沦为"打工国",整个国家民族的劳动人民日益成为资本主义世界分工体系上的雇佣劳动者阶级。资本主义社会这种国家内阶级关系向国家间关系的转化,是战后阶级关系变化的一个值得高度关注的突出特点。

四 当代资本主义意识形态更加资本化、市场化、国际化,资本主义文化意识形态特征越来越明显

资本主义生产关系运动是拜金主义资本拜物教和资产阶级意识形态产生的基础。生产关系运动是政治上层建筑和社会意识形态的基础,资本主义的意识形态本质上是物本主义的各种拜物教意识形态,统治与支配一切的是资本逻辑,一切以资本的积累积聚和增值为转移。在这种基础上形成并发展起来的资本主义文化和价值观念,当然也是一切向钱看,而且钱要转化为能不断增殖的资本,以金钱资本来衡量和主宰一切。谁有金钱资本,谁就支配主宰着精神观念和文化的生产,并把这种生产转化为为资本价值增殖服务——为资本价值增值辩护的意识形态文化。

资本主义意识形态是与资本逐利及商品推销紧密联系融合而成的意识形态。追逐和实现剩余价值,是资本主义最为根本的生产目的,也是资本主义意识形态的最高宗旨和动力所在。资产阶级的一切活动都是围绕这一生产目的而进行和开展的,资产阶级的生产关系及上层建筑领域里的一切运动也始终是围绕这一生产目的的实现而运作运转的。为了获得更多的剩余价值,资产阶级不仅要不断地扩大生产规模并发展资本主义的生产关系,而且要不断扩大商品市场,只有使那些包含剩余价值的越来越多的商品顺利地销售出去,资本家才能收回投资并实现其中的剩余价值。这就决定着资产阶级要开动一切宣传机器,运用一切手段——包括意识形态工具和手段来为资本扩张及商品销售服务。在资本主义世界,各种媒体和新闻宣传媒介,时时处处都以不同形式和手段给人们灌输铺天盖地的商业宣传,各种商品推销广告

更是举目皆是，意识形态生产和意识形态宣传在资本操纵下正以产业化、商业化、市场化的形式为资本主义的生产和流通充当开路先锋，而且伴随资本主义的全球化、国际化浪潮，也越来越具有国际化的属性和特征。

五　当代资本主义新变化的主要问题、矛盾与时代特征

总体来看，发达资本主义国家的资本主义本质关系没有发生根本变化，基本矛盾和社会矛盾依然存在，主要矛盾仍然是资产阶级和无产阶级的矛盾，但从产业结构到生产关系及至整个上层建筑都发生了相当程度的变化，国内阶级矛盾在一定时期有所缓解，但国际阶级矛盾、民族矛盾突出，资本主义矛盾和危机因而呈现世界范围联动而积累发展的格局。

第一，资本主义固有的本质属性和特征依旧，金融性加强，世界性更加突出。不仅资本的逐利性、贪婪性、垄断性、寄生性、腐朽性和垂死性依旧，而且在全世界范围展现并不断加强，金融性更加凸显，金融手段和形式适应资本增殖的需要不断创新，更加多样化，国际垄断资本财团依靠资本输出及金融市场的操控，实现了对全世界人民的掠夺和奴役。

第二，伴随资本主义生产关系的扩张和调节创新，资本主义具有了一系列新的时代特征。资本主义的阶级关系、社会关系、国际关系都发生了很大变化，但资本主义社会各种固有矛盾也随之发生了新的变化和发展，使当代资本主义社会在具有固有的本质属性和特点基础上，增加了金融化、国家化、数字化、全球化、虚拟化及越发意识形态化等一系列新特征。

第三，资本主义国内国际经济政治秩序都依然是由资产阶级建构并体现着他们的需要，资本主义社会矛盾在全球化背景下发生了全球性的扩展、转移与周期性重组。生产社会化程度不断提高，贫富两极分化日益严重，经济滞胀，失业率上升，劳动者生活处境伴随资本全球化运动的深入而日益恶化，国内阶级剥削扩大为国家间的剥削，使资本主义各种矛盾在全球范围积累和加剧，资本主义竞争在全球范围日趋激烈，资本主义的矛盾和危机越来越具有国际性、全球性特征，导致世界体系和秩序发生周期性的重建与变更。

第四，资本主义越来越具有国家垄断资本主义和官僚资本主义特征，且发生了全球性资本主义民主政治危机。伴随国家权力与资本的融合，权力寻租行为日益严重，引起人民普遍不满，迫使资产阶级不得不对国家权力运行机制进行新的变革，使部分政治权力从国家政府向企业与国际垄断组织及各种社会组织转移，市场调节越来越取代了部分政府的调节与决策，但这实际是进一步加强了资本对国家政治权

力的操纵和控制，使垄断资产阶级不仅利用资本而且利用国家机器的行政与法律特权在全世界范围压榨劳动人民。

六 当代资本主义新变化的根源和实质

首先，生产关系、阶级关系、社会关系、国际关系变化以及剥削形式和手段变化的根源和实质。现代资本主义的新变化没有改变资本主义的社会历史本质和历史暂时性，没有改变资本主义生产方式、生产关系和资本的本质属性，所有新变化及由此带来的各种社会问题和矛盾从直接根源上看是资本统治逻辑发挥作用的结果，但归根结底则是资本主义生产方式生产关系的产物，马克思主义不仅没有过时，而且真正认清并合理地解决资本主义的这些新问题和新矛盾，必须坚持马克思主义唯物史观生产方式生产关系分析、历史分析及剩余价值学说的分析理论和方法，而且要以马克思主义资本积累、资本主义矛盾和危机以及资本主义历史发展趋势的理论、社会发展规律和社会发展动力的理论来分析认识，只有如此，才能抓住资本主义新变化、新问题、新矛盾的实质和根源，并为正确解决资本主义的当代问题和矛盾找到科学社会主义的光明正确出路。

资本主义社会生产方式内在矛盾、基本矛盾、阶级矛盾、资本主义竞争以及资本主义国家和社会主义国家两种社会制度的竞争等社会矛盾，也是促使资本主义发生历史变化的根源。资本主义新变化的实质是：为克服和缓解资本主义的各种矛盾在资本主义根本制度不变的限度内而进行的各种变革和调整。马克思主义关于资本积累、资本主义矛盾和危机以及资本主义社会规律、历史发展趋势的理论至今仍然是我们科学认识资本主义历史变化与正确解决资本主义新问题新矛盾的科学理论和方法。没有资本主义生产方式生产关系，就不会有资本主义的经济运动与生产消费关系，就没有资本和资本统治逻辑，马克思的政治经济学批判绝不是什么资本统治逻辑的批判，而是运用唯物史观和揭示资本主义生产方式生产关系本质、揭露商品货币资本拜物教的剩余价值学说批判资本统治的逻辑。因此，我国学界沿袭西方打着马克思主义招牌的学者们的说法——把马克思对资本主义的批判歪解为对资本统治逻辑的批判，这是经不起推敲和质疑的。

其次，国家垄断资本主义进一步发展的根源和实质。在资本主义发展的很长历史时期内，国家作为维护资本主义社会制度或社会秩序的暴力机关，属于上层建筑范畴，履行明确的政治职能，对于经济事务，一般采取不干预主义，因而管理经济的职能比较薄弱。到了当代，资本主义国家全面干预经济生活，在生产、交换、分配、消费和国内经济活动、国际经济活动中到处扮演角色，从比较单纯的行使政治职责的上层建筑，转变为既行使政治统治职能，又行使经济管理职能。这一转变，对于战后发达国家经济领域的各种重大变化，具有极其重要的影响。一是国家承担了私人资本无力承担的巨大生产投资。社会化大生产需要数额日益庞大的投资，私人资本无力承担，在这种情况下，国家财政完成了私人资本无法完成的一些巨型项目，诸如阿波罗登月工程，核能、电子、航空航天等新兴工业的发展等，从而在一定程度上满足了生产力发展的需要。二是国家承担了风险巨大的重大科技创新投资。现代社会经济发展愈来愈直接依赖科学技术进步，但是，科研投资的规模和风险都很大，私人资本难以胜任，于是，国家承担起了提供主要科研资金和组织协调大规模科研活动的责任，这也在一定程度上推动了生产力在较长时期内比较迅速地发展。三是国家资本及国家二次分配适应了资本主义国家缓解供需矛盾的需要。科技进步带来了社会生产能力的迅速增长，供给远远超出了需求，供需矛盾日益突出。怎么办呢？资本主义国家通过发展国有经济增加投资需求，通过政府采购扩大消费需求，并以税收、收入政策等刺激私人投资和消费需求，减缓了供给与需求不相适应的矛盾，这一方面使国家成为国民经济运行的有力调控者，另一方面又直接导致了国家资本的发展。四是国家资本承担了私人资本不愿意承担的社会公共事业，一定程度上缓解了资本主义社会矛盾。生产社会化导致生活社会化，教育、卫生保健等无法期望私人资本完成，于是资产阶级国家便发展起了广泛的社会保险和社会福利事业，导致收入分配日益社会化。

可见，国家垄断资本主义经济职能的增强，导致资本主义生产关系的局部变化，并从不同方面有力地影响了战后发达国家经济关系的各种重大变化。但国家垄断资本主义的发展变化并没有改变资产阶级国家作为"理想的总资本家"这一实质，这一切变化都是适应资产阶级追逐剩余价值的需要并根据其解决资本主义一系列矛盾和危机的需要而出现的。

最后，资本主义全球化运动的根源和实质。一是科技革命、生产力的飞速发展及生产社会化程度日益提高，是资本主义全球化运动最深刻的基础和根源。二是资本主义基本矛盾及各种社会矛盾是资本主义全球化运动的直接动力和根源。产生于资本主义生产方式的资本主义社会基本矛盾推动着资本主义生产和消费的矛盾、阶级矛盾、资本主义竞争所引发的各种矛盾日益激化，于是为缓解资本主义社会各种矛盾及追逐超额剩余价值和利润、提高资本增殖效率的需要，就构成了资本主义全球化运动的直接动力和根源。三是资本主义全球化运动实质是资本主义生产力发展、生产社会化程度提高及一系列社会矛盾发展催生的结果。没有资本主义一系列社会矛盾发展、市场和生产关系不断扩张，就没有资本主义的新变化和资本主义全球化运动。但这一运动同时又给资本主义各种矛盾发展及其解决在全球范围内提供了发展的条件和空间限制,并为在全球范围消灭资本主义、解决资本主义各种矛盾和危机提供了更为坚实的物质基础和条件。

总之,资本主义各种关系的演变和调整都是在资本主义关系本质不变条件下的变化,资本主义新变化并没有改变资本主义社会关系实质。阶级和阶级斗争现象并没有消失,只是变换了形式与表现,马克思主义阶级分析方法及阶级斗争理论和社会革命理论并没有过时。资本主义的社会矛盾、历史本质、历史规律和历史发展趋势并没有发生根本性改变。唯物史观和剩余价值学说仍然是我们认识资本主义、建设社会主义的理论基石与科学指南。

《马克思恩格斯全集》中文第二版第 39 卷《前言》准《编辑说明》探析*

陈长安**

摘　要　《马克思恩格斯全集》中文第二版第 39 卷《前言》末尾花了整整四页的篇幅专门交代该卷的底本和编辑原则，可视为与 MEGA² 每卷《编辑说明》呼应，但尚未独立成篇的准《编辑说明》。这是中国特色《马克思恩格斯全集》凡例体系（中凡）的新篇章，展现出新时代经典著作编译事业的新气象。准《编辑说明》空两行分三部分的做法综合了中文第一版和 MEGA² 的经验。准《编辑说明》9 条具体编辑原则给出异文的定义、提及 MEGA² 资料卷《校勘表》和《异文表》、谈到根据原始手稿订正 MEGA² 个别失误等内容，越来越体现第二版以 MEGA² 为底本的特征，并呈现出在 MEGA² 的基础上构建自主知识体系的努力。准《编辑说明》内容的形成，得益于建党先贤，以及党中央长期以来，特别是党的十八大以来对编译工作的重视。更具体地看，准《编辑说明》形成的原因，有 MEGA 研究、马恩原稿研究和国际交流的深入，以及新一代编译人的成长等。准《编辑说明》应在编者和读者的共同努力下进一步完善。

关键词　中国特色《马克思恩格斯全集》凡例体系（中凡）；第 39 卷《前言》准《编辑说明》；MEGA²；原始手稿

中国共产党"十月怀胎在红楼，一朝分娩在红船"[①]。建党前夕，最晚 1920 年 3 月成立的北京大学马克思学说研究会及图书室亢慕义斋（Das Kommunistische Zimmer）1921 年 3 月 22 日发布的《发起马克斯学说研究会启事》第四项研究方法明确

---

　　* 本文系国家社会科学基金一般项目"《米勒字母表》和《MEGA 编辑准则》翻译与研究"（编号：22BZX003），中山大学 2021 年度校级本科教学质量工程类项目课程思政项目"〈马克思恩格斯全集〉历史考证版（MEGA）专题"的阶段性成果。
　　** 陈长安，中山大学马克思主义哲学与中国现代化研究所暨哲学系副教授。
　　① 参见《于鸿君院长在北京大学马克思主义学院 2019 年毕业典礼上的讲话》，https://marxism.pku.edu.cn/xyxw/1311888.htm，2024 年 10 月 16 日。

提出"编译刊印马克斯全集"①。经典著作编译、出版事业实肇始于此。习近平总书记2014年五四视察北京大学观看该启事后曾深情感叹道:"归根溯源,看来源头在这里啊!"② 建党先贤提出的这一任务,延续至今,就是正在进行的全世界最大规模的编译版本《马克思恩格斯全集》——《马克思恩格斯全集》中文第二版。《马克思恩格斯全集》中文版编译工作,综合俄文第二版、MEGA²等版本,扎根中国古典文献学的凡例传统和中国特色社会主义实践,形成了中国特色《马克思恩格斯全集》凡例体系(以下简称"中凡")。中凡的基本内容是第二版总《编辑说明》和每卷《凡例》,分散内容则包括第一版每卷《说明》及第二版每卷《前言》尾段,第一版《译后记》,第一版和第二版相关注释等。中凡在编译事业上体现了模仿、反思、突破、超越苏联模式的历史进程,也在实践中不断完善,其经验和教训都弥足珍贵。③ 新冠疫情后新出版的第39卷《前言》中,出现了篇幅整整四页的关于底本和编辑原则的说明,可视为与MEGA²每卷《编辑说明》(*Editorische Hinweise*)呼应,但尚未独立成篇的准《编辑说明》,是非常值得关注的中凡新动向。

一 第39卷《前言》准《编辑说明》概况

《前言》④ 分为三大部分。第一大部分为第1页至第3页第2段,主要说明收文范围、创作背景和编辑出版过程,编者在这部分与下部分之间留出一行空白,以示两个部分的区分。第二大部分为第3页第3段至第20页第1段,主要说明本卷的创作过程、理论内容和意义,其后也空一行。第三大部分为第20页第2段至第24页第3段。

第三大部分即准《编辑说明》(对其引文不一一注明页码),又大致分为两个部分。第1段为第一部分,说明编译底本和译校原则。第二部分为"若干具体的编辑原则",包括"关于马克思手稿中的笔误和计算错误""关于马克思手稿中的异文""关于马克思手稿文字的挪动情况""关于马克思采用以前的笔记和手稿的情况""关于马克思手稿中的引文""关于马克思手稿中的括号""关于马克思手稿中的脚注""关于恩格斯对马克思手稿的修改""关于恩格斯编辑整理《资本论》第三卷

---

① 后刊于《北京大学日刊》1921年11月17日第4版。其抄件藏于中国国家博物馆,https://www.chnmuseum.cn/zp/zpml/gmww/202112/t20211208_252790.shtml,2024年10月16日。
② 林齐模:《寻找"亢慕义斋"》,《北京大学校报》2021年5月5日第4版。
③ 详见陈长安《中国特色〈马克思恩格斯全集〉凡例体系及其形成与特点》,《观察与思考》2020年第5期。
④ 《马克思恩格斯全集》中文第二版第39卷《前言》,人民出版社2022年版,第1—24页。其页码为阿拉伯数字斜体字,不同于中文第一版每卷《说明》页码依俄文第二版采用罗马数字。

时采用马克思手稿的情况"共9条编辑原则的说明。上述9条均采取每条单句成段（标题段），然后用一整段文字（内容段）详细说明的方式书写。准《编辑说明》总篇幅达到整整四页，而中凡基本内容第二版总《编辑说明》和每卷《凡例》均不到一页，每卷《前言》尾段编辑相关问题内容也往往不到一页。如此系统、集中、大篇幅地谈编辑原则问题，是《马克思恩格斯全集》中文编译史以往卷次所未见的。第二部分谈到的9条内容，对应的 MEGA² II/4.2 卷的《编辑说明》① 都有谈到。而第一部分的内容则是中文第二版作为翻译版本才需要说明的。综合这两方面的情况，把内容上主要借鉴 MEGA 每卷《编辑说明》、形式上虽未独立成篇但用空行隔开的关于底本和编辑原则的说明，称为准《编辑说明》，是可以成立的。

二 从中凡演进看准《编辑说明》

众所周知，《马克思恩格斯全集》中文编译是极其严肃严谨严格的工作，一字一句都是反复锤炼，精益求精，凡有改动必经认真讨论。第39卷《前言》增加整整四页的编辑说明内容，非常值得探究。为此，首先要诉诸中凡自身的演进过程。

（一）空行隔开的做法源于中文第一版，始于第二版第11卷，综合了俄文第二版和 MEGA² 的经验

准《编辑说明》位于《前言》第二个空行之后。这种用空行隔开各部分内容的做法，源于中文第一版，始于第二版第11卷，综合了俄文第二版和 MEGA² 的经验。

根据俄文第二版编译的中文第一版每卷《说明》，其尾段（往往为一段或两段）与之前的内容用居中标有三个六角星号（以下一般简称"星号"）的一行隔开，专门谈编辑相关问题。其相关内容和第一版中凡的分散内容一起在第二版中成为独立成篇的每卷《凡例》，因而星号行隔开的《说明》尾段可以视为准《凡例》。中文第二版的底本由俄文第二版更新为 MEGA² 之后，每卷《说明》也就更新为每卷《前言》，对应 MEGA² 每卷的 Einleitung 或 Einführung。第一版每卷《说明》尾段交代编辑问题的做法，在第二版每卷《前言》得到延续。而第一版每卷《说明》尾段前用星号行隔开的方式，第二版则发展为每卷《前言》尾段前去掉三个星号、直接用空行隔开。去掉星号的空行不够显眼，读者一不小心就很可能会忽视。因此，也许可以考虑恢复用三个星号或改用别的符号标在空行正中。

---

① Marx-Engels-Gesamtausgabe, Band II/4.2, Berlin: Dietz Verlag GmbH, Internationales Institut für Sozialgeschichte Amsterdam, 1992, S. 21*–26*.

1995年出版的第二版第1卷、第30卷以及1998年出版的第31卷尾段（以下尾段默认为一段，不然则具体说明）并未有空行隔开。但是1995年出版的第11卷、1998年出版的第10卷、第12卷、第13卷尾段前开始空一行，此后的2001年第25卷，2002年第3卷，2003年第21卷，2004年第33卷、第47卷，2005年第2卷，2006年第19卷，2007年第16卷、第48卷，2013年第14卷，2016年第49卷，2019年第37卷、第38卷，2021年第50卷等均是如此。其中，第38卷尾段两段，底本说明为第一段。第二段分别谈及摘录引文与原始文献的差异、计算错误、马克思加的注释、符号公式、方括号中的数字等问题。2008年第34卷，尾段前空行隔开；同时，收文范围、创作背景和过程部分与创作过程、理论内容和意义介绍部分之间用一个空行隔开。2013年第35卷、2015年第36卷（谈及计算笔误）亦然。2016年第42卷、第43卷，2020年第29卷（尾段两段），尾段未与前面的内容用空行隔开。2001年第44卷，2003年第45卷、第46卷则没有《前言》。

可见，第二版《前言》尾段前空行及全文空行隔开的处理，并未定型，仍在探索之中：除了少数卷次没有空行之外，从1995年第11卷开始尾段前空行，进而在第34卷、第35卷、第36卷中用两个空行把《前言》大致分为三个部分（简称"两空三分"），第39卷《前言》继续这一空行隔开方法。这样空行隔开，就中凡而言，是相当合理的。中文第二版每卷《前言》虽然没有采用星号隔开尾段，实际上用空行的形式吸收了隔开的处理方法，表明对中文第一版隔开《说明》尾段认可和延续。中文第二版没有资料卷，对《产生和流传》（*Entstehung und Überlieferung*）的处理，以往以卷末注的形式说明。"两空三分"进而把创作过程和内容简介分开，更集中地介绍《产生和流传》的内容，在第二版没有专门资料卷的情况下，这样的处理无疑是非常合理的，应逐步完善为定制。

总之，第39卷《前言》"两空三分"的格式，是中文第二版反复探索的成果，综合吸收了俄文第二版和MEGA^{2}的经验。这是从中凡探讨准《编辑说明》首先应注意到的。

（二）底本说明和译校原则体现中文第二版以MEGA^{2}为底本及本卷的实际情况

第39卷《前言》的第一部分的底本说明内容，在第二版每卷《前言》尾段都会谈及，是第一版每卷《说明》尾段底本说明的延续。与中文第一版每卷《说明》不同的是，第二版每卷的第一底本均为MEGA^2。第39卷谈到的底本是根据MEGA^2 Ⅱ/4.2并参考英文版《马克思1864—1865年经济学手稿》。紧接着底本说明，这一段专门谈到第39卷总编辑原则："译校工作遵循的原则是：以《马克思恩格斯文集》第 7 卷（《马克思恩格斯全集》中文第 2 版第 46 卷）的中译文为基础，凡是本手稿和恩格斯编的现行版《资本论》第三卷原文一致的地方，则译文也保持一致，凡是两者原文不一致的地方，译文是新译的；恩格斯没有采用的文字，本卷予以增加；恩格斯增补的文字，本卷予以删除；恩格斯作了改动的文字，在中文表达许可的范围内，本卷尽量恢复为马克思手稿的原貌。这样，读者可以从两卷中译文的对照中较准确地了解恩格斯所做的编辑工作和贡献。"[1] 这是对底本的进一步说明，也是对第二版总《编辑说明》底本说明段所提到的"《马克思恩格斯全集》第二版以第一版为基础，并依据《马克思恩格斯全集》历史考证版第二版和德文版重新进行编辑和译校。"[2] 的具体化。同时，根据本卷《资本论（1863—1865 年手稿）》第三册手稿的内容特点，强调对恩格斯编辑工作的表现，体现出这一卷的实际情况。这些内容都是视为中文第二版每卷对总《编辑说明》底本说明段的呼应。MEGA² 每卷《编辑说明》不需要说明这些内容，但以 MEGA² 为底本重新译校的中文第二版却有必要说明。因此，把这一段底本说明内容和由 9 条具体编辑原则说明构成、与 MEGA²Ⅱ/4.2《编辑说明》对应的内容一起称为第 39 卷准《编辑说明》是合适的。

（三）9 条具体编辑原则说明突出体现更加根据 MEGA² 编译的新篇章新气象

《马克思恩格斯全集》中文版对 MEGA 的吸收有一个历史过程，取决于诸多综合因素。早在第一版第 47 卷《说明》尾段准《凡例》中就明确提到 MEGA 及其中文全称，且出现根据 MEGA 原文并参考俄文版的新实践："本卷以《马克思恩格斯全集》俄文第二版第四十七卷为依据，其中第Ⅰ—Ⅴ本笔记是根据《马克思恩格斯全集》国际版（MEGA）第二部分第三卷第一册原文并参照俄译文翻译的。"[3] 第 45 卷则提到"本卷以《马克思恩格斯全集》俄文第二版第四十五卷为依据。马克思的四篇古代社会史笔记的译文都根据阿姆斯特丹国际社会史研究所出版的原文版本作了校订"[4]。第 48 卷也提到"本卷以《马克思恩格斯全集》俄文第二版第四十八卷为依据，并参照《马克思恩格斯全集》国际版（MEGA）第二部分第三卷第五、六册的德文原文翻译。"[5] 可见在 MEGA² 出版后不久的 20 世纪 70 年代末，中文第一版就开始根据或参考 MEGA² 编译。这些珍贵的探索，在第二版总《编辑说明》的

---

[1] 《马克思恩格斯全集》中文第二版第 39 卷《前言》，人民出版社 2022 年版，第 20—21 页。
[2] 《马克思恩格斯全集》中文第二版第 1 卷《编辑说明》，人民出版社 1995 年版。
[3] 《马克思恩格斯全集》中文第一版第 47 卷《说明》，人民出版社 1979 年版，第Ⅴ页。
[4] 《马克思恩格斯全集》中文第一版第 45 卷《说明》，人民出版社 1985 年版，第Ⅷ页。
[5] 《马克思恩格斯全集》中文第一版第 48 卷《说明》，人民出版社 1985 年版，第Ⅵ页。

底本说明段中得到确定。中文第二版的装帧、分四部分的结构特征也都体现底本说明段的编辑原则。

借鉴德国专家在编辑语文学上对《马克思恩格斯全集》德文版（Marx-Engels-Werke，MEW）的版本分类，中文第二版的版本定位当属于学习版。中文第二版每卷并未如 MEGA² 那样设置专门的《资料卷》（Apparat）。怎样在自身版本定位的编译实践中，最大程度吸收 MEGA² 的编辑成就，特别是其《资料卷》中的内容，成为中文版编译工作多年探索的课题。第 39 卷《前言》准《编辑说明》的 9 条编辑原则说明，可以说是中文版编译工作探索这一课题的阶段性成果总结，以下逐条择要分析。

1. "关于马克思手稿中的笔误和计算错误"

此条在第一版第 40—50 卷《说明》尾段准《凡例》中多次提到。第二版第 36 卷、第 38 卷等卷次的《前言》尾段也曾提到。在形式上此处则把这条集中到标题段和内容段，篇幅在 9 条中最长，接近一页，是以往没有的。内容上，此条明确提到 MEGA²《正文卷》（Text）中的改动和《资料卷》的"校勘表"，即 Korrekturverzeichnis，并分析两类改动来源（"恩格斯作出的修订""历史考证版编者自己作出的修订"）。对 MEGA² 的这些改动，该卷基本予以接受，但也有一些情况需自主处理，包括：（1）对"历史考证版编者自己作出的修订"的少数改动，"如与马克思原文出入较大，或手稿原貌能够鲜明反映马克思手稿特点，本卷酌情在脚注中说明马克思手稿中原文的情况"①。（2）"对历史考证版保留在正文中的笔误"，在某些有必要的地方，则"在脚注中说明正确或可能正确的情况"②。（3）"对于马克思手稿中某些表达的缺漏，如属必要，本卷用方括号予以补充。"同时，"在处理这些问题的过程中，本卷编者核对了马克思相关手稿的照片和马克思引用的相关文献，并对历史考证版中少数排印或编校失误作了订正。"③ 这些精深、系统借鉴、吸收 MEGA² 特别是其资料卷的内容，以及关于核对原始手稿订正 MEGA² 个别失误的专门说明，是中凡以往卷次所没有的，在一定程度上体现出经典著作编译事业追求中国特色、构建自主知识体系的努力。

2. "关于马克思手稿中的异文"

中文第一版就曾在有些卷次明确提到异文，例如，第 12 卷《说明》准凡例写道："如果在马克思同时发表于两种不同报刊上的文章中有重大差别，或者刊印出

---

① 《马克思恩格斯全集》中文第二版第 39 卷《前言》，人民出版社 2022 年版，第 21 页。
② 《马克思恩格斯全集》中文第二版第 39 卷《前言》，人民出版社 2022 年版，第 21 页。
③ 《马克思恩格斯全集》中文第二版第 39 卷《前言》，人民出版社 2022 年版，第 21 页。

来的原文与保存下来的手稿有不一致的地方，凡是重要的异文都放在当页脚注中。"① 这种异文脚注在第一版、第二版都有所体现。准《编辑说明》就异文专门写两段，在内容段中明确给出异文定义，提到 MEGA² 资料卷的《异文表》（*Variantenverzeichnis*），说明中文版对《异文表》的处理并举出八个实例，则是中凡以往未见的新内容。"马克思在撰写本手稿时，对行文作了大量修改，主要包括直接删除、补充新文字、用新方案取代旧方案等情形。这样产生的文本变动称为异文，历史考证版编者将其列在资料卷的《异文表》中。本卷酌情选择由于直接删除和用新方案取代旧方案而产生的若干较重要的异文，在脚注中予以说明。对于手稿中出现次数较多的、往往是对概念和术语作进一步精确化的常规性改动，本卷则不一一列出，例如……"② 这些内容大大充实了异文脚注的说明。近年来，学界关于《德意志意识形态》编排等问题的讨论，使改稿异文越来越受关注。然而，学界充分利用异文的研究成果仍然偏少。准《编辑说明》异文段的新内容，关注吸收了学界的讨论，是编译工作表现异文的一个阶段性总结，对学界更充分利用异文，也会有所促进。

3. "关于马克思手稿文字的挪动情况"

此条说明了 MEGA² 对马克思挪动符号和提示的编排，处理方式是一般根据这些编排刊出。个别另行处理的方法和原因是："如果手稿上这些有关文字挪动的符号和提示，能够鲜明体现马克思的工作方法和手稿状况，本卷酌情在脚注中予以说明。"③ 这样的脚注无疑能帮助中文版读者更好地理解马克思的工作方法和手稿状况，激发阅读兴趣。这条说明同时也提醒读者注意，在编辑手稿时，实际上不大可能存在与最初的原稿完全一致的编排。

4. "关于马克思采用以前的笔记和手稿的情况"

此条说明了采用的范围，以及处理方法是"本卷在卷末注中予以说明"。④

5. "关于马克思手稿中的引文"

此条引文与原始文献不一致的原因是马克思作了"不同程度的改动或压缩"以及处理方式是"不一一注明"。⑤

6. "关于马克思手稿中的括号"

此条说明括号的类型"主要有圆括号、方括号等"，处理原则"主要是保留原

---

① 《马克思恩格斯全集》第一版第 12 卷《说明》，人民出版社 1962 年版，第 XXX 页。
② 《马克思恩格斯全集》中文第二版第 39 卷《前言》，人民出版社 2022 年版，第 22 页。
③ 《马克思恩格斯全集》中文第二版第 39 卷《前言》，人民出版社 2022 年版，第 22 页。
④ 《马克思恩格斯全集》中文第二版第 39 卷《前言》，人民出版社 2022 年版，第 22—23 页。
⑤ 《马克思恩格斯全集》中文第二版第 39 卷《前言》，人民出版社 2022 年版，第 23 页。

样",以及两种特殊情况。(1)手稿中的方括号"[ ]"改为六角括号"〔 〕",其原因是方括号"[ ]"在《马克思恩格斯全集》编辑中表示编者增加的内容。中凡基本内容第二版每卷《凡例》第4条专门说明了方括号"[ ]"的编辑意义。这里再作了更详细的说明。至于六角括号,中凡基本内容第二版每卷《凡例》未及交代,这里相当于作了补充说明。(2)"对手稿引文中马克思写在括号里的插入语,无论马克思使用何种括号,本卷均改为尖括号'〈 〉'。"① 尖括号在中凡基本内容第二版每卷《凡例》第3条有说明,这里相当于有所补充。

7. "关于马克思手稿中的脚注"

此条说明脚注的各种形式,如注码、注码的编号、注文等,处理原则是"均保持原貌"。特殊情况是,"在脚注部分没有注文乃至没有对应注码的情况,本卷则在相应的卷末注中予以说明"②。这样的说明,对读者而言显然是必要和有益的。此条中凡基本内容第二版每卷《凡例》第5条有说明,这里有很大补充。

8. "关于恩格斯对马克思手稿的修改"

此条和第9条百余年来学界有热烈的讨论,至今仍未平息。在编译中原原本本呈现相关情况,是中文版的基本追求。该条内容段首先描述了修改过程:"恩格斯在研究和辨认马克思手稿时,用铅笔、红色铅笔对其中的一些笔误和计算错误径直在手稿上作了修改,有时还写下简短的评注;在编辑过程中,又对马克思的原文作了大量改动。"③ 然后说明三种处理方式。(1)"凡是在《资本论》第三卷1894年版中作出的改动,读者可通过对比本卷中译文和《资本论》第三卷中译文得知,本卷一般不再另行说明。"(2)"恩格斯对马克思手稿中过于简略的行文会作必要增补。对于这类增补,本卷酌情在正文中用方括号补写出来,以帮助读者理解。"(3)"对于恩格斯对原稿所作的某些意义重大的变更,本卷在脚注中予以提示"④。这些处理,既有帮助读者对比差异的提示,又有帮助读者理解的增补,还有对重大意义变更的注释,在中文第二版不是历史考证版的限制下,尽可能呈现修改。

9. "关于恩格斯编辑整理《资本论》第三卷时采用马克思手稿的情况"

此条描述了采用情况,给出的处理说明是"为方便读者查找,本卷对手稿在《马克思恩格斯全集》中文第2版第46卷中的对应章节或段落,用卷末注予以提示"⑤。

---

① 《马克思恩格斯全集》中文第二版第39卷《前言》,人民出版社2022年版,第23页。
② 《马克思恩格斯全集》中文第二版第39卷《前言》,人民出版社2022年版,第23页。
③ 《马克思恩格斯全集》中文第二版第39卷《前言》,人民出版社2022年版,第23—24页。
④ 《马克思恩格斯全集》中文第二版第39卷《前言》,人民出版社2022年版,第24页。
⑤ 《马克思恩格斯全集》中文第二版第39卷《前言》,人民出版社2022年版,第24页。

这 9 条编辑原则，在中文第一版、第二版相关卷次不同程度有所提及，但各条从未有这样专段的篇幅且合在一起集中书写。这 9 条编辑原则，在 MEGA² II/4.2《编辑说明》都有说明，但中文第二版根据自身版本定位及中国读者需要，既充分吸收 MEGA² 编辑成就又有所取舍，例如，各种索引因为《凡例》第 6 条有条文，就没有专门的解释说明。这 9 条编辑原则虽未像 MEGA² 那样独立成篇，但有和 MEGA² II/4.2《编辑说明》类似的系统性和专业性，并符合中文第二版编译体例。这 9 条编辑原则说明和底本说明段一起构成准《编辑凡例》，是体现中文版编译工作更加根据 MEGA² 进行的阶段性总结，是中凡的新篇章，展现出新时代经典著作编译事业的新气象。其后续发展，如是否会出现在每卷，是否会独立成篇，篇幅是否更接近 MEGA²，会有哪些更多的中国特色，等等，值得读者继续关注。

三 准《编辑说明》内容的成因探析

准《编辑说明》内容的形成，得益于党中央长期以来，特别是党的十八大以来对编译工作的重视。习近平总书记多次强调"读原著、学原文、悟原理"[①]。2016 年 5 月 17 日《在哲学社会科学工作座谈会上的讲话》批评国内学界在研究和考据马克思主义文本上远远不够："我看过一些西方研究马克思主义的书，其结论未必正确，但在研究和考据马克思主义文本上，功课做得还是可以的。相比之下，我们一些研究在这方面的努力就远远不够了。"[②] 2018 年 4 月 23 日习近平总书记在十九届中央政治局第五次集体学习时强调："要加大经典著作编译力度，坚持既出成果又出人才，培养一支新时代马克思主义经典著作编译骨干队伍。"[③] 2018 年 5 月 2 日习近平总书记视察北京大学时参观国际马克思主义文献中心 MEGA 收藏。2021 年 6 月 19 日习近平总书记参观中国共产党历史展览馆时感慨中国馆藏马克思恩格斯原始手稿（以下简称"马恩原稿"）"很珍贵"[④]。这些都促进编译工作更加重视 MEGA 和马恩原稿。

更具体地看，准《编辑说明》形成的原因，既有学界 MEGA 研究、马恩原稿典藏研究的深入，也有国际交流的深入，以及新一代编译人才的成长。

---

① 习近平:《在全国党校工作会议上的讲话（2015 年 12 月 11 日）》，人民出版社 2016 年版，第 16 页。
② 习近平:《在哲学社会科学工作座谈会上的讲话（2016 年 5 月 17 日）》，人民出版社 2016 年版，第 11—12 页。
③ 习近平:《论党的宣传思想工作》，中央文献出版社 2020 年版，第 316 页。
④ 薛鹏:《真理火种点亮中国》，《中国纪检监察报》2021 年 6 月 22 日第 1、3 版。

（一）MEGA 研究的深入

随着学术的发展，特别是文本文献研究的发展，MEGA 越来越成为中国学界关注的热点。中国社会科学院哲学研究所魏小萍研究员较早从事 MEGA 研究。南京大学哲学系张一兵教授《回到马克思》（2009 年）激发学界深入关注 MEGA。2017 年张一兵教授又"在南京大学正式成立了 MEGA^2 第四部分（笔记文献）等专题研究小组"[①]。一批大学成立重视 MEGA 的文本文献中心。北京大学继承发扬亢慕义斋的精神，2000 年成立中国高校第一个马克思主义文献中心，2016 年又成立国际马克思主义文献中心。2011 年，清华大学马克思恩格斯文献中心成立。2018 年，北京师范大学马克思主义文本研究中心成立。一批重视 MEGA 的学术论坛和学术组织创立。2007 年，北京高校和研究机构创办"马克思学论坛"。2018 年，中央党校中国马克思主义研究基金会创办"《马克思恩格斯全集》历史考证版（MEGA）系列研讨会"。2021 年，中国马克思主义哲学史学会马克思恩格斯文本文献学研究分会成立。国家社会科学基金项目名含有 MEGA 的项目已有十余个。在中国 MEGA 研究发展的各个阶段，中央编译局（2018 年机构改革时参与合并组建中央党史和文献研究院，研究院对外保留中央编译局的牌子）在 MEGA 资料分享、相关文献翻译、论坛学会创办、相关学术活动参与等方面均作出了不可替代的贡献。编译局的周亮勋先生、原局长韦建桦、原局长柴方国还担任 MEGA 编辑委员会或学术顾问委员会成员。与此同时，中国 MEGA 研究的深入也体现在《马克思恩格斯全集》的编译工作之中。

（二）马恩原稿典藏研究的深入

进入 21 世纪以来，中央编译局 2011 年在中国率先收藏两份三封马恩原稿，并成立马克思主义文献典藏研究中心，组织"马克思主义文献典藏与研究"国际学术研讨会，编写马克思主义文献典藏图书。[②] 马克思诞辰 200 周年之际，中国高校也开始收藏马恩原稿，并逐步开设专门的马恩原稿本科生、研究生课程。[③] 国家社会科学基金先后立项重大项目"国内外马克思主义文献典藏整理与研究"（项目编号：10zd&056）和一般项目"《米勒字母表》与《MEGA 编辑准则》翻译与研究"等马恩原稿研究项目。建党百年之际，中央党史与文献研究院收藏六份《资本论》法文

[①] 张一兵：《回到马克思：经济学语境中的哲学话语》（第四版），江苏人民出版社 2020 年版，第 2 页。
[②] 鲁路编撰：《〈马克思恩格斯全集〉历史考证版编辑与马克思主义文献典藏研究》，上海辞书出版社 2022 年版。
[③] 参见陈长安《用马克思恩格斯原始手稿增强大思政课的吸引力》，《社会主义论坛》，2023 年第 6 期。

版书信，中国共产党历史展览馆收藏《布鲁塞尔笔记》第Ⅳ笔记本等珍贵原始手稿。一批红色企业家和民间人士也收藏了大量马恩原稿。2019年11月，中国藏马恩原稿开始走进阿姆斯特丹国际社会史研究所（IISG）马恩原稿库①，编号为C410。2023年7月，中国藏马恩原稿开始走进MEGA②。目前，中国收藏的马恩原稿不下50份。这些相关工作，或由编译局引领，或受编译局启发，或为编译局关注，都促进了编译工作更加重视马恩原稿。

（三）国际交流合作的深入

中央党史和文献研究院组建时，对外保留中央编译局的牌子，表明中央编译局在国际交流中的独特地位。从公开报道可知，国际专家定期来访、年轻专家定期出国交流的机制越来越完善。以"马列著作编译论坛"（以下简称"编译论坛"）等为平台，德国著名马克思恩格斯著作编辑学家、柏林MEGA编辑促进协会主席罗尔夫·黑克尔（Rolf Hecker）、MEGA编辑研究专家、MEGA第二部分负责人卡尔-艾里希·福尔格拉夫（Dr. Carl-Erich Vollgraf）、德国爱尔福特师范大学教授、MEGA编辑专家埃克·考普夫（Eike Kopf）等国际权威专家几乎每年都来编译局帮助解决马克思恩格斯著作编译中的语言、理论、史实、文献乃至手稿辨识等各方面的疑难，并做系列讲座等。国际马恩基金会秘书长格拉尔德·胡普曼（Gerald Hubmann）、法国《马恩大典》编委会秘书长让-努马·迪康热（Jean-Numa Ducange）、日本首都大学东京宫川彰等国际学者也曾主讲编译论坛。据笔者了解，即使在疫情期间，编译论坛无法举办，编译专家仍与国外专家通过电子邮箱等网络方式就相关编译问题保持密切联系。第39卷于2022年12月出版，是这种国际交流合作的见证。

（四）马克思主义研究的"代际更替"与新一代编译人的成长

近年来，北京大学哲学系聂锦芳教授在总结学术前辈的历史贡献、反思自身学术历程和展望学术发展趋势时，多次提到马克思主义研究的"代际更替"问题。③经典著作编译事业中的"代际更替"现象与之不尽完全相同，但也有类似之处。我们可以看看39卷分工页上的名单。做了主要译校工作的王辅民先生已去世多年

---

① "Karl Marx/Friedrich Engels Papers"，https://search.iisg.amsterdam/Record/ARCH00860，2024年10月20日。
② https://megadigital.bbaw.de/briefe/detail.xql?id=M0000175，2024年10月20日。
③ 聂锦芳：《"代际更替"既是生命规律，也是学术发展趋势——传承 省思 超越》，《北京日报》2023年9月25日第11版。

（分工页上王辅民、张启荣两位先生的姓名打了黑框，这应该也是经典著作编译出版史上的罕见现象）；全卷译文主要审稿人张钟朴先生今年已逾93岁高龄。他们是《资本论》及手稿编译研究领域的权威，为39卷做出基础性的、最大的贡献。改革开放后成长起来的编译者已成为骨干力量；分工页"参加本卷译文校订工作的"大半为"80后"，"参加本卷资料和编辑工作的"也多为"80后"乃至"90后"，均为新一代优秀编译人。他们有些共同的"代际"特征：大都掌握德语、英语甚至更多的外语，到德国或相关国家留过学；熟悉MEGA，其中部分同志有MEGA工作站学习工作的经历，深入参与国际国内学术交流，对专攻领域有精深的专业见解；都接受过系统的高等教育，有的拥有相关专业的博士学位。新一代编译人还大量地通过阿姆斯特丹国际社会史研究所马恩原稿库等线上线下资源查对、辨识马恩原稿。其中的一些条件和机会，是一些编译前辈及其所处时代不具备的。他们在紧张的编译工作之余，也活跃在相关学术会议和论坛中，积极分享新的学术发现、听取学界的各种意见。可以说，第37卷、第38卷、第39卷等手稿卷次的出版，某种程度上体现了经典著作编译领域的薪火相传、"代际更替"以及新一代编译人的成长。

在建党先贤和党中央的重视下，在MEGA研究深入、马恩原稿研究深入和国际交流深入的大背景下，经过中国数代编译人的共同努力，随着新一代编译人的成长，《马克思恩格斯全集》中文版编译史上前所未有地重视MEGA和马恩原稿的准《编辑说明》才从可能变为现实。而准《编辑说明》的进一步完善，如：《前言》分行隔开的空行中可否加上类似第一版每卷《说明》的星号或其他符号，异文及MEGA《异文表》说明可否进一步介绍最常见的异文符号，准《编辑说明》可否继续保持乃至独立成篇，怎样更多更好地在线听取读者意见，等等，则有赖于编者和读者的继续互动、共同努力。

资本现代性的限度与中国新现代性的建构

刘庆申[*]

摘 要 资本现代性生发于现代资本主义社会，是一种以资本为基本动力和基本原则的现代性。资本现代性在规划和建构现代的经济、政治、文化和时空的过程中，推动着人的劳动和生活方式发生新变化，也没有忘记把人推置于不平等和不自由的境遇，引致人成为被资本盘剥和治理的无个性存在。中国新现代性作为一种不以资本为基本动力和基本原则的社会主义现代性，能够在规范和引导资本健康发展的基础上，克服资本现代性的局限性，推动社会全面进步和人的全面发展。

关键词 资本现代性；新现代性；资本；生存方式

现代性作为现代文明的基本规定，具有普遍性和共通性的特质，具有现代社会同前现代社会相区别的独特禀赋。资本现代性作为一种以资本为基本动力和基本原则的现代性，是以双面性特征绽露在世人面前：一方面，它使现代社会相较以往发生了质的飞跃，一定程度上给现代人的生存带来了诸多益处，对美好生活充满了期待；另一方面，它使现代人体验到种种苦难，如物质生活分化、道德价值危机、生存焦虑等。中国新现代性作为一种既肯定又超越资本现代性的社会主义现代性，能够化解资本现代性制造的种种生存隐忧，促推人创造美好生活和实现全面发展。因此，探讨资本现代性和中国新现代性的关系，不仅能够标画出现代性发展的历史脉络，确证现代性形式有多元的可能，还有助于思考和解答新时代中国在社会主义制度下怎样规范和引导资本健康发展，创造不同于西方资本主义文明的人类文明新形态。

一 资本现代性：现代性的一种具体形态

资本现代性生发于现代资本主义社会，是一种以资本为基本动力和基本原则的

---

[*] 刘庆申，苏州大学哲学系讲师。

现代性。资本现代性的一般性就是不同资本主义国家的现代性发展道路的共同标识、共同规定，构成了现代社会同传统社会相区别的独特禀赋。资本现代性的一般性在现实的历史中绽露为：经济生活的平等化和自由化、公共管理的法治化和科层化、价值观念的金钱化、生活节奏的加速化、空间结构的城市化。

对于资本现代性的考察和透视，需先厘清和解答资本现代性同现代资本主义社会之间的关系。在《雇佣劳动与资本》中，马克思指出，"古典古代社会、封建社会和资产阶级社会都是这样的生产关系的总和，而其中每一个生产关系的总和同时又标志着人类历史发展中的一个特殊阶段。资本也是一种社会生产关系。这是资产阶级的生产关系，是资产阶级社会的生产关系"①。从马克思的这句话可以知道，资产阶级社会或曰现代资本主义社会作为不同于以往的人类社会发展的新阶段，是资本按照自己的原则和面貌创建出的社会新形态。现代资本主义社会产生意味着传统社会的经济结构解体，也意味着资本主义超越了封建主义。"资本主义战胜了封建主义，新的资产阶级战胜由血缘、家族构成的贵族社会秩序，使社会、法律平等以及政治民主至少有了希望，这一切都出现在以上所说的那个时刻。这就等于用一种新的途径将'现代性'的指涉对象进行了定位。"② 这种规定现代资本主义社会的现代性即资本现代性。因此，资本现代性随着资本创建现代资本主义社会而生成和发展起来，是一种以资本为基本动力和基本原则的现代性。

那么，资本现代性在现实的历史中是如何现身的呢？资本现代性具有一般性。这种一般性标引着现代资本主义社会同前现代社会的相区别，亮相为现代资本主义社会的社会运行及其造就的人的生存状况。具体来说，在经济维度上，资本现代性创建出平等化和自由化的经济生活。在前现代社会，自然经济是占主导地位的经济形式，决定了生产的主要目的是保证自身及其共同体的生存。关于此，马克思在《资本论》中描述道："人都是互相依赖的：农奴和领主，陪臣和诸侯，俗人和牧师。物质生产的社会关系以及建立在这种生产的基础上的生活领域，都是以人身依附为特征的。……在这里，劳动的自然形式，劳动的特殊性是劳动的直接社会形式，而不是像在商品生产基础上那样，劳动的一般性是劳动的直接社会形式。"③ 随着资本主义的经济结构生发，资本现代性促使商品生产替代前现代社会那种分散的、小规模的生产方式，使得整个社会生产围绕交换价值展开，塑造出平等且自由的经济交换关系，体现为每个人不再按照封建宗法等级关系分配社会产品，能够以金钱为

---

① 《马克思恩格斯文集》第1卷，人民出版社2009年版，第724页。
② [美] 弗雷德里克·詹姆逊（Fredric Jameson）：《现代性、后现代性和全球化》，王逢振、王丽亚等译，中国人民大学出版社2018年版，第30页。
③ 《马克思恩格斯文集》第5卷，人民出版社2009年版，第94—95页。

纽带同他人开展自由、平等的商品交换来满足自身的特定需要，成为独立且自由的个体。

在政治社会维度上，资本现代性推动政治解放和社会管理的科层化。在前现代社会，社会制度是一种等级制度。在这种制度中，每个人的社会地位相对固定，体现为统治者掌控一切政治权力，规定和支配被统治者的行为活动。到了资本主义时代，资本现代性把人从封建等级特权中解放出来，建构起以民主和法治为基石的政治制度，保障人自由且平等地展开各类社会活动。与此同时，"传统社会的生产方式几千年一贯制，人们的活动方式和生活方式比较单一，分工不发达，无社会化生产，因而并不突出社会的整体调节与协调问题"[①]。而现代资本主义社会的社会运行则呈现出高速化和快变化。为了确保现代资本主义社会高效且有序地运转，资本现代性在社会管理领域中创建出科层制。科层制是一种以追求高效化、合理化为宗旨的社会管理体系，表现为管理模式的科学化、程序化和精确化。

在日常生活维度上，资本现代性形塑金钱价值观和造就加速化生活。在资本主义替代封建主义的过程中，资本现代性摧毁封建宗法关系和变革封建时代那种对超验价值的崇拜，使得世俗化金钱崇拜内嵌于现代男女的心灵深处，体现为现代男女将金钱利益原则看成评价自己的行为活动、与他人相互关系的尺度。资本现代性不仅仅塑造出金钱化价值观，还促使现代生活节奏呈现出加速化。在封建时代，社会时间基本上同白昼黑夜、四季自然循环相一致，在这种循环式的时间境域中，人们的生活节奏展现为恒常性、单一性，体现为人们的生活中鲜少有新鲜事物出现，甚至不同世代的生活在同一层面上也没有太大变化。相较于封建时代那种固化、恒常化的日常生活，资本现代性造就出以可变性、加速化为标引的现代生活，使得现代男女"必须学会不去怀念存在于真正或幻想出来的过去之中的'固定的冻结实了的关系'，而必须学会喜欢变动、学会依靠更新而繁荣，学会在他们的生活状况和他们的相互关系中期待未来的发展"[②]。

在空间维度上，资本现代性开启城市现代化和资本主义世界体系构造。自进入资本主义时代以来，资本现代性按照资本的原则和要求把乡村和前现代的城市改造成为现代城市，开启大规模的乡村城市化运动，创建出资本化的现代城市。在这个过程中，资本现代性把大量的乡村人口转变成为城市居民，使得他们不再局限于前现代那种以血缘宗法为纽带、邻里关系为基础的日常往来，可以根据自身的需求和意愿同陌生人展开自由的、平等的交往活动。所以马克思说，"现代的[历史]是

---

① 丰子义：《马克思主义社会发展理论研究》，北京师范大学出版社2017年版，第190页。
② [美]马歇尔·伯曼：《一切坚固的东西都烟消云散了》，徐大建、张辑译，商务印书馆2013年版，第123页。

乡村城市化，而不像在古代那样，是城市乡村化"①。与此相伴而生的是，资本现代性通过全球拓展来打破人们交往的地域限制和构建起资本主义世界体系，迫使卷入到资本主义世界体系的东方国家听命和服从于西方资本主义国家。这是因为，为了自身积累的顺畅和持续，资本致力于开拓和建立世界市场，从世界范围内觅取生产资料、廉价劳动力以及扩大产品销路。

上述可知，资本现代性推动经济、政治和时空等从传统向现代转型，创造出具有"现代"色彩的社会运行总图式和人的生存方式。那么，资本现代性能否真正促使现代人创造和过上美好生活呢？资本现代性不可能使现代人摆脱被资本盘剥和规训的命运，也就是很大程度上会让现代人招致种种生存隐忧。

二 资本现代性的境域中人的生存隐忧

自资本诞生以来，资本的历史作用是以双重性形式存在。资本的历史作用的双重性，就是资本一定程度上起到更新社会生活和重塑人的存在方式的积极作用，同时发挥"另类牵引作用"，滋生出愈来愈多的社会问题。按照资本定制的方向，资本现代性的正向作用和负面效益如影随形。当资本的增殖本性同现代人的发展目标不一致时，资本现代性势必会僭越自身在现代社会中的合理运行范围，让现代人服从资本的宰制，阻滞现代人创造和过上所期盼的美好生活。那么，现代人在资本现代性的境域中会遭遇到哪些生存隐忧呢？

其一，资本现代性不可能使社会财富生产用于增加每个人的物质福利，造成财富的收入和分配的不平等。在资本现代性的经济生活中，雇佣劳动者拥有出卖自己劳动力的自由，可以根据自己的意愿和能力决定同哪个资产者展开交易，而资本家只有尽可能多地吮吸劳动者的剩余劳动，才能实现自己的发财致富。马克思清晰地指出，"资本家的剩余价值正是这样来的：他向工人购买的不是商品，而是工人的劳动能力本身，而劳动能力所具有的价值比它的产品所具有的价值小，或者同样可以说，劳动能力所实现的对象化劳动量比实现劳动能力自身的对象化劳动量大"②。当劳动者将自己的劳动力作为商品出卖给资本家，他们便被资本家牢牢捆绑在资本主义生产过程中，服从于资产者发财致富的要求。如此一来，资本现代性创造的平等、自由的经济生活仅是一种表象，背后隐藏着资本家对劳动者的盘剥和奴役，将财富资源隐匿性地集中到自己手中，从而造就出"富人越富，穷人越

---

① 《马克思恩格斯文集》第8卷，人民出版社2009年版，第131页。
② 《马克思恩格斯全集》第33卷，人民出版社2004年版，第384页。

穷"的现实图景。

其二，资本现代性创造时间盘剥和时间操控，并按照资本增殖要求重构城市空间，致使现代人展开主体性生存仅是美好愿望。资本主义生产的目的是财富的无限增殖，这一目的的实现方式是榨取劳动者的剩余劳动时间，即侵占劳动者的自由时间。由此，资本现代性把劳动时间和休闲时间等锁困到资本的生产和消费循环当中，以及创造严密的时间体制来规训和管制个人的生存活动，引致现代人难以享有和支配自由时间去创造美好生活。不仅如此，资本现代性规划和建造城市空间追求的是商业价值而非文化价值，使得农民和城市弱势群体的空间资源和空间权利被少数富人掠夺，并在此基础上造就出越来越多的封闭性社区和有控制的公共空间，致使不同阶层之间形成分化的生活道路。正如哈维（David Harvey）指出的，"几乎在世界上的每一个城市都可以看到因有钱人而产生的建设高潮——而有钱人通常具有类似的令人沮丧的性格。与之相伴的是农民在农业工业化和商业化中变得一无所有，洪水般地涌向城市，沦落为贫苦的城市移民"[1]。

其三，资本现代性创造"文明""隐匿"的控制和操纵，引致现代男女失去内在反思性。资本家将劳动者生产出的大量财富聚焦到自己手中，造就着不平等和不自由的生活情境，这也会引发劳动者的抵抗。为了保障资本主义的运行顺畅，资本现代性把人从传统社会那种人的依赖关系中解放出来，但同时需运用权力统治来消解劳动者的反抗性。随着每一次科学技术革新，资本现代性促使劳动者被奴役和被控制的形式发生较显著改变，使得支配和控制方式日渐匿名且富有人情味，让人在无痛苦且无察觉之中接受，甚至认同资本控制和支配。举例来说，在21世纪的数字化时代，资本现代性利用网络媒介编织大数据，并借助网络效应把这些大数据包装成为大众行为，诱导人们主动依循这些数据去构建自己的主体性存在，实现与他人行为习惯相一致性，致使人的反思性被消解而成为无个性的大众。

其四，资本现代性强化金钱获取欲，使得主体间交往充满功利性和算计性，让现代人生发出孤独感、焦虑感。资本现代性促推现代人将金钱占有作为自己展开活动的直接目的，不再相信还有高于金钱的意义性对象的存在，生成拜金主义价值观。马克思在《论犹太人问题》中指出，"金钱贬低了人所崇奉的一切神，并把一切神都变成商品。金钱是一切事物的普遍的、独立自在的价值。……金钱是人的劳动和人的存在的同人相异化的本质；这种异己的本质统治了人，而人则向它顶礼膜拜"[2]。这种价值观使得每个人把生存活动看作投资行为和谋取金钱利

---

[1] [美]戴维·哈维：《叛逆的城市：从城市权利到城市革命》，叶齐茂、倪晓晖译，商务印书馆2014年版，第13页。
[2] 《马克思恩格斯文集》第1卷，人民出版社2009年版，第52页。

益，把与之交往的他人看作实现自己经济利益的工具。正如西梅尔（Georg Simmel）在《货币哲学》中写道，"货币和有货币价值的客体完全顺从个体心理欲望，所以个体所支配的这些客体的象征符号就可以使他得到满足，如果没有上述货币和有货币价值的客体对心理欲望的完全服从，个体的满足感只能够通过实际占有来获得"①。如此一来，资本现代性利用金钱吞没现代男女存在的丰富性与主体性，组织、动员与引导他们将有限财富用于购买没有任何使用价值的消费品，致使现代人的精神状态在日益丰富的物质生活中发生逆转，成为关注金钱占有、日常消费的无个性的主体，以及在情感中生发出不信任感、疏远感和孤独感。

概言之，资本不会主动舍弃增殖本性来服务于人民创造美好生活的需要，因而，资本现代性不可避免地会造就物质生活的贫富化、时空权利的失衡化、精神生活的虚无化等社会问题，致使现代男女难以展开主体性生存。"在社会主义制度条件下，中国的新现代性发展道路不是简单否弃资本，而是在积极引导和充分发挥资本推动现代性文明进步作用的同时，积极消解和压制其消极导向和另类牵引，为最终促使资本退场作准备。"② 因而，中国新现代性可以在规范和引导资本健康发展的基础上，创造性地回应和解答资本现代性制造的种种问题。

三　中国新现代性的建构与绽露

中国新现代性生成于中国共产党领导人民开创的中国式现代化新道路，实质上是一种充分地利用和借助资本力量的中国特色的社会主义现代性。中国新现代性在坚持马克思主义指导和社会主义制度的基础上，可以借鉴和吸纳西方资本现代性创造的文明成果，又能规范和引导资本的健康发展，限制资本现代性在中国大地上发挥另类牵引作用，从而促进和推动人们创造美好生活和实现全面发展。

在西方资本现代性输入和冲击的场域中，中国共产党领导人民取得新民主主义革命的胜利，彻底推翻帝国主义、封建主义的统治，彻底改变中国半殖民地半封建的社会性质，建立社会主义共和国，从而为建构社会主义现代性创造了前提性条件。自1956年社会主义改造基本完成到1978年改革开放前夕，中国人民在警惕和防范西方资本现代性的弊端生发中开启社会主义现代性的建构进程。在这个时期，中国

---

① ［德］格奥尔格·西梅尔：《货币哲学》，于沛沛、林毅、张琪译，中国社会科学出版社2007年版，第811—813页。
② 任平：《新中国70年：新现代性的中国发展道路及其世界意义》，《武汉大学学报》（哲学社会科学版）2019年第6期。

社会主义现代性的建构未能完全摆脱苏联模式的影响，但为后来中国新现代性的建构积累了经验和打下了基础。自迈入改革开放和社会主义现代化建设新时期以来，中国共产党领导人民在资本逻辑全面拓展和全球统治的基础上建构出中国特色的社会主义现代性，即中国新现代性。中国新现代性不仅仅自主地利用资本的积极作用来发展经济社会，同样还在坚持马克思主义的指导和以人民为中心的发展思想的基础上，运用社会主义制度规范和引导资本的健康发展，限制资本现代性在中国大地上发挥另类牵引作用。

进一步而言，中国新现代性以实现人民对美好生活向往作为经济发展目标，突破单纯为资本利益而损害人民共同福祉的经济发展模式，推动经济效益和社会效益的有机统一。同时，中国新现代性坚持人民主体地位，保障掌握在人民手中的政治权力高于资本权力，在此基础上，健全资本发展的法律制度和处理好政府同市场的关系，为规范资本运行边界和驾驭资本发展经济社会提供政治保障。再者，中国新现代性"把文化建设提升到一个新的历史高度，把文化自信和道路自信、理论自信、制度自信并列为中国特色社会主义'四个自信'，把坚持马克思主义在意识形态领域指导的制度确立为中国特色社会主义制度体系的一项根本制度，把坚持社会主义核心价值体系纳入新时代坚持和发展中国特色社会主义的基本方略"[①]，进而加强社会主义精神文明价值，发挥文化引领人民提升文明素养和追求精神富有的作用。因此，中国新现代性坚持马克思主义指导和以人民为中心的发展思想，并非停留在口头上、止步于思想环节，能够化为控制资本逻辑的经济社会制度，克服资本现代性的局限性，推动现代化发展从以资本为原则向以人民为中心转换。

由此派生，中国新现代性究竟怎样规范和引导资本健康发展，以此达到化解资本现代性的局限性的呢？其一，中国新现代性创建以利于人民创造美好生活为目标的经济生活，消除贫富两极化和促推共同富裕。在现代经济生活中，资本现代性把经济增长和财富增加作为最高目标，关心的是如何将财富集中到少数资产者手中，使得劳动者不可能自主地支配自己的劳动及其成果，造成出收入和分配的两极分化。中国新现代性作为一种不以资本为基本动力的社会主义现代性，能够变革资本主义生产方式和终结资本权力的统治。在此基础上，中国现代性把所有的个人共同富裕作为经济发展的出发点和落脚点，建立起社会主义市场经济体制和健全资本管理监督体系，从根本上破除影响社会公平正义的深层次体制机制障碍，集中体现为，"注重经济发展的普惠性和初次分配的公平性，既注重保障

---

① 《习近平谈治国理政》第四卷，外文出版社2022年版，第309页。

资本参与社会分配获得增殖和发展,更注重维护按劳分配的主体地位,坚持发展为了人民、发展依靠人民、发展成果由人民共享,坚定不移走全体人民共同富裕的道路"①。

其二,中国新现代性规划和建构以人为核心的时空,促推新的生活方式开创和人的全面发展。资本现代性把城市化作为资本积累的重要手段,同时亦把人的生活时间转换成为契合资本增殖和权力统治的时间,从而让人畸变成为顺从资本宰制的无个性存在。与此不同,中国新现代性推动以人为核心的新型城镇化,把人民宜居安居作为城市规划、建设和管理的目标导向,保障人民群众在城市建设和发展中具有主体地位,发挥政府在保证城市空间资源分配公正性的作用,促推空间资源配置更加公正化和均衡化,以及注重保护城市的历史文化,构建人与人、人与自然和谐共生的美丽城市。同时,中国新现代性鼓励资本利用新技术来创新生产方式和发展生产力,推动整个社会的劳动时间缩短和更多的自由时间创造,还注重防范新技术按照资本私利操控劳动时间和无限地侵占闲暇时间,促推人民把日渐增多的闲暇时间用于创造美好生活和展开主体性活动。

其三,中国新现代性在坚持马克思主义在意识形态领域指导地位的基础上,推动传统文化进行创造性转化、创新性发展,和以社会主义核心价值观引领文化建设,促使人民的精神世界更加充实。凡是在资本逻辑占主导的地方,资本现代性给人的行为活动和价值尊严贴上了金钱标签,并诱使人沉醉于消费化生活,致使人遭遇到精神虚无。与此相反,中国新现代性让人们认识到被金钱奴役状态会遭遇精神家园失落,还"坚持马克思主义道德观、坚持社会主义道德观,在去粗取精、去伪存真的基础上,坚持古为今用、推陈出新,努力实现中华传统美德的创造性转化、创新性发展,引导人们向往和追求讲道德、尊道德、守道德的生活"②,以及将社会主义核心价值观融入日常生活,引导人们自觉抵制按照资本意志创造的金钱化和消费化的生活,促推人们提高自身的文化修养和追求精神生活富有。

资本现代性的反思与批判一直浮现在资本现代性的历史发展之中。资本现代性作为一种以资本为基本动力和基本原则的现代性,它将其内蕴的进步与倒退的二重性渗透在社会运行机理建构和人的生存方式形塑的过程中,影响和阻滞现代人创造和过上所期盼的美好生活。中国新现代性作为一种不以资本为基本原则和基本动力的现代性新样态,即中国特色的社会主义现代性。它在坚持马克思主义指导和人民为中心的发展思想的基础上,运用社会主义制度规范和引导资本健康发展,使资本

---

① 《习近平谈治国理政》第四卷,外文出版社2022年版,第220页。
② 《习近平谈治国理政》第一卷,外文出版社2018年版,第160—161页。

服从和服务于人民和国家利益。因而，中国新现代性能够克服资本现代性的局限性，促推社会全面进步和人的全面发展。中国新现代性的建构经验表明，现代性的发展道路可选择性和可建构性，展现为不同的民族国家可以选择和建构适合自身的现代性发展道路，从而拓展了其他发展中国家自主建构现代性的途径。

·中国哲学·

黄老道家的社会治理思想

朱光磊　汪正祺

摘　要　黄老学派把老子的自然思想客观化、绝对化，成为生成天下万物的实体。人只有涤除自我的心灵杂质，才能去清楚地认知自然之道，甚至完全被动地服从执道者的命令，从而顺道则生，违道则亡。人的主体性完全被客观化、绝对化的道的规律所左右，人世间一切治理措施都以天道阴阳的名义给予其合法性。黄老的治理，就是通过各类手段驱使人民向天道的方向发展。但这种管控措施需要逐渐减少，最终达到无管控措施而自觉遵循天道的状态。

关键词　黄老道家；社会治理；天道

庄子对于老子思想的继承，将老子本来虚无的道体彻底淡化，又以心斋之忘我而将自然彻底融入人的自由心灵境界，故庄子所转出的社会治理思想，类似于彻底放任的无政府主义。这样一种治理思想，虽然在哲学上具有深刻的玄理，在实践上对于缓解严刑峻法的残酷性也有积极的意义，但作为一种正面的、可供把握和实施的治理理论，则失之过简，也根本无从下手。

在老、庄之后，道家思想的发展，从心灵境界的形上学，转向为对形下世界的关注，逐渐形成了黄老学派。"从史的角度看，黄老道家可以分为三个时期，即早期黄老道家、全盛期黄老道家和后期黄老道家。早期黄老道家'老'和'黄'的结合未必那么紧密，与之相关的作品是传世文献《庄子》外杂篇、《逸周书》、《管子》、《韩非子》、《慎子》、《尸子》以及兵书《六韬》、医书《黄帝内经》中的一些内容，还有出土文献《太一生水》、《恒先》、《凡物流形》马王堆医书类竹简等。全盛期黄老道家代表性的作品是传世文献《吕氏春秋》、《史记》、《新书》、《新

---

* 本文系国家社会科学基金一般项目"先秦诸子社会治理的思想体系与理论判释"（编号：18CZX041）的阶段性成果。

** 朱光磊，苏州大学哲学系教授、博士生导师；汪正祺，苏州科技大学，硕士研究生在读。

语》、《文子》、《淮南子》中的一些内容，还有出土文献《黄帝四经》、《九主》等。后期黄老道家代表性的作品是传世文献《论衡》中的一些内容、严遵《老子》注、王弼《老子》注、郭象《庄子》注、《列子》等。"① 在这些黄老学派的文献中，又以全盛时期的《黄帝四经》为其代表。"出土的《黄帝四经》是现存最早也最完整的黄老道家作品，为我们了解在战国百家争鸣中取得思想界主导地位的黄老学派的发展线索，提供了一种重新的认识与评估的极大便利。"② 因此，本文所讨论的黄老思想，主要以《黄帝四经》为基础文献。

一 黄老思想与老、庄精神的差异

如果说老、庄思想是以形上世界的虚无来松懈形下世界的秩序，那么黄老思想就是以形上世界的道体之开展来奠定形下世界的秩序。这样一来，形下世界的秩序就具有了形上的保证，变得更为坚固而合理了。陈鼓应先生指出："在道家系统中，老子的思想发展到战国时代，形成了两个主要学派，即黄老之学和庄学。两者都继承了老子的道论，但又加以不同的发展。就黄老之学来说，由'道生法'可以看出，它使老子的道论向着更积极的方向发展，引出了一系列社会政治准则；而庄学则把道演化成了一种人生境界。"③ 可以说，黄老学派对于道家思想的解读，虽然在老、庄文献中也具有一定的依据，但其基本倾向，并不符合老、庄的精神。比如，在《道德经》中有如下的论述：

> 故失道而后德，失德而后仁，失仁而后义，失义而后礼。夫礼者，忠信之薄而乱之首。前识者，道之华而愚之始。是以大丈夫处其厚，不居其薄；处其实，不居其华。故去彼取此。（《道德经·第三十八章》）

在老子思想中，道、德、仁、义、礼的生成乃是衰败的后果。故求道的大丈夫，不会去追逐礼，而会去体悟道，要去礼之彼而取道之此。

同样，庄子也有类似的言论，其曰：

> 意而子见许由，许由曰："尧何以资汝？"意而子曰："尧谓我：汝必躬服仁义，而明言是非。"许由曰："而奚为来轵？夫尧既已黥汝以仁义，而劓汝以是非矣。汝将何以游夫遥荡恣睢转徙之涂乎？"意而子曰："虽然，吾愿游于其

---

① 梁涛主编：《中国政治哲学史》第 1 卷，中国人民大学出版社 2017 年版，第 165 页。
② 陈鼓应注译：《黄帝四经今注今译》，中华书局 2016 年版，第 5 页。
③ 陈鼓应注译：《黄帝四经今注今译》，中华书局 2016 年版，第 45 页。

藩。"许由曰:"不然。夫盲者无以与乎眉目颜色之好,瞽者无以与乎青黄黼黻之观。"意而子曰:"夫无庄之失其美,据梁之失其力,黄帝之亡其知,皆在炉捶之间耳。庸讵知夫造物者之不息我黥而补我劓,使我乘成以随先生邪?"许由曰:"噫!未可知也。我为汝言其大略:吾师乎!吾师乎!赍万物而不为义,泽及万世而不为仁,长于上古而不为老,覆载天地、刻雕众形而不为巧。此所游已!"(《庄子·大宗师》)

庄子借助道家理想人物许由之口,将尧所尊奉的仁义是非视为黥、劓之刑,认为倘若服仁义、明是非,人就丧失了先天自然的完整性,变成有为造作的残疾者了。

颜回曰:"回益矣。"仲尼曰:"何谓也?"曰:"回忘仁义矣。"曰:"可矣,犹未也。"他日复见,曰:"回益矣。"曰:"何谓也?"曰:"回忘礼乐矣。"曰:"可矣,犹未也。"他日复见,曰:"回益矣。"曰:"何谓也?"曰:"回坐忘矣。"仲尼蹴然曰:"何谓坐忘?"颜回曰:"堕肢体,黜聪明,离形去知,同于大通,此谓坐忘。"仲尼曰:"同则无好也,化则无常也。而果其贤乎!丘也请从而后也。"(《庄子·大宗师》)

在此寓言中,庄子以仲尼为道家理想人物,以颜回为求道者。仲尼让颜回所作的功夫,竟然是忘去仁义礼乐。这也明显是罢黜仁义,而取同于大通的无为之道。

由此可见,老、庄精神不能容忍仁义礼乐是非刑罚等施设,而这些形下世界的施设,恰是黄老思想极力想要证成的。

需要指出的是,庄子后学中,已经夹杂着一定程度的黄老思想。在《庄子·天道》篇中,则有如下的表述:

是故古之明大道者,先明天而道德次之,道德已明而仁义次之,仁义已明而分守次之,分守已明而形名次之,形名已明而因任次之,因任已明而原省次之,原省已明而是非次之,是非已明而赏罚次之!赏罚已明而愚知处宜,贵贱履位,仁贤不肖袭情。必分其能,必由其名,以此事上,以此畜下,以此治物,以此修身,知谋不用,必归其天,此之谓太平,治之至也。(《庄子·天道》)

在庄子后学的思想中,大道、道德、仁义、分守、形名、因任、原省、是非、赏罚,乃至愚知、贵贱、仁贤不肖之能与名,并不是如老、庄所主张的那样是自然之道衰败所产生的,而是自然之道自身衍化的产物。故悟道者不是要去彼取此地回归道体,而是要对这些层级的施设都予以正面的肯定,并由此演绎相应的治理策略。这种与老、庄精神相违背的路径,正是黄老思想给予的方向,这种新的道家思想的开展在《黄帝四经》中具有更为充分的显现。

二 治理本体

治理本体所论乃黄老学派的道体。在《黄帝四经》中，论述道体的《道原》置于四经之末，陈鼓应认为："《黄帝四经》之《经法》在前、《道原》在后，恰与帛书《老子》之《德经》在前、《道经》在后相一致，这乃是黄老学派落向现实社会的表现。"① 由于黄老学派的天道以指向人事为宗旨，故我们可以从天道与人事两个方面来展开对治理本体的阐述。

（一）天道的特征

《道原》中所描述的道，虽然借用了老、庄的类似言辞，但却有自身的义理系统，其曰：

> 恒先之初，迥同大（太）虚。虚同为一，恒一而止。湿湿梦梦，未有明晦，神微周盈，精静不熙（熙）。古（故）未有以，万物莫以；古（故）无有刑（形），大迥无名。天弗能覆，地弗能载。小以成小，大以成大。盈四海之内，又包其外。在阴不腐，在阳不焦。一度不变，能适规（蚑）侥（蛲）。鸟得而蜚（飞），鱼得而流（游），兽得而走。万物得之以生，百事得之以成。人皆以之，莫知其名；人皆用之，莫见其刑（形）。一者其号也，虚其舍也，无为其素也，和其用也。是故上道高而不可察也，深而不可则（测）也。显明弗能为名，广大弗能为刑（形），独立不偶，万物莫之能令。②

在这段诠释道体的文字中，我们可以发现如下要点：其一，从本源上看，道是最初最高的实体；其二，从功效上看，道能够促成万物的存有与生长；其三，从认识上看，道是无法被经验认知的。虽然《道原》中用了"虚""一"等老子常用的描述道体的文辞，但黄老思想中的"道"并没有沿着老、庄境界形而上学去实体化的方向发展，而是突出加强了实体化意味。之所以用这些模糊不定的言辞来称呼道体，实在是由于作为实体的道超越了一切具体的存有，从而无法用具体的限定性的言辞来称呼此无限的道体。

---

① 陈鼓应注译：《黄帝四经今注今译》，中华书局2016年版，第4页。
② 《黄帝四经·道原》，转引自陈鼓应注译《黄帝四经今注今译》，中华书局2016年版，第452—456页。引用文献依照陈鼓应先生的释文，（）号表示所释异体字和通假字；［］号表示所补字；〈〉号表示勘误；□表示缺文，以下所引《黄帝四经》皆依此例。

黄老学派树立了一个本原上的道体，以之作为万物生存的形上根源，从而为一切形下的施设进行张本。一切形下事物的变化都在道的作用中得以成立。

> 道者，神明之原也。神明者，处于度之内而见于度之外者也。处于度之［内］者，不言而信。见于度之外者，言而不可易也。处于度之内者，静而不可移也。见于度之外者，动而不可化也。静而不移，动而不化，故曰神。神明者，见知之稽也。①

道的作用可谓之神明，神明是指道能够参与一切变动，并产生神妙莫测功效的意思。万物的变化可以有度来衡量。在度之内，是指在定则中的存在；在度之外，是指超过定则外的转变。当事物在度之内的时候，事物呈现出常规的样态，仍旧持守着原来的本质；而当事物在度之外的时候，事物呈现出本质性的转变。无论是度之内还是度之外，本质的衡定与本质的转换，都是道的神妙莫测的作用。度之内的静止与度之外的变动，则是基于黄老学派的阴阳理论。其言：

> 群群□□□□□□为一囷。无晦无明，未有阴阳。阴阳未定，吾未有以名。今始判为两，分为阴阳。离为四［时］……因以为常，其明者以为法而微道是行。②

依照陈鼓应的解释，"群群"为"混混"，而缺文处可以补为"沌沌，窈窈冥冥"，"囷"为禾在口中，在此取譬天地未成、阴阳未分时的混沌窈冥的状态。③ 此未分阴阳的状态，乃是一团元气。后来此元气判为阴阳，于是天地万物由此而生。万物都属于阴阳，而阴阳之间又有内在的变化规律。

> 极阳以杀，极阴以生，是胃（谓）逆阴阳之命。极阳杀于外，极阴生于内，已逆阴阳，有（又）逆其立（位），大则国亡，小则身受其央（殃）。……当者有［数］，极而反，盛而衰，天地之道也，人之李（理）也。逆顺同道而异理，审知逆顺，是胃（谓）道纪。④

在阴尚未发展至极致的自身中，阴保持自身的静止；在阳尚未发展至极致的自身中，阳保持自身的静止。但当外在的阴发展到了极致就会蕴含内在的阳的生成，

---

① 《黄帝四经·经法·名理》，转引自陈鼓应注译《黄帝四经今注今译》，中华书局2016年版，第226页。
② 《黄帝四经·十大经·观》，转引自陈鼓应注译《黄帝四经今注今译》，中华书局2016年版，第260—261页。
③ 参见陈鼓应注译《黄帝四经今注今译》，中华书局2016年版，第261页。
④ 《黄帝四经·经法·四度》，转引自陈鼓应注译《黄帝四经今注今译》，中华书局2016年版，第159页。

最终被阳所取代；而当外在的阳发展到了极致就会孕育内在的阴的生成，最终被阴所取代。阴阳各自保持在自身中的状态，则为度内；阴阳各自向对立面转化的状态，则为度外。无论度之内外，还是阴阳之静动，都是道的作用。

（二）人事的兴衰

既然天道有度之内有"静而不可移"的常规样态，又有度之外"动而不可化"无可干预的本质性变迁，那么对于人事而言，也要遵从天道的规律。但天道无形无象，无法为人所具体把握，故知道天道，就非一般人所能做到，需要极深的心灵功夫。

> 欲知得失，请必审名察刑（形）。刑（形）恒自定，是我俞（愈）静。事恒自也（施），是我无为。静翳不动，来自至，去自往。能一乎？能止乎？能毋有己，能自择而尊理乎？纡也，毛也，其如莫存。万物群至。我无不能应。我不臧（藏）故，不挟陈。乡（向）者已去，至者乃新，新故不翏，我有所周。①

心灵功夫，主要包括以下几个方面。其一，心灵保持自身静翳无为。不要让自我前理解的私意萌发出来，从而影响对道体的认知。其二，心灵保持对万物的彻底敞开。万物自来自去，心灵既不贪恋也不厌恶，不要让自己的偏私影响了对于万物的判断。其三，心灵进行审名察形。冷静清醒的主体与客观呈现的万物，都在道的作用下得以察照。由此，冷静清醒的主体可以认知到道，并以道的规律对万物进行审名察形。

这样的心灵功夫，非常人可致。黄老学派认为能认知道并遵从道的，就是"君子""正人""圣人"，其曰：

> 君子卑身以从道。知（智）以辩之，强以行之，贵道以并世，柔身以寺（恃）之时。②

> 夫百言有本，千言有要，万[言]有蔥（总），万物之多，皆阅一空，夫非正人也，孰能治此？罢（彼）必正人也，乃能操正以正奇，握一以知多，除民之所害，而寺（持）民之所宜。③

这样的悟道者，能够遵从道的规律来行事，可以用"操正以正奇，握一以知

---

① 《黄帝四经·十大经·名刑》，转引自陈鼓应注译《黄帝四经今注今译》，中华书局2016年版，第384页。
② 《黄帝四经·十大经·前道》，转引自陈鼓应注译《黄帝四经今注今译》，中华书局2016年版，第358—359页。
③ 《黄帝四经·十大经·成法》，转引自陈鼓应注译《黄帝四经今注今译》，中华书局2016年版，第340页。

多"来进行人事的治理。当然,这种治理模式,仍旧需要按照天道的阴阳静止,度内度外的规律来进行,比如:

> 故唯圣人能察无刑(形),能听无[声]。知虚之实,后能大虚;乃通天地之精,通同而无间,周袭而不盈。服此道者,是胃(谓)能精。明者固能察极,知人之所不能知,服人之所不能得。是胃(谓)察稽知极。圣王用此,天下服。无好无亚(恶)。上用□□①而民不麋(迷)惑,上虚下静而道得其正。信能无欲,可为民命;上信无事,则万物周扁:分之以其分,而万民不争;授之以其名,而万物自定。不为治劝,不为乱解(懈)。广大,弗务及也;深微,弗索得也。夫为一而不化。得道之本,握少以知多;得事之要,操正以政(正)畸(奇)。前知大(太)古,后[能]精明。抱道执度,天下可一也,观之大(太)古,周其所以;索之未无,得之所以。②

人要认知天道的规律,依从天道的规律来处事,在度之内进行活动,万物就会持续成长。黄老学派认为,唯有圣人能够体悟到道体,知道一般人所不能知的天道规律。圣人有了这个能力,就可以居君位,用天道的规律来治理社会。由于治理的措施来自天道,故圣人不需要强加自己的私意在其治理措施中,只要以道的规律来分派民众各尽其职即可。故民众的责任之名,也不是来自君王,而是来自天道。依照黄老学派的观点,自然就是道,故民众依照天道来尽其责任,就是尽其自然之道,就是万物自定。相反,如果不遵守天道的规律,人事就会自取其祸,走向灭亡,比如:

> 莫能见知,故有逆成;物乃下生,故有逆刑。祸及其身。③
> 如繙如卒,事之反也;如骚如骄,生之反也。凡万物群财(材),超(兆)长非恒者,其死必应之。三者皆动于度之外,而欲成功者也。功必不成,祸必反[自及也]。以刚为柔者栝(活),以柔为刚者伐。重柔者吉,重刚者威(灭)。④

无论是为君者,还是一般的民众,如果不能认知天道的规律,违背天道的规律来处事,就会跨越度之外,导致原来意图实现的事物走向衰亡之反方向。

---

① 陈鼓应补作"察极",参见陈鼓应注译《黄帝四经今注今译》,中华书局2016年版,第463页。
② 《黄帝四经·道原》,转引自陈鼓应注译《黄帝四经今注今译》,中华书局2016年版,第460—463页。
③ 《黄帝四经·经法·名理》,转引自陈鼓应注译《黄帝四经今注今译》,中华书局2016年版,第231页。
④ 《黄帝四经·经法·名理》,转引自陈鼓应注译《黄帝四经今注今译》,中华书局2016年版,第234页。

三　治理伦理

治理本体与治理伦理具有十分紧密的内在关联。黄老学派治理本体的自身特色赋予了其伦理行为的内在基础，并在伦理关系中由内向外展现出了他律道德、等级高下、守雌之道的行为模式。

（一）他律道德

在先秦时期，一部分思想家已经能够认识到人所面对的两种必然性，一是来自外在的必然性，称之为命；一是来自内在的必然性，称之为性。人与天地万物都遭受各自外在的必然性，故此外在必然性并不凸显人之可贵。人与天地万物之不同，在于人能够自觉地认识到内在的必然性，并执守此内在必然性。虽然此内在必然性的理解，可能各家各异，比如孔、孟以德性为内在必然性，老、庄以自然为内在必然性，但此内在必然性都可以由主体自主决定。正是由于外在的必然性非人所能决定，而内在的必然性则是人所能决定，故人不以外在必然性为然，反而转向自身内部去寻求内在的必然性，由心的自我决定来显现出内在必然性的高贵之处，也凸显出人的价值。

然而，在黄老学派的思想中，这种内在必然性的阐释是缺少的，或者说其内在必然性就是外在必然性，两种必然性归为同一个必然性。因为在黄老思想中，人的内在必然性不由自我决定，反而是被决定的。人心不能自由地决定自己的内在必然性，而只能服从天道的外在必然性要求，比如：

赢极必静，动举必正。赢极而不静，是胃（谓）先天。动举而不正，［是］胃（谓）后命。①

天道的规律是事物发展到极点就要退下来，各种变化都要合乎法度。如果发展到极点不退反进，各种举措不合乎法度，那么就会不合天命。

过极失［当］，天将降央（殃）。人强朕（胜）天，慎辟（避）勿当。天反朕（胜）人，因与俱行，先屈后信（伸），必尽天极，而毋擅天功。②

天有死生之时，国有死生之正（政）。因天之生也以养生，胃（谓）之文；

---

① 《黄帝四经·经法·亡论》，转引自陈鼓应注译《黄帝四经今注今译》，中华书局2016年版，第202页。
② 《黄帝四经·经法·国次》，转引自陈鼓应注译《黄帝四经今注今译》，中华书局2016年版，第84页。

因天之杀也以伐死，胃（谓）之武；[文] 武并行，则天下从矣。①

从最高的实体一直到人间诸多施设，天道都有其固定的变动规律，人心只能遵守这些规律才能得以生存，而一旦违背这些规律，就会导致灭亡。人间无论是要养生还是伐戮，都需要顺从天道。在此意义上，人的道德可能来自对道的遵从，而不是内心的呼唤，故这种道德规约是外在的，属于他律道德。

黄老学家将天道视为阴阳之气的变动，故其性论未能如孔、孟般具有超越意义，而是就气论性。既然天地万物皆一气之所化，则人心亦为气。人心之所要，仅仅是为了保持清明来认知阴阳之气的变化动荡，顺着气化之趋势来推动人事。故黄老之道，即气化之外在必然性，尚未如孔、孟般有真正的"尽心知性则知天"的道德自律之气概。②

（二）等级高下

黄老学派所认可的宇宙真理就是实体性的天道以及天道在人世间的规律性展现，而认识这些规律又不是人人皆能之事。只有极少部分圣王才能做到认识天道、顺天道而行，而绝大部分百姓则无法认识天道，故只能以圣王作为媒介，通过依照圣王的指示来遵守天道，比如：

> 昔者黄宗，质始好信，作自为象，方四面，傅一心，四达自中，前参后参，左参右参，践立（位）履参，是以能为天下宗。"吾受命于天，定立（位）于地，成名于人。唯余一人［德］乃肥（配）天，乃立王、三公，立国置君、三卿。数日、磿（历）月、计岁，以当日月之行。允地广裕，吾类天大明。"③

在这段文字里，只有黄帝一个人可以认识天道，从而可以"为天下宗"，获得其统治者的地位。曹峰认为："通过《黄帝四经》，我们清楚地发现，黄帝就是'天道'最高的代言人、执行者。依靠了黄帝代表的规则、禁忌系统，从天道到人道才得以真正落实。"④ 黄帝依照天道来设定人间的秩序，从而让天下万事万物都能够获得充分发展。然而，既然只有黄帝一人可以参悟天道，而其他人无法参悟天道，那么必然导致参悟者与不参悟者之间地位的不平等，例如：

---

① 《黄帝四经·经法·君正》，转引自陈鼓应注译《黄帝四经今注今译》，中华书局2016年版，第115页。
② 后世卜卦算命之末流，皆为预测天地阴阳之气之流行，而以此外在必然性来决定内在自主的决定，皆为道德他律。此与黄老学派如出一辙。
③ 《黄帝四经·十大经·立命》，转引自陈鼓应注译《黄帝四经今注今译》，中华书局2016年版，第247页。
④ 曹峰：《文本与思想：出土文献所见黄老道家》，中国人民大学出版社2018年版，第192页。

> 上人正一，下人静之；正以侍（待）天，静以须人。①

在上位者审定此"一"的天道，等待天意的降临；而在下位者则只能静待，等待上位者参悟天道后对自己的安排。当然，从理论上说，上位者特权地位的合法性来自其参悟天道的特殊德能，而在下位者缺乏此德能。上位者凭借其领悟的"一"而非个人私意来进行人事治理安排。②

（三）守雌之节

在天道的必然性规范下，人人都要去除自己的私意，从而完全依照天道的规律而行。然而，人心是自由的，既可以依照天道，也可以违背天道。而天道又是那么隐秘难闻，非一般人所能知晓。如果人不遵从圣王依从天道发布的命令，则完全有可能违背天道，导致灾祸的降临，比如：

> 虚无刑（形），其裻冥冥，万物之所从生。生有害，曰欲，曰不知足。生必动，动有害，曰不时，曰时而□③。动有事，事有害，曰逆，曰不称，不知所为用。事必有言，言有害，曰不信，曰不知畏人，曰自诬，曰虚夸，以不足为有余。故同出冥冥，或以死，或以生；或以败，或以成。祸福同道，莫知其所从生。④

在自由意识下，人若选择违背天道的方向就会产生生害、动害、事害、言害的负面作用；人若选择顺从天道的方向就会得到相应的福报。故无论是圣王还是圣王所统御的民众，都需要以直接或者间接的方式来遵从天道。天道显现为阴阳的变动，其间就有度之内、外的分寸问题。

> 凡人好用雄节，是胃（谓）方（妨）生。……凡人好用［雌节］，是胃（谓）承禄。⑤

事情的成就离不开法度的纲维，阴阳的平衡；如果人过分地贪婪，就会让事物发展到法度之外，于是阴极而阳、阳极而阴，事物的发展就会向相反的方向转变。

---

① 《黄帝四经·十大经·正乱》，转引自陈鼓应注译《黄帝四经今注今译》，中华书局2016年版，第303页。
② 但是，我们也可以说，既然下位者被规定是无法参悟天道，那么上位者是真的参悟天道还是假的参悟天道谁能证明呢？完全可能是上位者通过其政治地位垄断了对天道的解释权，从而获得其执政地位的永恒的形上保证。
③ 陈鼓应补作"倍"，参见陈鼓应注译《黄帝四经今注今译》，中华书局2016年版，第54页。
④ 《黄帝四经·经法·道法》，转引自陈鼓应注译《黄帝四经今注今译》，中华书局2016年版，第51—56页。
⑤ 《黄帝四经·十大经·雌雄节》，转引自陈鼓应注译《黄帝四经今注今译》，中华书局2016年版，第327页。

黄老学家把谨守法度称为雌节，把越离法度称为雄节。凡是雄节，即背道违时；凡是雌节，即守道顺时。真正理解天道变化的参悟者，应该学会使用雌节，而不去使用雄节。守雌之节可以视为黄老学派伦理行为最基本的法则，也是其对于老子"柔弱胜刚强"（《道德经·第三十六章》）思想的继承。

四　治理措施

形名为天道与人事的中介。天道本身难以认知，但天道通过执道圣王而落实为形名的确立。形名一旦确立，即可为普通大众所认知与遵从。由形名之确定，就有了律法的基础，上位者可以进行循名责实，核验每个人的行为与其所相应之名是否吻合，如吻合就进行奖赏，如不吻合就进行惩处。这样一来，形名也可以解作刑名，依照名实之吻合程度来处以相应的刑赏。可以说，黄老学派的治理措施，乃是以形名为中心展开的。

（一）审察名理

形名的根源在于天道阴阳，但是具体的成立与实施，则在于执道之圣王，其曰：

> 故执道者之观于天下也，必审观事之所始起，审其刑（形）名。刑（形）名已定，逆顺有立（位），死生有分，存亡兴坏有处。然后参之于天地之恒道，乃定祸福死生存亡兴坏之所在。是故万举不失理，论天下而无遗策。故能立天子，置三公，而天下化之。之胃（谓）有道。①

执道者对于天下的治理，一方面着眼于审查各类具体事物的形名，另一方面力求将各类事物放置于天地之恒道中进行考量。这样既能照顾到局部的特性，又能考察到整体的态势。在此工作的基础上，设定各类职位，从而保证具体事物的变化依道而行。

> 天下有事，必审其名。名□□②循名厩（究）理之所之，是必为福，非必为材（灾）。是非有分，以法断之；虚静谨听，以法为符。审察名理冬（终）始，是胃（谓）厩（究）理。唯公无私，见知不惑，乃知奋起。故执道者之观于天下[也]，见正道循理，能与曲直，能与冬（终）始。故能循名厩（究）

---

① 《黄帝四经·经法·论约》，转引自陈鼓应注译《黄帝四经今注今译》，中华书局2016年版，第223页。
② 陈鼓应补作"理者"，参见陈鼓应注译《黄帝四经今注今译》，中华书局2016年版，第239页。

理。刑（形）名出声，声实调合。祸材废立，如景（影）之隋（随）刑（形），如向（响）之隋（随）声，如衡之不臧（藏）重与轻。故唯执道者能虚静公正，乃见［正道］，乃得名理之诚。①

执道者对于天下事物的审察，基于以形名为核心的律法。在审察的时候，在位者需要虚静公正，完全以此客观的律法为标准，不带任何个体的私人情感。黄老学派认为，唯有这样的审察，才能真正符合天道的客观要求。"对于人君而言，政治事务的祸福、死生、存亡、兴坏，只要通过考察名实是否相符便可知晓。这个过程需要人君依循正道、顺从事理，能够辨别事物的是非曲直，体察事物发展的终始往复。"② 可以看出，黄老学派所主张的审察，其审察主体不能有自身的是非标准，完全以形名法度为准，体现了一种工具化的理性主义精神。

（二）德刑相辅

在审察名实之后，就要对于名实的不同状态进行相应的赏罚，其曰：

> 精公无私而赏罚信，所以治也。③

名实相符就要进行奖赏，名实不符就要进行惩罚。赏罚做到公正，治理就能顺畅。赏体现为德，罚体现为刑。所以赏罚措施体现了德刑相辅的精神。

> 刑德皇皇，日月相望，以明其当。望失其当，环视其央（殃）。天德皇皇，非刑不行，缪（穆）缪（穆）天刑，非德必顷（倾）。刑德相养，逆顺若成。刑晦而德明，刑阴而德阳，刑微而德章（彰）。其明者以为法，而微道是行。④

在黄老学派的思想中，刑德如日月一般，德阳而刑阴。阳者明而彰，阴者晦而微。天道的顺利实现，需要刑来保障，而刑的长久，需要德来支撑，是故刑与德可以视为天道在人间运行的相辅相成的两翼。

（三）具体措施

社会治理的具体措施，由执道的圣王主导，其曰：

---

① 《黄帝四经·经法·名理》，转引自陈鼓应注译《黄帝四经今注今译》，中华书局2016年版，第238页。
② 李笑岩：《先秦黄老之学渊源与发展研究》，上海古籍出版社2018年版，中华书局2016年版，第415页。
③ 《黄帝四经·经法·君正》，转引自陈鼓应注译《黄帝四经今注今译》，中华书局2016年版，第121页。
④ 《黄帝四经·十大经·姓争》，转引自陈鼓应注译《黄帝四经今注今译》，中华书局2016年版，第316页。

[省]苛事,节赋敛,毋夺民时,治之安。无父之行,不得子之用;无母之德,不能尽民之力。父母之行备,则天地之德也。三者备,则事得矣。能收天下豪桀(杰)票(骠)雄,则守御之备具矣。审于行文武之道,则天下宾矣。号令阖(合)于民心,则民听令。兼爱无私,则民亲上。①

首先,在德能修为上,上位者自身需要具有治理者的德行和才干,做到兼爱天下人,这样才能很好地对百姓进行治理。其次,在政务设置上,政事不要烦琐,税负不能繁重,徭役不能耽误农耕。再次,在人才储备上,需要招纳天下英才,为治理活动增加助手。又次,在政策实施上,无论度之内的动静还是度之外的征伐都要合天道。最后,在政策导向上,政策要合乎百姓的利益,得到天下人的民心,那么百姓才会真诚地服从命令。

在上述具体措施中,最为根本的理念是文武之道的施设应合乎民心,比如:

君臣当立(位)胃(谓)之静,贤不宵(肖)当立(位)胃(谓)之正,动静参于天地胃(谓)之文,诛[禁]时当胃(谓)之武。静则安,正[则]治,文[则]明,武则强。安[则]得本,治则得人,明则得天,强则威行。参于天地,阖(合)于民心。文武并立,命之曰上同。②

文武之道的要旨在于各类措施要符合阴阳的规律,做到上合于天,而"合于民心"则是下合于民。合于天、合于民,似乎是一致的。但是,由于黄老学派认为一些人事都是天道安排的,故我们只能说合乎天道就是合乎民心,但似乎还不能说合乎民心就是合乎天道。

(四)实施次第

黄老学派认为,各种社会治理的政策不能同时实施,而是需要有个渐进式的过程。下面两段文献充分体现这一思想,其曰:

节民力以使则财生,赋敛有度则民富,民富则有佴(耻),有佴(耻)则号令成俗而刑伐(罚)不犯,号令成俗而刑伐(罚)不犯则守固单(战)朕(胜)之道也。③

在此段文献中,执政者的主张是先使百姓富裕起来,再使百姓有耻辱感而不

---

① 《黄帝四经·经法·君正》,转引自陈鼓应注译《黄帝四经今注今译》,中华书局2016年版,第122页。
② 《黄帝四经·经法·四度》,转引自陈鼓应注译《黄帝四经今注今译》,中华书局2016年版,第152页。
③ 《黄帝四经·经法·君正》,转引自陈鼓应注译《黄帝四经今注今译》,中华书局2016年版,第116页。

去主动犯法，然后使社会养成听命令的风俗，最后方可使百姓退能守城、进能攻敌。

> 一年从其俗，二年用其德，三年而民有得，四年而发号令，[五年而以刑正，六年而]民畏敬，七年而可以正（征）。一年从其俗，则知民则。二年用[其德]，民则力。三年无赋敛，则民有得。四年发号令，则民畏敬。五年以刑正，则民不幸。六年[民畏敬，则知刑罚]。七年而可以正（征），则朕（胜）强適（敌）。俗者，顺民心殹（也）。德者，爱勉之[也]。[有]得者，发禁拕（弛）关市之正（征）殹（也）。号令者，连为什伍，巽（选）练贤不宵（肖）有别殹（也）。以刑正者，罪杀不赦殹（也）。[畏敬者，民不犯刑罚]殹（也）。可以正（征）者，民死节殹（也）。①

在第二段文献中，执政者一是遵从百姓原来的风俗，了解当地的是非准则；二是选用才德之士，使百姓都积极向上；三是免去税负，使百姓都富足起来；四是发号施令，使百姓心存畏敬之心；五是用法律进行治理，使百姓在法网前无可侥幸；六是百姓有了畏敬之心，知道有刑罚而不敢触犯；七是帅其出征，战胜强敌。

这两段文献，固然微有差异，但其基调是相同的，都是先顺着百姓，然后政策由宽松慢慢收紧，最后扭转百姓原来的状态，以官方所坚持的道德风尚与赏罚措施促使百姓走向强国征战之途。那么这种以征战为目的的治理措施，与"善为国者，太上无形"之间是否矛盾呢？

若从当时的现实来看，则黄老学派这一理论不但可以切实指导有野心的君主称霸，而且为其称霸粉饰了一套形上学的理由，故而也深得君主的欢心，能得到最高权力的支持。虽然这有极强的现实中的可行性，但其征伐目的与黄老学派自身的观念主张显然是矛盾的。

若从黄老学派自身的理论上看，应该说"太上无形"的社会秩序，既合天道，又合民心，是黄老学派最为理想的社会状态。但是，这种理想的社会状态，在现实中并不存在。黄老学派所面对的社会现实则是"太下不斗不讼又不果"的社会，故而其入手处则为"其下救患祸"。在先秦时期，任何一个诸侯国的治理日程，都包含着与其他诸侯国的逶迤周旋。诸侯国或培植自身力量，避免他人进犯，甚或强制要求他人服从自己，合纵连横。执道的圣王需要改变的不仅仅是某个诸侯国，而是整个天下，故必要勤修武备，以符合天道阴阳的方式准备好对付他国的文武之道，

---

① 《黄帝四经·经法·君正》，转引自陈鼓应注译《黄帝四经今注今译》，中华书局2016年版，第102—105页。

故养民以征是治理之必然。倘若把征伐视为促使天下达到"太上无形"中的一个步骤，则征伐与黄老学派自身的目的又是一致的，两者不相矛盾。故从治理的次序上说，存在着这样的可能性，天下征伐结束后，为政者可采取简之又简的方略，先是保存一定的赏罚之道与道德风俗，再慢慢去掉赏罚之道，然后再去掉道德风俗，最后回归到"太上无形"中。

五 治理秩序

黄老学派的治理秩序是黄老之天道在人间的落实。天道的物质化载体是阴阳，故其秩序所秉持的是阴阳消长之理；在阴阳原则的指导下，万物都有其内在的法度，于是有了形名的确立；圣王主导形名之法，以律法来促使天下的事物都依照形名来运行开展；治理秩序的合道与否，对于天下事物的生存发展具有极为重要的影响。

（一）秩序的生成原理

黄老学派认为，在当下的世界中，原初的元气已经产生了阴阳分判，万物莫不皆气，而气莫不有阴阳，于是天下万物皆有阴阳，皆符合阴阳的运动规律。

> 凡论必以阴阳□①大义。天阳地阴，春阳秋阴，夏阳冬阴，昼阳夜阴。大国阳，小国阴；重国阳，轻国阴。有事阳而无事阴，信（伸）者阳而屈者阴。主阳臣阴，上阳下阴，男阳［女阴，父］阳［子］阴，兄阳弟阴，长阳少［阴］，贵［阳］贱阴，达阳穷阴。取（娶）妇姓（生）子阳，有丧阴。制人者阳，制于人者阴。客阳主人阴。师阳役阴。言阳黑（默）阴。予阳受阴。诸阳者法天，天贵正；过正曰诡，□□□□②祭乃反。诸阴者法地，地［之］德安徐正静，柔节先定，善予不争。此地之度而雌之节也。③

天地、四季、昼夜、大小、轻重、有无、伸屈、主臣、上下、男女、父子、兄弟、长少、贵贱、达穷、生丧、制与被制、客主、师役、言默、予受，从天时到人事，都有阴阳之分。一切属阳的都法天，一切属阴的都法地。在黄老学派看来，属阳的事物需要在准度中存在，但其运行容易过度，一旦过度则会向反向转变。属阴的事物则容易保持准度，不善争夺。人事的行为，以属阴的方式进行则为雌节。黄

---

① 陈鼓应补作"明"，参见陈鼓应注译《黄帝四经今注今译》，中华书局2016年版，第446页。
② "祭"通"际"，陈鼓应补"祭"之前所缺一字为"过"，有"过际乃反"之义，参见陈鼓应注译《黄帝四经今注今译》，中华书局2016年版，第448页。
③ 《黄帝四经·称》，转引自陈鼓应注译《黄帝四经今注今译》，中华书局2016年版，第446页。

老学派似乎更为支持雌节。由于不同的分位各有阴阳的属性，故阴阳的差异就会体现在不同的分位中，促使不同的分位产生根本的区别。

> 天地有恒常，万民有恒事，贵贱有恒立（位），畜臣有恒道，使民有恒度。天地之恒常，四时、晦明、生杀、輮（柔）刚。万民之恒事，男农、女工。贵贱之恒立（位），贤不宵（肖）不相放。畜臣之恒道，任能毋过其所长。使民之恒度，去私而立公。变恒过度，以奇相御。正、奇有立（位），而名［形］弗去。凡事无小大，物自为舍。逆顺死生，物自为名。名刑（形）已定，物自为正。①

阳位有阳位的法度，阴位有阴位的法度，事物限定在各自的法度内即可保持恒常。故对于某个事物而言，不要有外在过分的压力使其越过法度，也不要有内在的贪婪私意令其失去法度。事物在法度中保持其自身原有的特性，此即以正道处之；事物越过法度之外而转向其原本特性之反面时，即以奇道处之。正道与奇道，本身也是天道的反映，也要配合有度。在这样的规则下，万事万物的状态和相应的性质都能得到确立。万物在大道中都能获得其应有的地位。

（二）律法的存在基础

形名的存在来自天道阴阳的保证。执道的圣人在形名的基础上，需要进一步建立律法来进行人世间的规范。

> 见知之道，唯虚无有。虚无有，秋毫成之，必有刑（形）名。刑（形）名立，则黑白之分已。故执道者之观于天下殹（也），无执殹（也），无处也，无为殹（也），无私殹（也）。是故天下有事，无不自为刑（形）名声号矣。刑（形）名已立，声号已建，则无所逃迹匿正矣。②

万物由微到显，都必然有相应的形名。黄老学派认为事物的形名都不是人为的主观意愿造成的，而是天道的自然规律使然，故而执道者要认识这些形名，就要去除自己内心的私意，这样才能更为清晰地认识到客观事物本身的形名特征。

> 道生法。法者，引得失以绳，而明曲直者殹（也）。故执道者，生法而弗敢犯殹（也），法立而弗敢废［也］。［故］能自引以绳，然后见知天下而不惑矣。③

---

① 《黄帝四经·经法·道法》，转引自陈鼓应注译《黄帝四经今注今译》，中华书局2016年版，第73页。
② 《黄帝四经·经法·道法》，转引自陈鼓应注译《黄帝四经今注今译》，中华书局2016年版，第56页。
③ 《黄帝四经·经法·道法》，转引自陈鼓应注译《黄帝四经今注今译》，中华书局2016年版，第48页。

执道的圣人可以认知到事物的形名特征，并由此设定人间的律法。由于此律法并非来自执道者个体的私意，而是来自天道给予事物的形名特征，故不能说人生法，而要说道生法。设定律法的人本身也要服从此律法，故生法的人不能犯法，法一旦成立任何人都不能废止。由此律法来规范天下事物，天下事物就会合道而生。

> 主不失其立（位）则国［有本，臣］失其处则下无根，国忧而存。主惠臣忠者，其国安。主主臣臣，上下不赿者，其国强。主执度，臣循理者，其国朝（霸）昌。主得［位］臣楅（辐）属者，王。①

在社会秩序上，最为根本的是主臣的形名。主位为国本，为治理者；臣位为下根，为被治理者。两者之间需要做到主惠臣忠，即治理双方的道德关系；主主臣臣，即治理双方的层级关系；主执度臣循理，即治理双方的领导关系；主得位臣辐属，即治理双方的从属关系。可以看出，这样的治理与被治理关系，其形名的合法性完全来自天道的阴阳关系。

（三）主导的核心作用

虽然黄老的治理秩序来自天道，但由于天道难以为世人所知，故天道需要由执道的圣人开启给天下人。这样一来，执道圣人的主导作用就显得十分重要。

> 帝王者，执此道也。是以守天地之极，与天俱见，尽［施］于四极之中，执六枋（柄）以令天下，审三名以为万事［稽］，察逆顺以观于朝（霸）王危亡之理，知虚实动静之所为，达于名实［相］应，尽知请（情）伪而不惑，然后帝王之道成。②
>
> 公者明，至明者有功。至正者静，至静者圣。无私者知（智），至知（智）者为天下稽。称以权衡，参以天当，天下有事，必有巧验。事如直木，多如仓粟。斗石已具，尺寸已陈，则无所逃其神。故曰："度量已具，则治而制之矣。"③
>
> 故唯执［道］者能上明于天之反，而中达君臣之半，富密察于万物之所终始，而弗为主。故能至素至精，悎（浩）弥无刑（形），然后可以为天下正。④

---

① 《黄帝四经·经法·六分》，转引自陈鼓应注译《黄帝四经今注今译》，中华书局2016年版，第134页。
② 《黄帝四经·经法·论》，转引自陈鼓应注译《黄帝四经今注今译》，中华书局2016年版，第185页。
③ 《黄帝四经·经法·道法》，转引自陈鼓应注译《黄帝四经今注今译》，中华书局2016年版，第63页。
④ 《黄帝四经·经法·道法》，转引自陈鼓应注译《黄帝四经今注今译》，中华书局2016年版，第79页。

以上三段，执道者的圣人与帝王是统一的。帝王的治理权力就是来自其悟道基础，故在理论上都是因圣而王。圣王能够审查天道形名，故其在治理天下方面具有首要的作用。

> 王天下者有玄德，有［玄德］独知［王术］，［故而］王天下而天下莫知其所以。王天下者，轻县国而重士，故国重而身安；贱财而贵有知，故功得而财生；贱身而贵有道，故身贵而令行。［故王］天下［者］天下则之。①

依照黄老学派，天下万事万物都在道的规定之中，圣王可以完全认识到道，士人则能通过圣王的教诲而执行符合道的法度，而国土与钱财则是道的运行中所附带的产物。故圣王在治理天下时，重人而轻物。只要有士人作为帮手来依道而治，那么物质方面的富足则如影随形。

（四）正反的治理效果

如果执政者能够真正执道而行，那么其社会运行必然获得良好的功效，比如：

> 绝而复属，亡而复存，孰知其神。死而复生，以祸为福，孰知其极。反索之无形，故知祸福之所从生。应化之道，平衡而止。②

如果依照天道来进行治理，那么过度的事物就会重新回到自我的本分之中，于是本来趋向灭亡的事物又展现出了新的生机。在黄老学派看来，合乎道的秩序一定会让万物获得其存在的空间，并依天道赋予的本性得以充分发展。

相反，如果执政者不能真正执道而行，那么其治理的效果就会每况愈下，比如：

> 善为国者，大（太）上无形，其［次］□□③，［其］下斗果讼果，大（太）下不斗不讼有（又）不果。□④大（太）上争于□⑤，其次争于明，其下救患祸。⑥

最好的社会秩序，是天下事物都自觉依道而行，故显现不出任何刻意从道的迹象；次一级的社会秩序，就会有律法的显现；再次一级的社会秩序，就会有竞争和

---

① 《黄帝四经·经法·六分》，转引自陈鼓应注译《黄帝四经今注今译》，中华书局 2016 年版，第 145 页。
② 《黄帝四经·经法·道法》，转引自陈鼓应注译《黄帝四经今注今译》，中华书局 2016 年版，第 63 页。
③ 陈鼓应补作"正法"，参见陈鼓应注译《黄帝四经今注今译》，中华书局 2016 年版，第 440 页。
④ 陈鼓应补作"夫"，参见陈鼓应注译《黄帝四经今注今译》，中华书局 2016 年版，第 441 页。
⑤ 陈鼓应补作"化"，参见陈鼓应注译《黄帝四经今注今译》，中华书局 2016 年版，第 441 页。
⑥ 《黄帝四经·称》，转引自陈鼓应注译《黄帝四经今注今译》，第 440 页。

诉讼，但竞争与诉讼依循法度皆可有合理的结果期待；最差的社会秩序，竞争与诉讼皆诉之无门，天下一片混乱，毫无规划预期可言。可以看出，此四种社会秩序，是由依道到违道逐次展开的过程。事实上，这四种状态未必是某个执政者执政失败的写照，更可能是借此来展现四种社会治理秩序。如果说第一种社会秩序是黄老学派的理想状态，那么最后一种社会秩序就是黄老学派社会治理的入手状态。

"金岳霖问题"与中国哲学的"名实"关系散论

于树贵[*]

摘 要 "金岳霖问题"是横亘在中国哲学合法性论证面前的关键症结,这个问题的解决对于中国哲学话语体系的建立具有重要的意义。本文从中国传统哲学的"名实"关系出发,揭示了古代学者哲学思维的"科学意识"、逻辑架格,并从社会背景方面回答了逻辑的实质与形式的问题。本文认为:直面社会发展进程中的时代课题,理性客观地建构解决现实问题的理论体系,才是中国哲学话语体系建立的必然条件。

关键词 "金岳霖问题";名实关系;中国哲学的合法性

金岳霖先生在冯友兰《中国哲学史》(上册)的审查报告中提出:"所谓中国哲学史,是中国哲学的史呢?还是在中国的哲学史呢?"[①] 这一问题比较复杂,引起众多学者的思考,更在一定程度上触及了所谓"中国哲学的合法性"层面。

一 "金岳霖问题"的实质

其实,除了金岳霖先生之外,对冯友兰《中国哲学史》进行审查的还有陈寅恪先生。陈寅恪先生在《中国哲学史》(下册)的审查报告中,依据归纳逻辑作出了一个超前的"推论":"窃疑中国自今日以后,即使能忠实输入北美或东欧之思想,其结局当亦等于玄奘唯识之学,在吾国思想史上既不能居最高之地位,且亦终归于歇绝者。其真能于思想上自成系统,有所创获者,必须一方面吸收输入外来之学说,一方面不忘本来民族之地位。此两种相反而适相成之态度,乃道教之真精神,新儒家之旧途径,而二千年吾民族与他民族思想接触史之所昭示者也。"[②]

《中国哲学史》上、下册的写作与出版时间相差三年左右,因此陈寅恪应该是

---

[*] 于树贵,苏州大学哲学系教授。
[①] 冯友兰:《中国哲学史》(下册),华东师范大学出版社2000年版,第436页。
[②] 冯友兰:《中国哲学史》(下册),华东师范大学出版社2000年版,第441页。

了解"金岳霖问题"的，不知他的这个审查报告算不算对"金岳霖问题"的一种间接回应。当然，陈寅恪是基于历史发展的客观事实所作出的一种推论，使用的是比较传统的归纳逻辑。尽管这种"推论"，无论是在当时还是当下都有其比较充分的理由，但是与"独立之精神，自由之人格"的格言相比，这位"大师中的大师，教授中的教授"对中西文化所作的"推论"并没有引起学者们足够的重视，反倒是金岳霖先生的"发问"在 70 多年后激发了部分学者关于"中国哲学的合法性"问题的追问，这确是一个值得思考的问题。

金岳霖先生的发问本意是什么，如何回答，这需要认真研读金先生留下的文本。

金岳霖先生对"金岳霖问题"的逻辑论证是，大前提："哲学是说出一个道理来的成见。"[①] 小前提："现在的趋势，是把欧洲的哲学问题当作普通的哲学问题。"[②] 结论就是："如果一种思想的实质与形式均与普遍哲学的实质与形式相同，那种思想当然是哲学。如果一种思想的实质与形式均都异于普遍哲学，那种思想是否是一种哲学颇是一问题。"[③] 如果这种理解能够成立，那么这里的小前提就需要进行审慎的真值判断。因为金先生对这个"判断"进行了条件限定。"现在的趋势""这种趋势不容易中止"[④]。

这里面就涉及两个问题，一是"现在的趋势"，是不是规律的反映？如果按照陈寅恪先生对中国思想发展史的把握，那这种"趋势"就不是规律。当然，金先生有自己的思考。他对"现在与未来"的发展"趋势"也作出了自己的"推论"，即"这种趋势不容易中止"。然而，"不容易中止"，能否等价于"不可能中止"？这是金先生没有更进一步分析从而为后人留下了的思考空间。二是欧洲的哲学问题是不是"普通的哲学问题"？按照金先生自己的解释，答案已然是否定的。他具体阐述道："在这样多的问题里面，……有些是一国所注重的，有些是另外一国所注重的。哲学的问题也是这些问题中的问题。欧洲各国的哲学问题，因为有同一来源，所以很一致。"[⑤] 这样，问题应该清楚了：哲学因为"问题"不同，而存在国别的不同；欧洲各国之所以表现得不明显，是因为他们"问题的来源"相同；中国与欧洲由于"问题的来源"不同，所以中国哲学与欧洲哲学是不同的。那么，问题的关键就转换成了"问题的来源"更具本原性，还是"思想的形式"更具有本原性呢？

应该如何去理解金先生所提出来的"普通的哲学问题"呢？

---

① 冯友兰：《中国哲学史》（下册），华东师范大学出版社 2000 年版，第 434 页。
② 冯友兰：《中国哲学史》（下册），华东师范大学出版社 2000 年版，第 435 页。
③ 冯友兰：《中国哲学史》（下册），华东师范大学出版社 2000 年版，第 436 页。
④ 冯友兰：《中国哲学史》（下册），华东师范大学出版社 2000 年版，第 435 页。
⑤ 冯友兰：《中国哲学史》（下册），华东师范大学出版社 2000 年版，第 435 页。

金先生在这篇《审查报告》开篇就谦虚地表达了"对于中国哲学，或在中国的哲学，我是门外汉。不敢有所批评，有所建议。但读了冯先生的《中国哲学史》，有一点感想胡乱写出来"[①]。他的"感想"是什么呢？金先生是逻辑学家，他是从逻辑的角度来阅读、理解、审查冯友兰先生的《中国哲学史》的，他透过《中国哲学史》发现的是逻辑问题，并且是从演绎逻辑的方法进行思考的。更具体地说，他思考的"问题"是：为什么中国哲学史、欧洲哲学史，甚至也包括印度哲学史等都有自己的"思想的架格"，是否存在一种"空架子的论理"能够统摄各种国别的哲学史？或者举例说，哲学能否像物理学那样，英国人写的物理学史，不是英国物理学的史，中国人写的物理学史，也不是中国物理学的史。无论哪国人写的物理学史，都只能是一个"物理学史"。这其实就是他所致力于探究的"逻辑一元论"问题。

在"逻辑一元论"思维的观照下，中国哲学的"合法性"问题，就可以转换为中国哲学的"合逻辑"的问题。

这里首先要解决的问题是"逻辑"的定义。按《哲学大辞典·马克思主义哲学卷》中的解释，逻辑一词包括三个方面的内容：客观事物发展的规律；思维的规律、规则；思维形式的科学。也就是说，狭义的哲学意义上的"逻辑"，指的就是"客观事物发展的规律"；狭义的逻辑学意义上的"逻辑"，指的是"思维形式的科学"[②]。

对于中国思想史来说，"逻辑"一词是近代的舶来品，是对近代欧洲逻辑思想的译介、学习、吸收。这样一来，不仅欧洲逻辑思想得以在中国传播，而依托于工业文明的优势，也使欧洲近代哲学在中国思想领域获得了主导地位。由此带来的一个结果就是掩盖了"金岳霖问题"的另一方面的追问，即西方哲学的"合逻辑"问题。直白一点地说，在金先生的问题域中同样包含着对西方哲学史的追问：罗素的《西方哲学史》是西方哲学的史呢，还是在西方的哲学史呢？

按《中国大百科全书·哲学卷》中周礼全先生的介绍，欧洲思想史中对"逻辑"一词的使用也存在一个发展演变的过程，并直到近代才达成学术共识，即用逻辑一词来表达推理的形式。[③] 由于"先行者优势"，今天所说的"逻辑"便必然的表示"欧洲逻辑"。西方哲学的"合逻辑"问题，不仅被掩盖了，而且很可能成为一个令人耻笑的问题。

[①] 冯友兰：《中国哲学史》（下册），华东师范大学出版社2000年版，第434页。
[②] 《哲学大辞典·中国哲学史卷》编辑委员会编：《哲学大辞典·马克思主义哲学卷》，上海辞书出版社1990年版，第855页。
[③] 中国大百科全书出版社编辑部编：《中国大百科全书·哲学》，中国大百科全书出版社1985年版，第534页。

尽管金先生是一位"习惯用英文想"的学者，但同时他也是一位中国文化的"自觉者"。他努力追求的就是寻找中国哲学中的那个"必然的序列"，即"合起来说的道"。或者换一种说法，他试图为中国哲学的"合逻辑"开辟一条道路，打通中国哲学史—中国哲学—"哲学"（空架子的论理）之间在思维形式上的阻隔。

他的《论道》一书，开篇就把中国哲学的"道"、印度哲学的"如如"、希腊的 Logos 进行比较，并通篇以"道"作为核心范畴，最后的结论也是"道一"。他强调：这个"道"，"也许是中国思想中的道，也许相差很远"①。既然如此，为什么还要用"道"来表达这一最终的"必然的序列"呢？因为逻辑的"形式"可以是纯粹的，但逻辑的"内容"却深深地植根于现实的、具体的社会生活之中。对逻辑的思考不仅关乎研究者的理智，更关乎研究者的情感。所以他解释说，《论道》这本书不是不能用其他的"名目"（概念系统），但只有中国哲学的"名目"才能够"动我底心、怡我底情、养我底性"②。很显然，这是近代中国绝大多数学者都具有的一种最深沉的民族情怀。他在与冯友兰先生互评书稿时曾自嘲《论道》这本书是"旧瓶装新酒"。但他内心之中是不满足于"旧瓶"与"新酒"这种关系的，他自我辩解说："我深知道我这本书有旧瓶装新酒底毛病，……其所以明知而故犯之者就是因为我要把一部分对于这些名词的情感转移到这本书一部分概念上去。我自己有这要求，读者也许也有这要求。"③可以说，他虽然试图站到中西哲学之外，用"冷静的态度去研究它"，但涉及"道"的"内容"之时，便无法做到"可以暂时忘记我是人"④。

也有学者尝试用人所具有的"理性思维"来代替金岳霖先生的"逻辑一元论"。理性思维作为一种人的认识能力，固然是人类普遍具有的，但它是通过具体的思维内容表现出来的。这就涉及对"理性思维"的认识，如果把它作为一种确定的、绝对的本体性存在，那么它可以承担起"逻辑一元论"的功能，但最终将走向神秘主义；如果承认人的理性思维是一个发展着的、并为其所认识的对象规定着的，那么它就承担不起"逻辑一元论"的功能。其实，对于这一构想，已经为南北朝时期范缜的"形者神之质，神者形之用，……名殊而体一也"（《神灭论》）理论所解构。因为，人的认识能力是一种"无定质"的存在，就像刀刃的锋利一样无法单独表现出来，只能通过个体在处理现实的生、老、病、死等问题中形成的"观点"来表现，而"观点"直接与个体的认知方式相关联，个体的认知方式又是由群体的认知

---

① 金岳霖：《论道》，商务印书馆1985年版，第17页。
② 金岳霖：《论道》，商务印书馆1985年版，第16页。
③ 金岳霖：《论道》，商务印书馆1985年版，第17页。
④ 金岳霖：《论道》，商务印书馆1985年版，第16页。

模式所模铸。在这个认知序列中，群体的认知模式发挥着决定性的作用。这可以在各民族不同的"生活观""死亡观"中得到印证。

二 "名实"关系的逻辑分析范式

中国传统哲学的逻辑问题是一个复杂的问题，我们可以从"名实"关系来进行分析。

在中国传统思想史中，知识的形成是在"定名"的过程中完成的，哲学也就是在"正名"的过程中形成的。名实相符就是科学认识，名实不符就是谬论，"名正言顺"才能够成为知识。

"名"是作为认识主体的人对客观事物的概念化把握；"实"就是客观事物本身。"以名举实"，就是人们探究自然万物与社会万象内在规律的哲学反思活动。对于这一认识过程，战国时期的学者宋钘论述说："原始计实，本其所生；知其象，则索其形，缘其理，则知其情，索其端，则知其名。"（《管子·心术》上）对某一特定事物必须依据其自身特点，把握它的外在形象，探求其内在的规律，直至认识到其本质，才可以对其加以命名。这是人类认识客观事物都必须遵循的基本认识规律，可以称之为人类最基本的哲学思维，即便是现代哲学也必然要遵循这一基本规律。

春秋战国时期，尽管出现了"诸子蜂起，百家争鸣"的思想热潮，表现为"师异道，人异论，百家殊方，指意不同"（董仲舒：《天人三策》）的景象，但各家各派所遵循的认知规律却都是"制名以指实"，力求通过"名实之辩"来实现"辩名析理"的哲学反思。

儒家是通过"正名"来实现对事物"名"的把握。孔子不仅有"正名"的主张，而且对于"名不正则言不顺"进行了较为严密的逻辑论证，最后得出"君子名之必可言也，言之必可行也"（《论语·子路》）的科学认识。儒家思想发展到荀子，则开始通过名实之辩，系统地总结了春秋战国时期的名实思想，较为深刻地揭示了人类认识的基本规律。

第一，荀子明确了人类认识的基本前提，即认识主体和认识对象之间所存在着的必然联系，即"凡以知，人之性也；可以知，物之理也"（《荀子·解蔽》）。不仅如此，他对于"凡以知"的"人性"进行了较为深入的分析："然则何缘而以同异？曰：缘天官。凡同类同情者，其天官之意物也同；故比方之疑似而通，是所以共其约名以相期也。形体、色、理，以目异；……说、故、喜、怒、哀、乐、爱、恶、欲，以心异。心有征知。征知，则缘耳而知声可也，缘目而知形可也；然而征知必将待天官之当簿其类然后可也。五官簿之而不知，心征之而无说，则人莫不然谓之不知。"（《荀子·正名》）"心有征之""天官簿类"，这两个观念的提出便从理论上确立了人的主体认识能力，为人类认识客观世界提供了理论上的可能性。

第二，荀子揭示了人类认识客观事物的动机与目的。"异形离心交喻，异物名实玄（通眩）纽，贵贱不明，同异不别。如是，则志必有不喻之患，而事必有困废之祸。故知者为之分别，制名以指实，上以名贵贱，下以辨同异。"（《荀子·正名》）可以看出，荀子"制名以指实"的出发点和落脚点都在于寻找社会秩序的内在规律。所以他对于人类认识作了范围上的限定："以所以知人之性，求可以知物之理，而无所疑止之，则没世穷年不能遍也。……故学也者，固学止之也。恶乎止之？曰：止诸至足。曷谓至足？曰：圣王。圣也者，尽伦者也；王也者，尽制者也；两尽者，足以为天下极矣。"（《荀子·解蔽》）道家的庄周也提出过类似的观点："吾生也有涯，而知也无涯；以有涯随无涯，殆矣！"（《庄子·养生主》）庄周以此走上了不可知论的路线，而荀子却开辟了另一条路线。也就是说，人类无法穷尽对客观世界万事万物的认识，但是可以通过"止"来实现对某个确定性的目标进行更深入的认识，从而达到认识的目的。由此，荀子确定了在"明贵贱、别同异"的基础上，建构合理社会秩序的认识目标。很显然，这不仅回避了"没世穷年不能遍也"的事实，而且为人类认识能力的发挥提供了理论上的必要性。

第三，荀子阐述了"命名"的基本准则，即"知异实者之异名也，故使异实者莫不异名也，不可乱也。犹使同实者莫不同名也"（《荀子·正名》）。名是实的表征，同实则同名，异实则异名；如果两个"实"存在某种相同的属性，就用"兼名"来指称，"兼名"，就是复合名称；如果单名与兼名仍然不能将多种"实"区分开来，就用"共名"。这样就不仅可以将所有的事物都给予一个恰当的"名"，而且可以把具有相同属性的"实"进行归类命名。很显然，"共名"的形成是对"实"的概括与归类，而且根据"实"的属性，可以不断"推而共之，共则有共，至于无共然后止"（《荀子·正名》）。在荀子看来，遵循这样的命名准则，所有的事物都可以纳入一个大的"名"的系列之中。其最高的"名"就是"物"，这是所有存在者的"大共名"。如果在"共名"中表征"实"的差别，就用"列举"的方式寻找特定事物的"别名"，通过不断地"推而别之，别则有别，至于无别然后止"（《荀子·正名》）。遵循"共"与"别"的机制，则万物虽众，仍可以遍举之。现代形式逻辑理论中很重要的一个观点就是用"属加种差"的方法来下定义，与荀子的"推而别之"，在理念上几乎可以说是完全相同的。

基于万事万物本质与现象关系的复杂性，荀子还特别指明"定名"的注意事项："物有同状而异所者，有异状而同所者，可别也。状同而为异所者，虽可合，谓之二实；状变而实无别而为异者，谓之化；有化而无别，谓之一实。此事之所以稽实定数也，此制名之枢要也。"（《荀子·正名》）"状"，指事物外显的形状；"所"，指事物内在的本质；"化"就是变化、改变。这就是说，事物的本质（所）才是确定其名称的核心要素，在确定事物名称的过程中，不能为"状"所迷惑。"现象"与"本质"的关系，在现代哲学论域中也是极其复杂的一个难题，因此可以说荀子的"稽实定数"方法，代表了当时哲学认识的最高水平。

第四，荀子指出"命名"的知识论内涵。"名"是对事物本质特征的揭示，是人类知识形成的基本手段。人类对客观事物本质特征的认识是一个逐步深入的过程，因此基于人类认识发展的历史局限，任何时代都难以苛求"名"的准确性。这样一来，"约定俗成"就成为特定历史阶段中人们对"名"的最高要求。"名无固宜，约之以命，约定俗成谓之宜，异于约则谓之不宜。名无固实，约之以命实，约定俗成谓之实名。名无固善，径易而不佛，谓之善名。"（《荀子·正名》）在荀子看来，对客观事物的命名，"约"比"实"更具有优先性。人类的知识就是人类社会在特定历史时期内"约定俗成"的认知结果，是人类关于客观事物的共识。也正因如此，荀子也间接回答了庄子与惠施在濠梁之辩中所质疑的"知识可能性"问题。

与儒家的认知方式不同，道家则通过"静观""坐忘"等直觉方式来把握客观事物的"名"。《老子》对"道"的"定名"可见一斑："有物混成，先天地生。寂兮寥兮，独立而不改，周行而不殆，可以为天下母。吾不知其名，字之曰'道'，强为之名曰'大'。"（《道德经·二十五章》）墨家因为其自身的职业特点，所以对"名"的认识更加系统。"知传受之，闻也；方不障，说也；身观焉，亲也。所以谓，名也；所谓，实也；名实耦，合也；志行，为也。"（《墨子·经说》上）法家的"循名而责实"思想来自儒家，尤其是荀子"制名以指实"的正名论，只不过将荀子的正名思想更直接地指向了社会生活领域。

先秦时期的诸子百家，尽管皆"务为治者也"，但都不同程度地在"名"与"实"两者的关系上花费大量的笔墨，表明了"名实之辩"是认识和把握客观事物的基本方式，也是春秋战国时期思想认识的基本范式。对此，尹文子论述得特别清楚："有形者必有名，有名者未必有形。形而不名，未必失其方圆黑白之实。名而不可不寻名以检其差。故亦有名以检形，形以定名，名以定事，事以检名。察其所以然，则形名之与事物，无所隐其理矣。"（《尹文子·大道》）并且，他还将"名"作了不同认识领域的划分："名有三科，……一曰命物之名，方圆白黑是也；二曰毁誉之名，善恶贵贱是也；三曰况谓之名，贤愚爱憎是也。"（《尹文子·大道》）如果从隐藏在"三科"之后的人类理性认识来看，这已经将对客观事物作"真与假"评判的"科学认识"、对人的行为作"善与恶"评判的"价值认识"、对客观事物作"美与丑"评判的"审美认识"囊括殆尽。

三　熟人社会中逻辑形式的特点

中国传统哲学不只是在"命名"系统中具有自身特点，其"推理"模式更具特色。

首先，中国较早地在认识领域摆脱了外在神秘力量的束缚，能够从客观事物本身的发展变化中寻找规律。最著名的是西周末期伯阳父对地震与国家兴亡关系的论述："周将亡矣。夫天地之气，不失其序，若过其序，民乱之也。阳伏而不能出，阴迫而不能烝，于是有地震。今三川实震，是阳失其所而镇阴也。阳失而在阴，川源必塞，源塞，国必亡。夫水土演而民用也；水土无所演，民乏财用，不亡何待？"（《国语·周语》）在这一段论述中，对自然秩序、地震、民生、国家兴亡等几个概念解释得明明白白，对它们之间关系的推导也清清楚楚。尽管限于当时认识的水平，很多地方都不"科学"，但逻辑关系是严密的。正是以这种理性的认识为基础，中国传统学术共同体建构出了一个认识领域中的大前提——"推自然而定人事"。也就是说，人类社会中的所有行为都遵循一个普遍的自然规律，即"道"。这个大前提，相当于几何学中的公理，是不证自明的。因此在许多具体观点的阐述中，即便缺省，也可以在读者的阅读与理解过程中自行补足。

其次，中国传统哲学较早地认识到人作为自然物的特殊性。学者们不仅极力探究人区别于动物的标志，而且由此辩证地认识到人类社会既要遵循自然规律，同时必须超越自然规律。道家学者是个特殊的群体，他们教条式地强调人类必须严格地遵循自然规律，最后得出的结论或者是"小国寡民"，或者是"人与禽兽居，族与万物并"（《庄子·马蹄》）的所谓"至德之世"。由此他们在现实社会中，只能以"非世而恶利，自托于无为"的批判者的形象存在。这里涉及中国哲学的"批判性""怀疑性"问题。哲学不只是怀疑的，也是建构的。儒家哲学与道家不同，属于建构主义。儒家学者揭示出人不同于动物的道德性，并以此为原点建构出人类社会秩序在遵循自然规律的基础上还必须拥有只属于人的文化样态。对此作出理论贡献的恰恰是综合了儒道两家思想的黄老学者——尹文子。他总结出人类社会秩序所特有的规律："法有四呈……一曰不变之法，君臣上下是也；二曰齐俗之法，能鄙同异是也；三曰治众之法，庆赏刑罚是也；四曰平准之法，律度权量是也。"（《尹文子·大道》）这可以说是认识、分析人类社会的又一条"公理"。

最后，中国传统哲学产生与发展的社会背景是农耕社会。安土重迁、聚族而居的生存方式决定了人与人之间形成了一个相对封闭的熟人社会。熟人社会中的"逻辑"不同于陌生人社会：1. 语言的表达尽可能婉转，从而使对方更容易接受；2. 因存在更多辅助因素——语境、语气、语音、动作、表情等——也就不要求概念内涵的明确，表述也不要求完整；3. 知识文化背景的相同使推理过程尽可能简略，判断的前提也一定程度可以忽略。总之就是重内容、轻形式；重结论、轻过程。我们通过战国中期庄子与惠施的"濠梁之辩"可以印证这一观点。"庄子与惠子游于濠梁之上。庄子曰：'鯈鱼出游从容，是鱼之乐也。'惠子曰：'子非鱼，安知鱼之乐？'庄子曰：'子非我，安知我不知鱼之乐？'惠子曰：'我非子，固不知子矣；子固非鱼也，子之不知鱼之乐，全矣！'庄子曰：'请循其本。子曰"汝安知鱼乐"云者，既已知吾知之而问我。我知之濠上也。'"（《庄子·秋水》）在这段对话中，从逻辑的角度看许多结论的推导过程都被省略了，但并没有影响我们对庄子思想的理解和把握。这表明逻辑的本质在于观点的表达能够为他人所理解。相对于熟人社会，陌生人社会因缺少共同的知识背景、公理体系、文化符号，只能通过明晰的概念内涵、完整的推理过程、严谨的推理形式来表达观点，所以更看重逻辑。

说到概念的内涵，即便是作为熟人社会的中国传统社会，许多概念也因生活的变迁、时间的浸润而发生改变。因此，战国后期便开始逐渐出现《尔雅》《方言》《释名》等字典与辞书，至东汉许慎的《说文解字》达到高峰。对于这一类辞书的编撰，以往都将其作为"多识鸟兽虫鱼"（《论语·阳货》）的字典认识，如果从逻辑学的视野看，未尝不是规范概念内涵的知识整理行动。

哲学作为一门以概念的方式把握世界的学科，中国传统哲学自有其内容丰富、体大思精的理论体系。但是在经历了由农耕文明转向工业文明、由熟人社会转向陌生人社会、由"百事不如人"转向中华民族伟大复兴的进程中，中国哲学绝不能抱残守缺，将自身拘泥于中国哲学史，也不能画地自限，在新的社会生产生活面前裹足不前，陶醉于传统概念范畴的"茧房"之中。从世界历史发展的角度来看，依托于中国社会经济的发展，中国文化、中国哲学也开始逐步摆脱近代以来的困窘之境，今后的发展也未尝不可发展成为"普遍哲学的实质与形式"，那时恐怕真的就要反思勃兰特·罗素的《西方哲学史》是西方哲学的史呢，还是在西方的哲学史！

经过近代以来工业文明的洗礼，中国哲学如何自觉地结合马克思主义的基本理论，积极地吸收西方工业文明时代的优秀理论成果，直面社会发展进程中的时代课题，理性客观地建构解决现实问题的理论体系，从而才有可能实现自身的"创造性转化"，这才是确证中国哲学自身"合法性"的关键所在。

谈"幾（機）"

姚兴富[*]

摘　要　"幾（機）"作为中国古代哲学基本范畴之一，其内涵丰富、深刻、奥秘。比较来看，以《易经》为传统的儒学是从人的内在心性修治方面去理解"幾"，以《阴符经》为代表的兵家是从人对外在环境的领悟方面去阐释"幾"，而庄子是从人对先天本真的保持和固守方面去把握"幾"。

关键词　幾；機；几

《说文解字》说："几，踞几也。象形。""幾，微也；殆也。从丝（丝）从戍。戍，兵守也。丝（丝）而兵守者，危也。""机，木也。从木几声。""機，主发谓之機。从木幾声。"在古代"几"与"幾"的意思是不同的："几"指蹲踞在地的小桌子形象；而"幾"是细微、危险的意思，发现细微、危险的迹象而用兵把守。"机"与"機"也是两个不同的字："机"指一种树木；而"機"指织具中主持发动的部分。

孔颖达在概括《周易·系辞》上、下各篇章的内容和主旨时写道："夫子本作《十翼》，申说上下二篇《经》文，《系辞》条贯义理，别自为卷，总曰《系辞》。分为上下二篇者，何氏云：上篇明无，故曰'易有太极'，太极即无也。又云'圣人以此洗心，退藏于密'，是其无也。下篇明幾，从无入有，故云'知幾其神乎'。"也可以说，《周易》本身就是要揭示从无入有、由隐到显的宇宙万事万物的奥秘和道理。

《周易·系辞上》第九章的后面总结"易"的功用之一就是"幾"："子曰：'知变化之道者，其知神之所为乎？《易》有圣人之道四焉：以言者尚其辞，以动者尚其变，以制器者尚其象，以卜筮者尚其占。'是以君子将有为也，将有行也，问焉而以言。其受命也如响，无有远近幽深，遂知来物。非天下之至精，其孰能与于

---

[*] 姚兴富，苏州大学哲学系教授。

此？参伍以变，错综其数，通其变，遂成天下之文；极其数，遂定天下之象。非天下之至变，其孰能与于此？易无思也，无为也，寂然不动，感而遂通天下之故，非天下之至神，其孰能与于此？夫易，圣人之所以极深而研幾也。唯深也，故能通天下之志。唯幾也，故能成天下之务。唯神也，故不疾而速，不行而至。子曰：'易有圣人之道四焉'者，此之谓也。"韩康伯注曰："夫变化之道，不为而自然。故知变化者，则知神之所为。此四者存乎器象，可得而用也。夫非忘象者，则无以制象。非遗数者，无以极数。至精者，无筹策而不可乱。至变者，体一而无不周。至神者，寂然而无不应。斯盖功用之母，象数所由立，故曰非至精、至变、至神，则不得与于斯也。极未形之理则曰深，适动微之会则曰幾。四者由圣道以成，故曰'圣人之道'。"孔颖达疏曰："'夫易圣人之所以极深而研幾也'者，言易道弘大，故圣人用之，所以穷极幽深，而研核幾微也。'极深'者，则前经初一节云：'君子将有为，将有行，问焉而以言，其受命如响，无有远近幽深'，是极深也。'研幾'者，上经次节云'参伍以变，错综其数，通其变，遂成天地之文；极其数，以定天下之象'，是研幾也。'唯深也，故能通天下之务'者，圣人用易道以极深，故圣人德深也，故能通天下之志意，即是前经上节'问焉而以言，其受命如响'，'遂知来物'，是通天下之志也。'唯幾也，故能成天下之务'者，圣人用易道以研幾，故圣人知事之幾微，是前经次节'参伍以变，错综其数，通其变，遂成天地之文'是也。幾者，离无入有，是有初之微。以能知有初之微。则能兴行其事，故能成天下之事务也。"

《周易》里面"幾（機）"的内涵表现为各种不同情况并具有细微的差别。

有的时候"幾"表现为知难而退、紧急避险。《周易·屯·六三》曰："即鹿无虞，惟入于林中。君子幾，不如舍，往吝。"王弼注曰："幾，辞也。"孔颖达疏曰："幾为语辞，不为义也。知此'幾'不为事之幾微，凡'幾微'者，乃从无向有，其事未见，乃为'幾'也。今'即鹿无虞'，是已成之事，事已显著，故不得为幾微之义。"不过，朱熹注曰："几，音機。……君子见幾，不如舍去。若往逐而不舍，必致羞吝。"显然，朱熹认为这里的"幾"仍是"幾微"的意思，就是说君子见情况不妙要舍弃不作为。

有的时候"幾"表现为韬光养晦、等待时机。《周易·乾·九三》曰："君子终日乾乾，夕惕若厉，无咎。"王弼注曰："居上不骄，在下不忧，因时而惕，不失其幾，虽危而劳，可以'无咎'"。孔颖达疏曰："'因时而惕，不失其幾'者，'因时'谓因可忧之时，故《文言》云'因时而惕'，又云'知至至之，可与幾也'。是'因时而惕，不失其幾'也。"《周易·乾·九三·文言》曰："九三曰：'君子终日乾乾，夕惕若厉，无咎。'何谓也？子曰：'君子进德修业，忠信所以进德也。修辞立其诚，所以居业也。知至至之，可与幾也。知终终之，可与存义也。"王弼注曰："处一体之极，是'至'也。居一卦之尽，是'终'也。处事之至而不犯咎，'知至'者也。故可与成务矣。处终而能全其终，'知终'者也。夫进物之速者，义不若利，存物之终者，利不及义。故'靡不有初，鲜克有终'。夫'可与存义'者，其唯'知终'者乎？"孔颖达疏曰："'知至至之，可与幾'者，九三处一体之极，方至上卦之下，是'至'也。既居上卦之下，而不凶咎，是'知至'也。既能知是将至，则是识幾知理，可与共论幾事。幾者，去无入有，有理而未形之时。此九三既知时节将至，知理欲到，可与共营幾也。'知终终之，可与存义'者，居一体之尽，而全其终竟，是'知终'也。既能知此终竟，是终尽之时，可与保存其义。义者宜也，保全其位，不有失丧，于事得宜。九三既能知其自全，故可存义。然九三唯是一爻，或使之欲进知幾也，或使之欲退存义也。一进一退，其意不同，以九三处进退之时，若可进则进，可退则退，两意并行。……既识事之先幾，可与以成其事务。……'进物之速者，义不若利'者，利则随幾而发，见利则行也。义者依分而动，不妄求进。故进物速疾，义不如利，由义静而利动故也。"

有的时候"幾"表现为安于现状、保守常态。《周易·需·初九》曰："需于郊，利用恒，无咎。"王弼注曰："居需之时，最远于难，能抑其进以远险待时，虽不应幾，可以保常也。"孔颖达疏曰："'利用恒，无咎'者，恒，常也，远难待时以避其害，故宜利保守其常，所以无咎，犹不能见幾速进，但得无咎而已。"

有的时候"幾"表现为立即行动、刻不容缓。《周易·豫·六二》曰："介于石，不终日，贞吉。"孔颖达疏曰："'介于石'者，得位履中，安夫贞正，不苟求逸豫，上交不谄，下交不渎，知幾事之初始，明祸福之所生，不苟求逸豫，守志耿介似于石。然见幾之速，不待终竟一日，去恶修善，相守正得吉也。"《周易·系辞下》第四章第七节进一步阐发此爻辞的精义："子曰：'知幾其神乎？君子上交不谄，下交不渎，其知幾乎？幾者，动之微。吉之先见者也。君子见幾而作，不俟终日。《易》曰：介于石，不终日，贞吉。介如石焉，宁用终日，断可识矣。君子知微知彰，知柔知刚，万夫之望。'"韩康伯注曰："形而上者况之道。形而下者况之器。于道不冥而有求焉，未离乎谄也。于器不绝而有交焉，未免乎渎也。能无谄、渎，穷理者乎？幾者去无入有，理而无形，不可以名寻，不可以形睹者也。唯神也不疾而速，感而遂通，故能朗然玄昭，鉴于未形也。合抱之木，起于毫末。吉凶之彰，始于微兆，故为吉之先见也。定之于始，故不待终日也。此知幾其神乎？"孔颖达疏曰："'子曰知幾其神乎'至'万夫之望'者，此第七节。前章云精义入神，故此章明知幾入神之事，故引《豫》之六二以证之。云'《易》曰：介于石，不终日，贞吉'、'知幾其神乎'者，神道微妙，寂然不测。人若能豫知事之幾微，则能与其神道合会也。'君子上交不谄，下交不渎'者，上谓道也，下谓器也。若圣人知幾穷理，冥于道，绝于器，故能上交不谄，下交不渎。若于道不冥而有求焉，未能离于谄也；于器不绝而有交焉，未能免于渎也。能无谄、渎、知幾穷理者乎？'幾者，动之微。吉之先见者也'者，此释"幾"之义也。幾，微也。是已动之微，动谓心动、事动。初动之时，其理未著，唯纤微而已。若其已著之后，则心事显露，不得为幾。若未动之前，又寂然顿无，兼亦不得称幾也。幾是离无入有，在有无之际，故云'动之微'也。若事著之后乃成为吉，此几在吉之先，豫前已见，故云'吉之先见者也'。此直云吉不云凶者，凡豫前知幾，皆向吉而背凶，违凶而就吉，无复有凶，故特云吉也。诸本或有凶字者，其定本则无也。'君子见几而作，不俟终日'者，言君子既见事之幾微，则须动作而应之，不得待终其日。言赴幾之速也。'《易》曰：介于石，不终日，贞吉'者，此《豫》之六二辞也。得位居中，故守介如石，见幾则动，不待终其一日也。'介如石焉，宁用终日，断可识矣'者，此夫子解释此爻之时，既守志耿介，如石不动，才见幾微，即知祸福，何用终竟其日，当时则断可识矣。'君子知微知彰'者，初见是幾，是知其微；既见其幾，逆知事之祸福，是知其彰著也。'知柔知刚'者，刚柔是变化之道，既知初时之柔，则逆知在后之刚，言凡物之体，从柔以至刚，凡事之理，从微以至彰，知幾之人，既知其始，又知其末，是合于神道，故为万夫所瞻望也。万夫举大略而言。若知幾合神，则为天下之主，何直只云万夫而已，此知幾其神乎者也。"

有的时候"幾"表现为观察动向、抓住时"機"。《周易·观·六三·象》曰："'观我生进退'，未失道也。"王弼注曰："处进退之时，以观进退之幾，'未失道'也。"孔颖达疏曰："'观我生进退'者，'我生'，我身所动出。三居下体之极，是有可进之时；又居上体之下，复是可退之地。远则不为童观，近则未为观国，居在进退之处，可以自观我之动出也。故时可则进，时不可则退，观风相幾，未失其道，故曰'观我生进退'也。道得名'生'者，道是开通生利万物。故《系辞》云'生生之谓易'，是道为'生'也。"

有的时候"幾"表现为君臣合谋、保守"機"密。《周易·系辞上》第七章曰："子曰：'乱之所生也，则言语以为阶。'君不密则失臣，臣不密则失身，幾事不密则害成。是以君子慎密而不出也。"孔颖达疏曰："'子曰：乱之所生也，则言语以为阶'者，阶谓梯也。言乱之所生，则由言语以为乱之阶梯也。'君不密则失臣'者，臣既尽忠，不避危难，为君谋事，君不慎密乃彰露臣之所为，使在下闻之，众共嫉怒，害此臣而杀之，是失臣也。'臣不密则失身'者，言臣之言行，既有亏失，则失身也。'幾事不密则害成'者，幾谓幾微之事，当须密慎，预防祸害。

若其不密而漏泄，祸害交起，是害成也。'是以君子慎密而不出'者，于易言之，是身慎密不出户庭，于此义言之，亦谓不妄出言语也。"《周易·系辞上》第六章强调言语为君子之枢机、不可不慎："子曰：'言行，君子之枢机。枢机之发，荣辱之主也。'"韩康伯注曰："枢机，制动之主。"孔颖达疏曰："'言行，君子之枢机'者，枢谓户枢，机谓弩牙。言户枢之转，或明或暗；弩牙之发，或中或否。犹言行之动，从身而发，以及于物，或是或非也。"

有的时候"幾"表现为体悟真道、达至圣境。《周易·复·初九》曰："不远复，无祗悔，元吉。"王弼注曰："最处复初，始复者也。复之不速，遂至迷凶，不远而复，几悔而反，以此修身，患难远矣。错之于事，其始庶几乎？故'元吉'也。"孔颖达疏曰："'不远复'者，最处复初，是始复者也。既在阳复，即能从而复之，是迷而不远，即能复也。'无祗悔元吉'者，韩氏云：'祗，大也。'既能速复，是无大悔，所以大吉。"《周易·系辞下》第四章第八节："子曰：'颜氏之子，其殆庶幾乎？有不善，未尝不知，知之未尝复行也。'《易》曰：'不远复，无祗悔，元吉。'"韩康伯注曰："在理则昧，造形而悟，颜子之分也。失之于幾，故有不善。得之于二，不远而复，故知之未尝复行也。吉凶者，失得之象也。得一者于理不尽，未至成形，故得不远而复，舍凶之吉，免夫祗悔，而终获元吉。祗，大也。"孔颖达疏曰："'子曰颜氏之子'至'元吉者'，此第八节。上节明其知幾是圣人之德，此节论贤人唯庶于幾，虽未能知幾，故引颜氏之子以明之也。'其殆庶幾乎'者，言圣人知幾，颜子亚圣，未能知幾，但殆近庶慕而已，故云'其殆庶幾乎'，又以'殆'为辞。'有不善，未尝不知'者，若知幾之人，本无不善。以颜子未能知幾，故有不善。不近于幾之人，既有不善，不能自知于恶。此颜子以其近幾，若有不善，未尝不自知也。'知之未尝复行'者，以颜子通幾，既知不善之事，见过则改，未尝复更行之，但颜子于幾理暗昧，故有不善之事，于形器显著，乃自觉悟，所有不善，未尝复行。《易》曰：'不远复，无祗悔，元吉'者，以去幾既近，寻能改悔，故引《复》卦初九以明之也。以复卦初九既在卦初，则能复于阳道，是速而不远，则能复也。所以无大悔而有元吉也。"

总的来说，《周易》的经文都在告诫人们要参透"幾"微、抓住时"機"。《周易·遁·彖》曰："遁之时义大矣哉！"孔颖达疏曰："叹美遁德。相时度宜，避世而遁，自非大人照幾不能如此，其义甚大，故云'大矣哉'。"《周易·解·彖》曰："有攸往，夙吉，往有功也。"孔颖达疏曰："解难能速，则不失其幾，故'往有功也'。"《周易·震·初九》曰："震来虩虩，后笑言哑哑，吉。"孔颖达疏曰："初九刚阳之德，为一卦之先，刚则不谙于幾，先则能有前识。"《周易·旅·六五》曰："射雉一矢，亡。终以誉命。"孔颖达疏曰："然处文明之内，能照祸福之幾，不乘下以侵权，而承上以自保，故得终以美誉而见爵命，故曰'终以誉命'也。"

此外，《周易·涣·九二》曰："涣奔其机，悔亡。"王弼注曰："机，承物者也。"这里的"机"，通"几"，与上面提到的"機（幾）"不同，是指宗庙祭祀所用的摆祭品祭物的几案。

现在，我们来看《庄子》一书中所提到的"几（机）"和"幾（機）"：

关于"隐几（机）"。《庄子·齐物论》说："南郭子綦隐机而坐，仰天而嘘，荅焉似丧其耦。颜成子游立侍乎前，曰：'何居乎？形固可使同槁木，而心固可使如死灰乎？今之隐机者，非昔之隐机者也？'子綦曰：'偃，不亦善乎，而问之也！今者吾丧我，汝知之乎？女闻人籁而未闻地籁，女闻地籁而未闻天籁夫！'"《庄子·徐无鬼》中说："南伯子綦隐几而坐，仰天而嘘。颜成子入见曰：'夫子，物之尤也。形固可使若槁骸，心固可使若死灰乎？'曰：'吾尝居山穴之中矣。当是时也，田禾一睹我，而齐国之众三贺之。我必先之，彼故知之；我必卖之，彼故鬻之。若我而不有之，彼恶得而知之？若我而不卖之，彼恶得而鬻之？嗟乎！我悲人之自丧者；吾又悲夫悲人者；吾又悲夫悲人之悲者；其后而日远矣！'"这两段话中的"几（机）"指"几案""小桌子"，"隐机（几）而坐"，就是凭靠着几案而坐，但综合文意，未尝不可以理解为双关语，隐喻靠近真理、理解玄機，表现为形槁心灰，前者能听见别人所听不见的"天籁"，后者能察觉别人所无法自觉的悲哀。《庄子·知北游》也提道："婀荷甘与神农同学于老龙吉。神农隐几，阖户昼瞑。婀荷甘日中奓户而入，曰：'老龙死矣！'神农隐几拥杖而起，曝然放杖而笑，曰：'天知予僻陋谩诞，故弃予而死。已矣，夫子无所发予之狂言而死矣夫！'弇堈吊闻之，曰：'夫体道者，天下之君子所系焉。今于道，秋豪之端万分未得处一焉，而犹知藏其狂言而死，又况夫体道者乎！视之无形，听之无声，于人之论者，谓之冥冥，所以论道而非道也。'"此处，由"神农隐几"引出"体道者"正是能知"幾"、察"幾"之人："视之无形，听之无声"。《庄子·秋水》记载魏牟批评公孙龙、赞美庄子时也写道："公子牟隐机大息，仰天而笑曰：子独不闻夫埳井之蛙乎？……且夫知不知是非之竟，而犹欲观于庄子之言，是犹使蚊负山，商蚷驰河也，必不胜任矣。且夫知不知论极妙之言，而自适一时之利者，是非埳井之蛙与？且彼方跐黄泉而登大皇，无南无北，奭然四解，沦于不测；无东无西，始于玄冥，反于大通。子乃规规然而求之以察，索之以辩，是直用管窥天，用锥指地也，不亦小乎？子往矣！且子独不闻夫寿陵余子之学于邯郸与？未得国能，又失其故行矣，直匍匐而归耳。今子不去，将忘子之故，失子之业。""隐几"或"隐机"背后指向了对事物理解的更深状态和认识的更高层次："无南无北，奭然四解，沦于不测；无东无西，始于玄冥，反于大通。"

关于"种有幾"。《庄子·至乐》中说:"种有幾,得水则为继,得水土之际,则为蛙蚍之衣,生于陵屯则为陵舄,陵舄得郁栖则为乌足。乌足之根为蛴螬,其叶为胡蝶。胡蝶胥也化而为虫,生于灶下,其状若脱,其名为鸲掇。鸲掇千日为鸟,其名为乾余骨。乾余骨之沫为斯弥,斯弥为食醯。颐辂生乎食醯,黄軦生乎九猷,瞀芮生乎腐蠸。羊奚比乎不箰,久竹生青宁;青宁生程,程生马,马生人,人又反入于機。万物皆出于機,皆入于機。"郭象注曰:"此言一气而万形,有变化而无死生也。"成玄英疏曰:"機者,发动,所谓造化也。造化者,无物也。人既从无生有,又反入归无也。岂唯在人,万物皆尔。或无识变成有识,有识变为无识,或无识变为无识,或有识变为有识。千变万化,未始有极也。而出入機变,谓之死生。既知变化无穷,宁复欣生恶死。体斯趣旨,谓之至乐也。"①涂光社先生在《〈庄子〉心解》一书中指出:"对生命现象的这种臆断在现在看来尽管是失准的,但显示出论者对生命现象思考的深度和一些倾向:首先,此论是把精微的'幾'(即'機')看作生命演化的因子,它在不同物种中传承,决定着生命形式的不断转化。……其次,似乎还有生命现象是在水中产生,由水而陆、由低级到高级,发展至人以后,又会返回到最初级的形式。……'种有幾'说明'幾'是'种'内含之精微,靠着它生命得以在不同种类个体内转移延续。"②

关于"天機"。《庄子·大宗师》中说:"古之真人,其寝不梦,其觉无忧,其食不甘,其息深深。真人之息以踵,众人之息以喉。屈服者,其嗌言若哇(阻碍说话要吐)。其耆欲深者,其天機浅。"郭象注曰:"深根宁极,然后反一无欲。"成玄英疏曰:"夫耽嗜诸尘而情欲深重者,其天然機神浅钝故也。若使智照深远,岂其然乎?"③林希逸解释说:"'嗜欲'者,人欲也。'天機'者,天理也。曰深浅者,即前辈所谓天理人欲,虽分数消长也。"④陈鼓应翻译说:"凡是嗜欲深的人,他的天然的根器就浅了。"⑤方勇翻译说:"那嗜好欲望深重的人,他的天然的灵性就迟钝。"⑥《庄子·秋水》中记述:"夔怜蚿,蚿怜蛇,蛇怜风,风怜目,目怜心。夔谓蚿曰:'吾以一足趻踔而行,予无如矣。今子之使万足,独奈何?'蚿曰:'不然。子不见夫唾者乎?喷则大者如珠,小者如雾,杂而下者不可胜数也。今予动吾天機,而不知其所以然。'蚿谓蛇曰:'吾以众足行,而不及子之无足,何也?'蛇曰:'夫天機之所动,何可易邪?吾安用足哉!'蛇谓风曰:'予动吾脊胁而行,则有似也。

---

① (晋)郭象注:《南华真经》,成玄英疏,上海古籍出版社1993年版,第469页。
② 涂光社:《〈庄子〉心解》,学苑出版社2013年版,第270—271页。
③ (晋)郭象注:《南华真经》,成玄英疏,上海古籍出版社1993年版,第172页。
④ (唐)林希逸:《南华真经口义》,云南人民出版社2002年版,第96页。
⑤ 陈鼓应注译:《庄子今注今译》,商务印书馆2007年版,第208页。
⑥ 方勇注译:《庄子》,中华书局2015年版,第99页。

今子蓬蓬然起于北海，蓬蓬然入于南海，而似无有，何也？'风曰：'然，予蓬蓬然起于北海而入于南海也，然而指我则胜我，鰌我亦胜我。虽然，夫折大木，蜚大屋者，唯我能也。'故以众小不胜为大胜也。为大胜者，唯圣人能之。"这段话有两处提到"天机"，一是"今予动吾天机，而不知其所以然。"二是"夫天机之所动，何可易邪？"郭象注曰："物之生也，非知生而生也，则生之行也，岂知行而行哉。故足不知所以行，目不知所以见，心不知所以知，悗然而自得矣。迟速之节，聪明之鉴，或能或否，皆非我也。而或者因欲有其身而矜其能，所以逆其天机而荡其神器也。至人知天机不可易也，故损聪明，弃知虑，纵然忘其为而任其自动，故万物无动而不逍遥也。……恣其天机，无所与争，斯小不胜者也，然乘万物御群才之所为，使群才各自得，万物各自为，则天下莫不逍遥矣，此乃圣人所以为大胜也。"成玄英疏曰："今蚿之众足，乃是天然机关，运动而行，不知所以，无心自张，有同喷唾。夔以人情起问，蚿以天机直答，必然之理，于此自明。……蚿以众足而迟，蛇以无足而速，然迟速有无，禀之造化。……天然机关，有此动用，迟速有无，不可改易，无心任运，何用足哉？"①宣颖解释说："唯得天机愈深者为愈胜焉。然则天下之不疾而速者，孰如天机哉！天机所动，物莫能伤，是所谓大胜也。"②钟泰概括说："此节发明天机之用，亦即发明权之用也。何以知其为发明权之用？权之用，在夫'谨于去就'，莫之能害而已，此云'以众小不胜为大胜'。衡夫大小之间，去小而就大，是以物莫能胜，非权之大用乎！然发明权之用，而先之以天机者何？权之用在不测，不测之谓神；若有心而用之，不窒则险，其能中者鲜矣，更何神之云！夫天机者，无心也。……知权之出乎天机而不知其所以然，则知夫以机变巧诈为权，以行险徼幸为权者之徒，冒乎权之名，而实为权之贼也，故卒曰'为大胜者，唯圣人能之'，明夫唯圣人为能用权，非他人所可得而伪托也，此庄子之微意也。"③这里的"天机"就是上天赐给不同物类的机能或本能，与常说的"天机不可泄露"的"天机"（上天的机密或旨意）不同。

关于"气机"。《庄子·应帝王》中叙述："郑有神巫曰季咸，知人之死生、存亡、祸福、寿夭，期以岁月旬日若神。郑人见之，皆弃而走。列子见之而心醉，归，以告壶子，曰：'始吾以夫子之道为至矣，则又有至焉者矣。'壶子曰：'吾与汝既其文，未既其实。而固得道与？众雌而无雄，而又奚卵焉！而以道与世亢，必信，夫故使人得而相汝。尝试与来，以予示之。'明日，列子与之见壶子。出而谓列子曰：'嘻！子之先生死矣！弗活矣！不以旬数矣！吾见怪焉，见湿灰焉。'列子入，

---

① （晋）郭象注：《南华真经》，成玄英疏，上海古籍出版社1993年版，第445—446页。
② （清）宣颖：《南华经解》，广东人民出版社2008年版，第121页。
③ 钟泰：《庄子发微》，上海古籍出版社1988年版，第382—383页。

泣涕沾襟以告壶子。壶子曰：'乡吾示之以地文，萌乎不震不正，是殆见吾杜德机也。尝又与来。'明日，又与之见壶子。出而谓列子曰：'幸矣！子之先生遇我也，有瘳矣！全然有生矣！吾见其杜权矣！'列子入，以告壶子。壶子曰：'乡吾示之以天壤，名实不入，而机发于踵。是殆见吾善者机也。尝又与来。'明日，又与之见壶子。出而谓列子曰：'子之先生不齐，吾无得而相焉。试齐，且复相之。'列子入，以告壶子。壶子曰：'吾乡示之以太冲莫胜，是殆见吾衡气机也。鲵桓之审为渊，止水之审为渊，流水之审为渊。渊有九名，此处三焉。尝又与来。'明日，又与之见壶子。立未定，自失而走。壶子曰：'追之！'列子追之不及。反，以报壶子曰：'已灭矣，已失矣，吾弗及已。'壶子曰：'乡吾示之以未始出吾宗。吾与之虚而委蛇，不知其谁何，因以为弟靡，因以为波流，故逃也。'然后列子自以为未始学而归。三年不出，为其妻爨，食豕如食人，于事无与亲。雕琢复朴，块然独以其形立。纷而封哉，一以是终。"季咸四次见壶子，壶子分别"示之以地文（杜德机）""示之以天壤（善者机）""示之以太冲莫胜（衡气机）""示之以未始出吾宗（不知其谁何）"。成玄英疏曰："壶丘示见，义有四重。第一，示妙本虚凝，寂而不动；二，示垂迹应感，动而不寂；三，本迹相即，动寂一时；第四，本迹两忘，动寂双遣。"[①] 这些都是"气机"的不同表现状态，是阴阳、动静、表里的相互转换变化和具体搭配组合。

关于"机心"。《庄子·天地》中叙述："子贡南游于楚，反于晋，过汉阴，见一丈人方将为圃畦，凿隧而入井，抱瓮而出灌，搰搰然用力甚多而见功寡。子贡曰：'有械于此，一日浸百畦，用力甚寡而见功多，夫子不欲乎？'为圃者仰而视之曰：'奈何？'曰：'凿木为机，后重前轻，挈水若抽，数如泆汤，其名为槔。'为圃者忿然作色而笑曰：'吾闻之吾师，有机械者必有机事，有机事者必有机心。机心存于胸中则纯白不备。纯白不备则神生不定，神生不定者，道之所不载也。吾非不知，羞而不为也。'子贡瞒然惭，俯而不对。有间，为圃者曰：'子奚为者邪？'曰：'孔丘之徒也。'为圃者曰：'子非夫博学以拟圣，於于以盖众，独弦哀歌以卖名声于天下者乎？汝方将忘汝神气，堕汝形骸，而庶几乎！而身之不能治，而何暇治天下乎！子往矣，无乏吾事。'子贡卑陬失色，顼顼然不自得，行三十里而后愈。其弟子曰：'向之人何为者邪？夫子何故见之变容失色，终日不自反邪？'曰：'始吾以为天下一人耳，不知复有夫人也。吾闻之夫子：事求可，功求成，用力少，见功多者，圣人之道。今徒不然。执道者德全，德全者形全，形全者神全。神全者，圣人之道也。托生与民并行，而不知其所之，汒乎淳备哉！功利机巧，必忘夫人之心。若夫人者，

[①] （晋）郭象注：《南华真经》，成玄英疏，上海古籍出版社1993年版，第225页。

非其志不之，非其心不为。虽以天下誉之，得其所谓，謷然不顾；以天下非之，失其所谓，傥然不受。天下之非誉无益损焉，是谓全德之人哉！我之谓风波之民。'反于鲁，以告孔子。孔子曰：'彼假修浑沌氏之术者也。识其一，不识其二；治其内而不治其外。夫明白入素，无为复朴，体性抱神，以游世俗之间者，汝将固惊邪？且浑沌氏之术，予与汝何足以识之哉！'"此段讲了两种"圣人之道"：一是代表儒家的——"事求可，功求成，用力少，见功多者，圣人之道。"二是代表道家的——"今徒不然。执道者德全，德全者形全，形全者神全。神全者，圣人之道也。"而"機心"是两者争论的焦点。在为圃者看来，"機心"就是投机取巧之心，不利于人的德性圆满。而在子贡看来，做事讲究科学、注重效率是理所当然的事。《庄子·逍遥游》中庄子批评惠子"夫子固拙于用大矣"，并讲了以"不龟手之药"获利的故事，庄子似乎应该赞同孔子和子贡"事求可，功求成，用力少，见功多"的观点。而且，庖丁解牛、轮扁斫轮、梓庆削木、丈人承蜩的故事也讲了熟能生巧、巧夺天工的道理——"得之于手，而应于心""用志不分，乃凝于神"。手艺技巧的运用如果不存有功利之心，出神入化就能达到大道的境界。

古老的《黄帝阴符经》从天道人心、政治擘画和军事谋略方面阐发了"機"的思想。其原文多次提到"機"字："天性，人也；人心，機也。……天发杀機，移星易宿；地发杀機，龙蛇起陆；人发杀機，天地反覆。……食其时，百骸理；动其機，万化安。……其盗機也，天下莫能见，莫能知。……心生于物，死于物，機在于目。……爰有奇器，是生万象，八卦甲子，神機鬼藏。"[1] 诸葛亮在《黄帝阴符经注序》中说："故曰天機张而不死，地機弛而不生。观乎《阴符》，造化在乎手，生死在乎人。故圣人藏之于心，所以陶甄天地，聚散天下，而不见其迹者，天机也。……范蠡重而长，文种轻而亡，岂不为泄天機？天機泄者沉三劫，宜然。"唐代李筌在注释《黄帝阴符经》时充分发挥了"機"的内涵。对于原文"九窍之邪，在乎三要，可以动静。"他解释说："九窍皆邪，不足以察機变。其在三者，神、心、志也。機动未朕，神以随之。機兆将成，心以图之。機发事行，志以断之。其機动也，与阳同其波，五岳不能镇其隅，四渎不能界其维。其機静也，与阴同其德，智士不能运其荣，深闻不能窥其谋，天地不能夺其时，而况于人乎。"[2] 对于原文"其盗機也，天下莫能见，莫能知。君子得之固躬，小人得之轻命。"他解释说："季主凌夷，天下莫见凌夷之機，而莫能知凌夷之源。霸王开国之機，而莫能知开国之機，而莫能知开国之源。君子得其機，应天顺人，乃固其躬；小人得其機，烦

---

[1] 杨素寰译注：《十二家注黄帝阴符经译注》，军事科学出版社1994年版，第1—2页。
[2] 杨素寰译注：《十二家注黄帝阴符经译注》，军事科学出版社1994年版，第62—63页。

兵黩武，乃轻其命。《易》曰：'君子见机而作，不俟终日'，又曰：'知机其神乎'。机者，易见难知，见近知远。"① 对于原文"瞽者善听，聋者善视。绝利一源，用师十倍；三反昼夜，用师万倍。"他解释说："人之耳目，皆分于心而竟于神。心分则机不精，神竟则机不微。是以师旷熏目而聪耳，离朱漆耳而明目。任一源之利，而反用师于心，举事发机，十全成也。退思三反，经昼历夜，思而后行，举事发机，万全成也。"② 唐代张果反对李筌的注释，他在《黄帝阴符经注并序》中说："《阴符》自黄帝有之，盖圣人体天用道之机也。经曰：得机者万变而愈盛，以至于王；失机者万变而愈衰，以至于亡。厥后伊、吕得其末分，犹足以拯生灵，况圣人乎？其文简，其义玄。凡有先圣数家注解，互相隐显，后学难精，虽有所主者，若登天无阶耳。近代李筌假托妖巫，妄为注述，徒参人事，殊紊至源，不惭窥管之微，辄呈酌海之见。使小人窃窥，自谓得天机也。悲哉！"③ 《道藏》中收录《黄帝阴符经》的注释有二十几家，其中对"幾（機）"的思想有充分的阐释和发挥。

北宋儒家学者周敦颐则从理学的本体论和工夫论方面阐发了"幾"的微旨妙义。其《通书》中写道："诚无为，幾善恶。……寂然不动者，诚也。感而遂通者，神也。动而未形、有无之间者，幾也。诚精故明，神应故妙，幾微故幽。诚、神、幾，曰圣人。"④

南宋朱熹在与学生论学时，对《通书》的相关内容有详细的探讨。朱熹解释说："'诚无为。'诚，实理也；无为，犹'寂然不动'也。实理该贯动静，而其本体则无为也。'幾善恶。''幾者，动之微'，动则有为，而善恶形矣。'诚无为'，则善而已。动而有为，则有善有恶。"其学生（道夫）说："诚者，自然之实理，无俟营为，及幾之所动，则善恶著矣。善之所诚，则为五常之德。圣人不假修为，安而全之；贤者则有克复之功。要之，圣贤虽有等降，然及其成功，则一而已。故曰：'发微不可见，充周不可穷之谓神'。"朱熹回答说："固是如此。但幾是动之微，是欲动未动之间，便有善恶，便须就这处理会。若至于发著之甚，则亦不济事矣，更怎生理会？所以圣贤说'戒慎乎其所不睹，恐惧乎其所不闻'。盖幾微之际，大是要切！"学生（道夫）又问："以诚配太极，以善恶配阴阳，以五常配五行，此固然。但'阳变阴合，而生水火木金土'，则五常必不可谓共出于善恶也。此似只是说得善之一脚。"朱熹回答说："通书从头是配合，但此处却不甚似。如所谓'刚善刚恶，柔善柔恶'，则确然是也。"又有学生（祖道）问："通书'诚无为，幾善恶'与太极'惟人也得其秀而最灵；形既生矣，神发知矣，五性感动而善恶分'，

---

① 杨素寰译注：《十二家注黄帝阴符经译注》，军事科学出版社1994年版，第77页。
② 杨素寰译注：《十二家注黄帝阴符经译注》，军事科学出版社1994年版，第82页。
③ （唐）张果：《黄帝阴符经注》，《正统道藏》洞真部玉诀类，第55册闾上五。
④ （宋）周敦颐撰，徐洪兴导读：《周子通书》，上海古籍出版社2000年版，第32—33页。

二说似乎相背。既曰'无为'矣，如何又却有善恶之幾？恐是周子失照管处。'如何？"朱熹回答说："当'寂然不动'时，便是'诚无为'；有感而动，即有善恶。幾是动处。大凡人性不能不动，但要顿放得是。于其所动处顿放得是时，便是'德：爱曰仁，宜曰义'；顿放得不是时，便一切反是。人性岂有不动？但须于中分得天理人欲，方是。"又有学生（人杰）问："'诚无为，幾善恶。德：爱曰仁'一段，周子亦有照管不到处。既曰'诚无为'，则其下未可便着'善、恶'字。如何？"（人杰）又问："若既诚而无为，则恐未有恶。若学者之心，其幾安得无恶？"朱熹回答说："当其未感，五性具备，岂有不善？及其应事，才有照顾不到处，这便是恶。古之圣贤战战兢兢过了一生，正谓此也。颜子'有不善未尝不知'，亦是如此。"又有学生（义刚）问："若是未发，便是都无事了，如何更有幾？'二者之间，其幾甚微'，莫是指此心未发而言否？"朱熹回答说："说幾时，便不是未发。幾，正是那欲发未发时，当来这里致谨，使教自慊，莫教自欺。"（义刚）又问："莫是说一毫不谨，则所发流于恶而不为善否？"朱熹回答说："只是说心之所发，要常常省察，莫教他自欺耳。人心下自是有两般，所以要谨。谨时便知得是自慊，是自欺，而不至于自欺。若是不谨，则自慊也不知，自欺也不知。"又有学生（安卿）问："'神、诚、幾'，学者当从何入？"朱熹回答说："随处做工夫。（淳录云：'本在诚，著力在幾。'）诚是存主处，发用处是神，幾是决择处。（淳录云：'在二者之间。'）然紧要处在幾。"①

明代曹端进一步发挥了朱熹的解释，针对"诚无为，幾善恶"，他在《通书述解》中写道："诚则实理自然，何为之有，即太极也。幾者，动之微，善恶之所由分也。盖动于人心之微，则天理固当发见，而人欲亦已萌乎其间矣。此阴阳之象也。或问'诚无为，幾善恶'。朱子曰：'此明人心未发之体，而指其未发之端。盖欲学者致察于萌动之微，知所抉择而去取之，以不失乎本心之体而已。'……善恶虽相对，当分宾主。天理人欲虽分派，必省宗孽。自诚之动而之善，则如木之自本而干，自干而末。上下相达，则道心之发见，天理之流行，此心之本主，而诚之正宗也。其或旁荣侧秀，若寄生赘疣者，此虽亦诚之动，而人心之发见，私欲之流行，所谓恶也，非心之固有，盖客寓也，非诚之正宗，盖庶孽也。苟辨之不早，择之不精，则客或乘主，孽或代宗矣。学者能于萌动幾微之间，而察其所发之向背。凡直出者为天理，旁出者为人欲。直出者为善，旁出者为恶。直出者固有，旁出者横生。直出者有本，旁出者无源。直出者顺，旁出者逆。直出者正，旁出者邪。而吾于直出者利导之，旁出者遏绝之。功力既至，则此心之发，自然出于一途，而保有天命矣。

---

① （宋）周敦颐撰，徐洪兴导读：《周子通书》，上海古籍出版社 2000 年版，第 82—87 页。

于此可以见发之前有善无恶。而程子所谓不是性中原有、此两件相对而生。又云凡言善恶，皆先善而后恶，盖谓此也。若以善恶为东西相对、彼此角立，则天理人欲，同出一源，未发之前，已具此两端，所谓天命之性，亦甚汗杂矣，此胡氏同体异用之意也。曰，此说得之。"针对"诚、幾、神，曰圣人"①，他写道："惟性焉安焉之谓圣人者，则精明应妙，而有以动其幽微矣。节斋蔡氏曰：诚者，寂也，静也，而其动静之理。神，感也，动也，而妙动静之用。盖诚为神本，神为诚用。本不动而用动，故诚则静意多，神则动意多。要其实，则各兼动静阴阳也。幾诚发，而为神之始也，在静无而动有之间。虽动而微，亦未可见，实为神之端也。"②

明末刘蕺山对"诚无为，幾善恶"一段的分析如下："'幾善恶'即继之。曰'德，爱曰仁，宜曰义，理曰礼，通曰智，守曰信'，此所谓德幾也，'道心惟微'也。幾本善而善中有恶，言仁义非出于中正，即是幾之恶，不谓忍与仁对，乖与义分也。先儒解'幾善恶'多误。""诚无为，如恶恶臭，如好好色，直是出乎天而不系乎人。此中原不动些子，何为之有！""幾者动之微，不是前此有个静地，后此又有动之者在，而幾则界乎动静之间者。审如此三截看，则一心之中，随处是绝流断港，安得打合一贯？故诚、神、幾非三事，总是指点语。""诚、神、幾，曰圣人。常人之心，首病不诚。不诚，故不幾而著；不幾，故不神，物焉而已。"清初黄百家评点说："幾字，即《易》'知幾其神'、颜氏'庶幾'、孟子'幾希'之幾。'有不善未尝不知'，所谓知善知恶之良知也。故念庵罗氏曰：'幾善恶者，言惟幾故能辨善恶，犹云非幾即恶焉。身必常戒惧，常能寂然，而后不逐于动，是乃所谓研幾也。'"《明儒学案·蒋道林传》：'周子之所谓动者，从无为中指其不泯灭者而言。此生生不已，天地之心也。诚、神、幾，名异而实同。以其无为，谓之诚；以其无而实有，谓之幾；以其不落于有无，谓之神。'道林以念起处为幾，念起则形而为有矣。"③

当代学者梁绍辉深入研究周敦颐思想，他概括说："'幾善恶'的命题，是周敦颐对《易传》以来有关'幾'的这一范畴认识的深化。它不仅推进了人对思维这一特殊现象的分析向纵深发展，使其更加鞭辟入里，具有更强的思辨性，从而有助于人们自觉地把握自己，而且回答了历史上长期争论不休的善恶来源问题。……我国古代的哲学家企图从人性上说明这种现象……实际上都把善恶归之于人的先天性……周敦颐一反其常，不从人的先天本性分善恶，也不从后天的社会地位（'君子小人'之类）上分善恶，而是从人对具体事物的反应上分善恶，又特别强调从去

---

① （宋）周敦颐、（宋）邵雍：《太极图说·通书·观物篇》，上海古籍出版社1992年版，第6—7页。
② （宋）周敦颐、（宋）邵雍：《太极图说·通书·观物篇》，上海古籍出版社1992年版，第9页。
③ 参见（宋）周敦颐撰，徐洪兴导读《周子通书》，上海古籍出版社2000年版，第32—33页。

无入有、动与未动之间的'幾'上分善恶。"①

总的来看，以《易经》为传统的儒学是从人的内在心性修治方面去理解"幾"，以《黄帝阴符经》为代表的兵家是从人对外在环境的领悟方面去阐释"幾"，而庄子是从人对先天本真的保持和固守方面去把握"幾"。

---

① 梁绍辉：《太极图说通书义解》，海南出版社、三环出版社1991年版，第92—93页。

·外国哲学·

斯宾诺莎论实体、万物和 conatus*

陈广辉**

摘 要 斯宾诺莎在《伦理学》前两个部分主要从"实体—样式"的因果模式角度来处理神和万物的关系，但是斯宾诺莎没有具体澄清神和万物的关系，因此斯宾诺莎在《伦理学》第三部分引入了"努力"（conatus）概念：万物都"努力"维持自己的存在，并且维持自己存在的"努力"是万物的现实本质。斯宾诺莎的"努力"概念为建立在实体和样式关系之上的静态宇宙论提供了动力学的解释：万物对神的分殊表现为万物对力量的寻求，即万物的现实本质就是维持自己存在的 conatus，conatus 意味着万物对神的无限力量的寻求。本文试图通过考察斯宾诺莎的 conatus 概念，澄清斯宾诺莎的实体学说，表明 conatus 概念构成了理解神和万物之间的动态关系的关键。

关键词 实体；万物；努力；力量

斯宾诺莎在《伦理学》前两个部分主要是从实体和样式的角度来处理神和万物的关系：神是实体和自因，万物是对神的分殊的样式，并且神是万物的内在原因，万物都在神之内并通过神而被认识。并且斯宾诺莎在《伦理学》第三部分引入了"努力"（conatus）概念，从而为建立在实体和样式基础上的静态宇宙论体系提供了动力学的解释：万物对神的分殊具体展现为万物对力量的寻求，即万物的现实本质就是维持自己存在的努力，努力意味着万物对神的寻求，即万物寻求神的无限力量，从而展现为对无限力量的渴望。斯宾诺莎由此通过"努力"概念实现了万物和神的动态沟通。为了理解斯宾诺莎的实体学说和"努力"概念的关系，本文将首先论述斯宾诺莎的实体学说，其次表明"努力"概念构成了万物行动的关键，最后利用

---

* 本文系国家社会科学基金重点项目"格劳秀斯《战争与和平的法权》（三卷本）译注与研究"（编号：24AZX017）的阶段性成果。
** 陈广辉，苏州大学哲学系副教授、硕士生导师。

"努力"概念回应实体学说面对的挑战。

一 实体和样式：万物对神的分殊的因果解释

斯宾诺莎的实体学说主要由两个概念组成：实体（substantia）和样式（modus）。首先，实体是指"在自身内并通过自身而被认识的东西。换言之，形成实体的概念，必不需要借助于他物的概念"①，实体以自身为原因，不以他物为原因，并且实体根据自身来解释自身存在的原因。可见，斯宾诺莎是从因果关系的动力学角度来理解实体概念的。为了理解实体概念，我们有必要理解"自因"（causa sui）概念："自因，我理解为它的本质包含存在的东西，或者它的本性只能被设想为存在着的东西。"② 自因意味着一个东西必然存在，即该物存在的动力在于自身，它自己就是自己存在的原因。所以实体就是自因，实体的本质包含存在，实体必然存在，"存在属于实体的本性"③。由于神（Deus）是"绝对无限的存在，亦即具有无限多属性的实体，其中每一属性各表示永恒无限的本质"④，并且"除了神以外，不能有任何实体，也不能设想任何实体"⑤，所以神是必然存在的唯一实体。

既然斯宾诺莎的实体概念最终导向一元实体论⑥，那么世界中的具体存在物和实体的关系是什么呢？斯宾诺莎认为，世界中的具体存在物是实体的有限样式："样式，我理解为实体的分殊，亦即在他物内并通过他物而被认识的东西。"⑦ 关于"实体的分殊"，在科利看来，斯宾诺莎说的样式是一些特殊事物，而非亚里士多德意义上的与实体相对应的性质⑧，因此实体的具体分殊（有限样式）是万物；关于"在他物内并通过他物而被认识"，我们需要联系自因概念来理解，由于自因意味着本质包含存在的东西，并且只有实体是自因，然而"凡是由神产生的事物，其本质

---

① Benedict de Spinoza, *A Spinoza Reader: The Ethics and Other Works*, edited and translated by Edwin Curley, Princeton University Press, 1994, I, D3. 科利认为，在斯宾诺莎关于实体的定义中，实体"在自身内"和"通过自身而被认识"是同一的，而对于笛卡儿而言，实体"在自身内"但是只能通过他物被认识，因为实体不能被直接认识，而仅仅通过其属性被认识。参见 Edwin Curley, *Spinoza Metaphysics: An Essay in Interpretation*, Harvard University Press, 1969, pp. 14–15.
② Benedict de Spinoza, *A Spinoza Reader: The Ethics and Other Works*, I, D1.
③ Benedict de Spinoza, *A Spinoza Reader: The Ethics and Other Works*, I, P7.
④ Benedict de Spinoza, *A Spinoza Reader: The Ethics and Other Works*, I, D6.
⑤ Benedict de Spinoza, *A Spinoza Reader: The Ethics and Other Works*, I, P14.
⑥ 关于一元实体论的详细讨论及其面临的挑战，参见 Henry E. Allision, *Benedict de Spinoza: An Introduction*, Yale University Press, 1987, pp. 51–54.
⑦ Benedict de Spinoza, *A Spinoza Reader: The Ethics and Other Works*, I, D5.
⑧ Edwin Curley, *Spinoza Metaphysics: An Essay in Interpretation*, Harvard University Press, 1969, p. 18. 相关文本可参见 Benedict de Spinoza, *A Spinoza Reader: the Ethics and Other Works*, I, P25C.

不包含存在"①，这意味着"虽然它们存在着，我们也可以设想它们不存在"②，所以万物不是自因，即万物不是以自身为原因，而是以他物为原因并且通过他物来解释自身存在的原因。需要注意的是，这里的他物不仅指同一个因果序列中的个别事物，而且也指神：首先，个别事物是有限的样式，而从神直接产生出来的样式是无限的样式，所以个别事物只能被神间接产生出来的有限样式构成的因果序列中的他物所限制，即个别事物以同一个因果序列中的他物为原因，"每个个别事物，或者任何有限的且有一定的存在的事物，非经另一个有限的且有一定的存在的原因决定它存在和动作，便不能存在，也不能有所动作，而且这一个原因也非经另一个有限的，且有一定的存在的原因决定它存在和动作，便不能存在，也不能有所动作；如此类推，以至无穷"③；其次，个别事物虽然不以神为近因，但是以神为远因，并且最终需要通过在神之中得到理解，因为"一切存在的东西，都存在于神之内，没有神就不能有任何东西存在，也不能有任何东西被认识"④，所以个别事物只能通过神才能得到理解，并且神构成了个别事物的存在和本质的动力因（causa efficiens）⑤。

综上所述，斯宾诺莎在实体和样式的关系之上建立起了独特的实体学说。一方面，实体是自因，这个自因既不同于亚里士多德的第一因⑥，也有别于基督教的第一因（上帝）。也就是说，自因不是因果序列中的第一个环节，也不是超越于因果序列的东西，自因就是因果序列本身，因果序列本身不以因果序列之外的东西作为自身存在的原因，所以因果序列本身在因果关系上是充足的。实体正是在这方面表现为充足理由律本身，所以斯宾诺莎的神既不是至善，也没有自由意志⑦，神只是遵循必然法则行动的充足理由律本身。另一方面，万物是实体的间接有限的样式，有限性决定了万物不是以自身为原因，而是以他物为原因。具体而言，个别事物不仅以处在同一因果序列中的他物作为近因，由此个别事物和他物共同构成了因果序列中的具体环节，而且以因果序列本身为远因，即以唯一实体的神为远因。简单来说，实体和样式的关系体现为因果序列本身和因果序列中的具体环节之间的关系，其中因果序列本身是一个无限的完满的序列，因果序列中的具体环节通过对因果序列本身的分殊塑造自身的实在性。所以从实体和样式的角度，神与万

---

① Benedict de Spinoza, *A Spinoza Reader：The Ethics and Other Works*，Ⅰ, P24.
② ［荷］斯宾诺莎：《斯宾诺莎书信集》，洪汉鼎译，商务印书馆1993年版，第55页。
③ Benedict de Spinoza, *A Spinoza Reader：The Ethics and Other Works*，Ⅰ, P28.
④ Benedict de Spinoza, *A Spinoza Reader：The Ethics and Other Works*，Ⅰ, P15.
⑤ Benedict de Spinoza, *A Spinoza Reader：The Ethics and Other Works*，Ⅰ, P25.
⑥ Benedict de Spinoza, *A Spinoza Reader：The Ethics and Other Works*，Ⅰ, P8S2.
⑦ 在斯宾诺莎看来，不论是作为直接无限样式的神的理智还是作为间接有限样式的人的意志，二者都只是神的样式，而非神的属性。

物的关系建立在因果关系之上。

虽然斯宾诺莎为了弥合无限的神和有限的万物之间巨大的甚至不可逾越的鸿沟，从而提出了直接的无限的样式和间接的无限的样式，以此作为从无限（神）到有限（万物）过渡的中间环节，但是斯宾诺莎对此并没有进行具体的推理论证。而且，在实体和样式的关系之下，我们很难对此给出一个有效的推理，因为建立在实体和样式基础上的宇宙论是一个静态的力学宇宙论，从神到万物的转化过程不是一个动态的过程，而是一个建立在机械力学作用之上的过程，我们在这个静态的动力学体系中很难看到从神到万物过渡的可能性。因此在斯宾诺莎的实体学说中，我们无法有效地理解从无限到有限的过渡，或者说，我们无法清楚地把握万物对神的分殊的具体过程，即万物行动的动力来自哪里。为了澄清神和万物的关系，斯宾诺莎引入了"努力"概念，并且只有通过"努力"概念，我们才能看到万物如何实现对神的分殊。

二 努力：万物行动的关键

斯宾诺莎在《伦理学》第三部分通过"努力"概念澄清了万物的本质，从而为我们建立了理解神和万物的关系的桥梁。所以为了澄清万物对神的分殊的具体过程，我们有必要理解斯宾诺莎的"努力"概念。

为了理解斯宾诺莎"努力"概念的特征，我们有必要先简要地回顾"努力"概念的思想史线索。首先，斯多亚学派在自然哲学方面认为"自然是自我运动的属于（hexis）"[1]，整个自然是一个自我运动的统一体，"属于"概念不仅表明了自然的统一性，而且表明了自然中的具体存在物也拥有一种统一性。从"属于"概念出发，斯多亚学派发展出了"属己"（自我保存，οικειος）概念。"属己"意味着"人能够更好地理解社群或者说更好地理解个体与他者之间联结的适当性，明白个体存在的界限，使人对于自身所处的世界有确切的认识，认识到人所遭遇的世界就是他应该接受的世界，对于此生在世界的遭遇表达出认同的态度，使得世界不成为对人的生存的支配"[2]。由此可见，斯多亚学派是从"属己"概念出发来论证个体的完成的，"属己"成为个体生命的基本冲动的对象[3]，它构成了斯多亚学派自我观念

---

[1] A. A. Long and D. N. Sedley, *The Hellenistic Philosophers*, Volume 1: *Translations of the Principal Sources with Philosophical Commentary*, Cambridge University Press, 1987, 43A2.

[2] 石敏敏、章雪富：《斯多亚主义（Ⅱ）》，中国社会科学出版社2009年版，第141页。

[3] A. A. Long and D. N. Sedley, *The Hellenistic Philosophers*, Volume 1: *Translations of the Principal Sources with Philosophical Commentary*, Cambridge University Press, 1987, 57A1. 关于斯多亚学派的属己（οἴκειος）概念和斯宾诺莎的 conatus 概念的关系，详见 Jon Miller, *Spinoza and Stoics*, Cambridge University Press, 2015, pp. 100-137.

的基础。其次，中世纪哲学家们提出了"冲力"（impetus）概念，"它被认为是一种属性，使得抛射体等物体在离开'抛射者'之后仍然能够运动……它是伽利略惯性概念的早期原型，由它发展出了现代的牛顿观点"①。最后，近代早期物理学家用"努力"概念来理解物体的"惯性"（inertia），并且牛顿物理学的第一定律就是惯性定律："每个物体都保持其静止或匀速直线运动状态，除非有外力作用于它迫使其改变那个状态。"② 除此之外，霍布斯将"努力"（endeavour）概念运用在人的行为上。"努力"意味着一种欲望或欲求，其中最基本的欲望就是自我保存的欲望。由此，"努力"最终导向了人的自我保存的欲望。③

斯宾诺莎在继承前人思想的基础上提出了自己的"努力"学说。具体来说，他将"努力"概念从物理学领域或心理学领域推进形而上学领域，使得"努力"应用于万物之上："每一个自主的事物莫不努力保持其存在。"④ 包括人在内的万物都"努力"保持自身的存在，而且这种"努力"不是万物的潜能，而是现实，即"努力"构成了万物的现实本质（actualem essentiam），"一物竭力保持其存在的努力不是别的，即是那物的现实本质"⑤。这意味着，万物无时无刻不在"努力"保持自己的存在，只要万物存在着，万物就处在"努力"自我保存的行动之中。和"努力"概念紧密相关的一个概念是"力量"（potentia）。斯宾诺莎认为万物"努力"行动的对象是自我保存的力量，力量的增加成为万物"努力"追求的目标，力量的减少则成为万物"努力"避免的东西，所以万物的一切运动都是欲求增加自己的力量，避免减少自己的力量。就心灵而言，"心灵总是尽可能努力去想象足以增加或助长身体的活动力量的东西……当心灵想象到足以减少或阻碍身体活动的力量的某种东西时，那么它将尽可能努力回忆那足以排除这种东西的存在的东西"⑥。

然而，一个"努力"自我保存的事物的力量是有限的，因为万物都是有限的样式，每个事物的本质都不必然包含存在，万物的"努力"意味着其自身的力量是不充足的，所以万物需要不断地寻求更多的力量。而万物的力量的有限性意味着每个事物都处在一个力量强弱的动态等级序列之中，从而随时毁灭他物或者被他物毁灭，所以"自然中没有任何个别事物就其本性而言不会被别的更强而有力的事物所超

---

① ［美］I.伯纳德·科恩：《新物理学的诞生》，张卜天译，商务印书馆2016年版，第105页。
② ［美］I.伯纳德·科恩：《新物理学的诞生》，张卜天译，商务印书馆2016年版，第152页。
③ Hobbes, *Leviathan: With Selected Variants from the Latin Edition of* 1668, edited, with introduction and notes by Edwin Curley, Hackett Publishing Company, 1994, pp. 28, 79-78.
④ Benedict de Spinoza, *A Spinoza Reader: The Ethics and Other Works*, Ⅲ, P6.
⑤ Benedict de Spinoza, *A Spinoza Reader: The Ethics and Other Works*, Ⅲ, P7.
⑥ Benedict de Spinoza, *A Spinoza Reader: The Ethics and Other Works*, Ⅲ, P12-P13.

过。对任何一物来说，总必有另一个更强有力之物可以将它毁灭"①。虽然万物"努力"寻求自我保存的更多力量，但是万物并不必然能够永远实现自我保存，因为，在同一个因果序列中，一个更强有力的他物能够摧毁"努力"自我保存的个别事物。由此可知，在万物的"努力"行动中，力量是万物共同追求的对象，力量成为万物行动的原因，并且力量成为解释万物欲求和厌恶一个东西的原因。如果一物停止了追求力量，那么它将面临毁灭的危险，为了避免毁灭的危险，万物之间必然存在着生死存亡的斗争。

既然万物欲求和厌恶的原因仅仅取决于对自我保存的力量的促进和阻碍，而力量本身在形而上学方面并不具有客观的价值，那么万物欲求和厌恶的行动并不是由于该行动的对象是善的和恶的，毋宁说，正是由于万物欲求和厌恶一个对象，所以我们才称这个对象是善的和恶的。当然，万物的行动本身是无关乎善恶的，只有涉及人的行动时，我们才更多地讨论行动的善恶问题。正如霍布斯认为善恶是人的欲求和厌恶的对象，因此善恶并不具有客观价值，善恶仅仅取决于个人主观的价值判断②。斯宾诺莎同样认为不存在客观的善恶的东西，善恶的东西仅仅取决于人对它的欲求和厌恶，"对于任何事物并不是我们追求它、愿望它、寻求它或欲求它，因为我们以为它是好的，而是，正与此相反，我们判定某种东西是好的，因为我们寻求它、愿望它、寻求它、欲求它"③。然而人并不是自然中的例外，我们不能"把在自然中的人认作王国中之王国"④，所以自然本身并不存在客观的善恶。斯宾诺莎甚至认为："在自然中，没有任何东西可以说是起于自然的缺陷，因为自然是永远和到处同一的；自然之行动的功效和力量，亦即万物按照它们而取得存在，并从一些形态变化到另一些形态的自然的规律和法则，也是永远和到处同一的。"⑤

综上所述，斯宾诺莎在斯多亚学派的 οικειος 概念、中世纪的 impetus 概念、牛顿的 inertia 概念和霍布斯的 endeavour 概念的基础上提出了形而上学化了的 conatus 概念，他认为万物的一切行动都是由自我保存的 conatus 引起的，并且万物的 conatus 对于自然而言是同一的，因此 conatus 成为理解万物行动的关键。既然 conatus 概念构成了理解实体和样式关系的关键，本文接下来将从 conatus 概念的角度来解释万

---

① Benedict de Spinoza, *A Spinoza Reader*: *The Ethics and Other Works*, Ⅳ, A1. 纳德勒对此评论道"根据斯宾诺莎，存在是一场永恒的斗争……自然中存在无数的努力，每一个都努力维持自己的存在。当它们意图存在和统治彼此时，它们将走向冲突"（Steven Nadler, *Spinoza's Ethics*: *An Introduction*, Cambridge University Press, 2006, p. 221）。

② Hobbes, *Leviathan*: *With Selected Variants from the Latin Edition of* 1668, edited, with introduction and notes by Edwin Curley, Hackett Publishing Company, 1994, pp. 28-29.

③ Benedict de Spinoza, *A Spinoza Reader*: *The Ethics and Other Works*, Ⅲ, P9S.

④ Benedict de Spinoza, *A Spinoza Reader*: *The Ethics and Other Works*, Ⅲ, Preface.

⑤ Benedict de Spinoza, *A Spinoza Reader*: *The Ethics and Other Works*, Ⅲ, Preface.

物对神的分殊的具体过程。

三　努力和力量：万物对神的分殊的动力学解释

如前所述，"实体—样式"模式并不能有效地解释万物对神的分殊的具体过程，虽然作为有限样式的万物的一切行动以作为唯一实体的神为原因，但是这种实体学说下的因果解释模式没有澄清从无限的神到有限的万物的具体分殊过程，对这个过程的澄清构成了对斯宾诺莎实体学说的挑战。斯宾诺莎的"努力"概念恰恰能够在某种意义上应对实体学说面对的挑战，"努力"概念的引入为"实体—样式"模式下的静态宇宙论提供了动力学解释，从而澄清了万物对神的无限力量的寻求，成为理解万物和神的关系的关键。所以为了应对斯宾诺莎的实体学说面对的挑战，我们有必要从"努力"的角度重新分析实体学说。

首先，实体的概念是和自因的概念结合在一起的，实体意味着一物以自身为自身存在的原因，该物的本质包含存在，所以实体必然存在。一个必然存在的东西必然拥有无限的自我保存的力量，否则它将因为缺乏力量而能够不存在，因此实体不需要在自身之外寻求自我保存的力量，实体在自身内拥有无限的力量。由于神是唯一实体，所以神的力量是无限的，"神的力量（potentia）就是神的本质本身"①。然而根据"努力"的界定，"努力"仅仅是有限的样式的现实本质，一个东西只有在缺乏力量的情况下才会"努力"寻求力量来维持自己的存在，既然神拥有无限的力量，那么神不需要"努力"。与此相反，万物是有限的样式，而样式意味着一物以他物为自身存在的原因，因此万物的本质不包含存在，这意味着万物能够不存在，"能够不存在就是无力"②，所以万物在其自身中缺少能够自我保存的无限力量，也就是说，它自身的力量是有限的，它不得不"努力"寻求力量来实现自我保存的目的，否则它将走向毁灭。

其次，一个事物获得的力量越大，则其实在性越大，从而越能够自我保存，而在力量的等级之中，最大的力量是无限的力量，当一个事物获得了无限的力量时，它将最大限度地实现自我保存的目的，所以根据"每一个自主的事物莫不努力保持其存在"这一命题，无限的力量成为事物"努力"的终极对象，并且这个对象不是潜能意义上的而是现实意义上的对象，即每一个自主的事物始终处在"努力"获得无限的力量的行动之中，每一个自主的事物都以无限的力量作为自身行动的动力因。

---

① Benedict de Spinoza, *A Spinoza Reader: The Ethics and Other Works*, Ⅰ, P34.
② Benedict de Spinoza, *A Spinoza Reader: The Ethics and Other Works*, Ⅰ, P11A.

既然只有神的力量是无限的，那么神的力量成为事物"努力"的终极对象，每一个自主的事物无时无刻不处在"努力"获得神的力量的行动之中。① 由于"神是万物的内因（causa immanens），而不是万物的外因（causa transiens）"②，所以神的力量并不是一种完全外在于万物的行动之外的东西，而是内在于万物的行动之中的东西，它被表现（exprimuntur）在万物的"努力"行动之中。正是因为万物的这种"努力"，万物和神之间的张力实现了某种"和解"，横亘在万物和神之间的巨大鸿沟得到了某种弥合。

最后，"努力"概念既表现了万物的有限性的一面，又表现了万物追求无限性的一面。就后一方面而言，万物的自我保存的"努力"正是对神的无限的力量的追求，从而神的无限力量表现在万物的"努力"行动之中，借此我们在实体学说的基础上获得了对万物和神的关系的动力学解释：万物对神的分殊表现为作为有限样式的万物对无限的力量的寻求（寻求神的无限力量），从而表现为万物对神的渴望。也就是说，万物在其自身内有动力（该动力就是寻求神的无限力量的"努力"）——表现对神的分殊，并且万物的"努力"行动本身就是对神的分殊，每一个自主的事物无时无刻不在参与对神的分殊，"一切存在的事物莫不以某种一定的方式表现神的力量，而神的力量即是万物的原因"③。所以万物对神的分殊是一个主动的过程，每一个自主的事物都始终主动"努力"寻求神的无限力量，借此维持自己的存在。当然，神的无限力量（神作为力量本身）也必然需要被表现为拥有有限力量的万物，否则神的无限力量将只是作为潜能而非作为现实存在着，因为无限的力量意味着无限的完满性和实在性，如果无限的力量只是以潜能的方式存在着，那么无限的力量将不是最完满的和最实在的，所以神的无限力量必然会以最充分的方式表现为整个自然本身，从而以最充分的方式被表现在万物的一切行动之中。

综上所述，建立在"实体—样式"的静态因果解释模式之上的万物和神之间的机械因果关系通过"努力"概念被赋予了有机动态的动力关系，万物对神的分殊不再是机械因果作用下的分殊，而是一种表现为对无限的力量的主动寻求的分殊，从无限的神到有限的万物的过渡被表现为从无限力量到有限力量的过渡，力量（potentia）成为神和万物共同拥有的本质规定性，神和万物之间的张力在"努力"的概念之下实现了某种和解。

---

① 我们同样可以从实体和样式的关系角度看待这个问题：因为万物都是同一个实体的不同的有限样式，所以万物没有实体性的区别，只有样式性的区别，万物的一切行动都遵循同一个实体下的因果性法则。这意味着万物都"努力"寻求无限的力量，而无限的力量只有一个（神的力量），所以万物都"努力"寻求神的力量，并且正如"自然是永远和到处同一的"，神的力量对于万物的行动来说同样是永远和到处同一的。

② Benedict de Spinoza, *A Spinoza Reader: The Ethics and Other Works*, Ⅰ, P18.

③ Benedict de Spinoza, *A Spinoza Reader: The Ethics and Other Works*, Ⅰ, P36D.

结　论

　　斯宾诺莎在《伦理学》前两个部分构建的实体学说建立在"实体—样式"的因果解释模式之上，该实体学说向我们呈现的是一幅近代科学世界观的形而上学化了的宇宙论图景，万物的一切行动都遵循必然的因果法则，然而这种因果解释模式并不能提供万物行动的内在动力，这种宇宙论图景仅仅是一幅遵循必然的因果法则的静态体系图。斯宾诺莎在《伦理学》第三部分提出的"努力"概念恰恰能够应对实体学说面对的挑战，"努力"概念构成了万物的现实本质，万物的一切行动都是为了"努力"维持自己的存在，所以万物都寻求作为力量本身（无限的力量）的神为自己行动的原因，而且只有以神为原因，万物才能够实现自我保存。"努力"概念在神和万物之间建立起了一种动态的动力学的关系。因此斯宾诺莎的"努力"概念为建立在实体和样式关系之上的静态宇宙论提供了动力学的解释，"由此可见，斯宾诺莎的哲学并不像黑格尔所批评的那样是一个抽象和静止的形而上学体系，而是一种力量的形而上学，或者说，是一种存在的动力学"[1]。

---

[1] 吴增定：《斯宾诺莎的理性启蒙》，上海人民出版社2012年版，第57页。

·科学技术哲学·

量子纠缠的非定域性和狭义相对论的定域性之间的关系问题

李继堂

摘　要　随着量子信息和量子计算的深入研究，学界对量子纠缠和狭义相对论之间的关系问题有许多讨论，特别是量子纠缠的非定域性和狭义相对论的定域性的矛盾一直没有化解办法。我们在爱因斯坦建构性理论和原理性理论区分的启发下，认为困难在于流行的量子力学理论主要是建构性理论，而狭义相对论主要是原理性理论，要是能够建立起"作为信息理论的量子力学"的原理性理论，同样是直接以经验为基础的原理性理论，其是否兼容的问题就相对容易讨论。试图在方法论上澄清量子纠缠的非定域性和狭义相对论的定域性之间的关系问题。

关键词　量子纠缠；非定域性；狭义相对论

量子力学的非定域性（no-locality）问题是近十年来量子力学讨论的焦点。随着2022年诺贝尔物理学奖授予法国物理学家阿兰·阿斯佩（A. Aspect）、美国理论和实验物理学家约翰·弗朗西斯·克劳泽（J. F. Clauser）和奥地利物理学家安东·塞林格（A. Zeilinger），以奖励他们通过光子纠缠实验确定贝尔不等式（Bell's inequality）在量子世界中不成立，从而开创了量子信息新的学科，包括量子隐形传态和量子计算，使得量子纠缠的非定域性备受关注，特别是，1964年贝尔（J. S. Bell）推导贝尔不等式时[1]，是从1935年爱因斯坦与波多尔斯基（B. Podolsky）和罗森（N. Rosen）提出的EPR论证（Einstein-Podolsky-Rosen argument）出发的[2]，后者

---

* 本文系教育部一般项目"从伽利略对称性原理到杨-米尔斯理论的发展逻辑研究"（编号：20YJA720005）和国家社会科学基金一般项目"认知科学中主动推理的哲学研究"（编号：23BZX112）的阶段性成果。

** 李继堂，苏州大学哲学系教授，博士生导师，主要研究方向为物理学哲学和认知哲学。

[1] J. S. Bell, "On the Einstein Podolsky Rosen Paradox", *Physics Physique Физика*, Vol. 1, No. 3, 1964, pp. 195-200.

[2] A. Einstein, B. Podolsky and N. Rosen, "Can Quantum-Mechanical Description of Physical Reality Be Considered Complete?", *Physical Review*, Vol. 47, No. 10, 1935, pp. 777-780.

除了强调物理实在（引入定域隐变量）外还强调狭义相对论的定域性（locality）。于是，人们更加关注量子纠缠中的非定域性与相对论的定域性关系问题。

一 量子纠缠中的非定域性及其与狭义相对论定域性的关系问题

量子力学的非定域性问题与量子纠缠密切相关。在两个以上粒子的系统中，如果对于希尔伯特空间上的矢量 v 能写成直积形式，则它被称为"可因子化的"，否则，v 被称为"不可因子化的"或者"纠缠的"。正是处于不可因子化态的复合系统，将显现出两个（或更多个）组分被测可观测量值之间的关联，比如，两个纠缠的粒子被分离得无限远，对其中一个粒子的性质（如自旋或者偏振）进行测量立即会决定另一个的相应性质。而这些关联可能是"非定域的"，所谓"非定域"指的是，对一个粒子的作用会直接影响另一个粒子，无论把它们分离多远（只要它们一直处于纠缠之中）。这样的关联似乎违反了没有什么东西能够超越光速发生联系的这个观念。

这样的非定域性还反映在对贝尔定理的否定之中，该定理可以简化地表示为：

$$S = E(A, B) + E(A, C) - E(B, C) \leq 2$$

其中，S 表示不等式的总结果，E（A，B）表示在观测 A 时同时观测 B，同样 E（A，C）和 E（B，C）也表示观测一个粒子性质时观测另一个粒子的概率。如前所述，这个不等式是贝尔以定域隐藏变量理论作为前提推导出来的，实验发现量子世界贝尔不等式的总结果大于 2，违反贝尔不等式也就支持了量子力学的非定域性。量子纠缠成为非定域性的一个基本资源，包括中国量子卫星的实验也是在证明这样的非定域性，或者说定域性的失效。相反，按照狭义相对论的定域性，一个物体只能通过周围环境直接对其影响，而且任何因果作用都不能超过光速。可见，纠缠粒子之间瞬时关联的量子力学非定域性与任何信息和因果作用不能超过光速的狭义相对论定域性之间存在矛盾。

迈克·迪克森（Michael Dickson）在《爱思唯尔科学哲学手册：物理学哲学》的"非相对论量子力学"一章中论述过四种理解定域性失效的说法[①]：定域性的失效能否用来将一个测量站的信号传输到另一个测量站呢？定域性的失效是否表明测量站之间存在某种因果联系？定域性的失效是否表明两个系统在某种意义上并没有

[①] 参见［美］约翰·厄尔曼、［英］杰里米·巴特菲尔德《爱思唯尔科学哲学手册：物理学哲学》，程瑞、赵丹、王凯宁等译，北京师范大学出版社 2015 年版，第 437—444 页。

真正地区分开？最后，或许从理论物理学的观点来看最为重要的是，定域性的失效对于一个完全洛伦兹不变的（相对论）量子力学可能性意味着什么？前三种说法基本上被回应了，最大的问题还是与相对论明显不相容，而洛伦兹不变性在量子场论中意义重大。

事实上，著名物理学哲学家莫德林（Tim Maudlin）在其《非定域性与相对论：现代物理学的形而上学暗示》一书中，也把这个问题导向为："为什么相对论性的量子场论的存在正好是构建量子理论和相对论兼容的直接证明呢？"[①] 并且进一步指出，跟薛定谔方程类似的场方程肯定是相对论不变的，而量子态在洛伦兹变换下也能正确地变换，问题在于，只要波函数是完备的就必须发生坍缩，而这样的坍缩是否一定满足相对论不变性？甚至有人认为量子场论中的相对论不变性可以通过等时对易关系（ETCRs）所保证的，代表场量的算符彼此对易就意味着量子场论不包含超光速作用。但是，两个时空区域的算符的对易，并不能保证这些区域之间不存在（或者不需要）超光速的因果关系。所以，单凭引用ETCRs并不能说明量子场论中是否需要超光速的因果关系。[②] 也就是说，量子场论表面上跟相对论兼容，不外乎是其非定域性转嫁到波函数的坍缩，而人们往往忽略了后者。而波函数的坍缩又跟相对论情况下量子力学的各种解释密切相关，回到了问题的起点。并且莫德林发现无论是寻求坍缩理论的洛伦兹不变性还是诉诸无波包坍缩理论的洛伦兹不变性，都会付出比各种量子力学解释理论本身更高的代价。[③] 看来问题没有那么简单，国内也有学者提出逆向因果理论来解释量子纠缠中的非定域性问题。[④]

可见，对于量子纠缠跟狭义相对论的关系问题，不能简单认为量子纠缠可以超光速跟狭义相对论中的超光速禁令直接矛盾，因为量子信息中存在所谓"无信号传递定理"，认为量子纠缠不允许从一个测量站到另一个测量站的信号传输，而是某种信息传递。另外，也不应该直接否定量子理论中就没有违背超光速禁令的说法，比如一般量子理论中的投影假设，即波包坍缩就是瞬时完成的。关键在于，狭义相对论的狭义相对性原理和光速不变原理跟洛伦兹变换之间的关系存在争议，主要是它们之间哪一个更为根本的问题。即便是把狭义相对论的要求视为洛伦兹不变性，相对论量子力学中的方程也是洛伦兹不变的，但是同时也包括了波包坍缩中的对洛

[①] T. Maudlin, *Quantum Non-locality and Relativity: Metaphysical Intimations of Modern Physics*, 3rd ed., Wiley-Blackwell, 2011, p. 178.

[②] T. Maudlin, *Quantum Non-locality and Relativity: Metaphysical Intimations of Modern Physics*, 3rd ed., Wiley-Blackwell, 2011, p. 178.

[③] T. Maudlin, *Quantum Non-locality and Relativity: Metaphysical Intimations of Modern Physics*, 3rd ed., Wiley-Blackwell, 2011, pp. 179-202.

[④] 栗钰杰、高山：《量子非定域性的逆向因果解释》，《自然辩证法通讯》2024年第8期。

伦兹不变性的违背的可能，甚至没有波包坍缩的理论（如玻姆力学）的洛伦兹不变性也会付出得不偿失的高昂代价。总之，有必要把量子力学的基本假设和狭义相对论的基本原理进行比较研究。为此，有必要理解爱因斯坦关于原理性理论和建构性理论的区分。

二　爱因斯坦关于原理性理论和建构性理论的区分

爱因斯坦在1919年11月28日的伦敦《时代》杂志上关于狭义与广义相对论的文章提出建构性理论和原理性理论的区分。

"我们可以区分物理学中的各种理论。大多数理论是构建性的。它们试图从一个相对简单的形式方案开始，用其中的材料构建出对更复杂现象的描述。比如，气体的动力学理论试图将机械、热和扩散过程归结为分子的运动——也就是说，从分子运动的假设中构建出这些过程。当我们说我们已经成功地理解了一组自然过程时，我们的意思是已经找到了一种涵盖所讨论过程的构建性理论。与这类最重要的理论一起，还存在第二种理论，我们称之为'原理性理论'。这些理论采用分析方法，而非综合方法。构成其基础和起点的元素不是假设构建的，而是经验发现的，即自然过程的一般特征，这些原理产生了数学上制定的标准，独立的过程或它们的理论表征必须满足这些标准。这样一来，分析性的热力学所试图做的就是，从永动机不存在这样的普遍性事实出发去演绎出独立事件需要满足的定理。"[①]

在爱因斯坦看来，原理性理论是建立在可观察现象的经验概括基础上，从建立好的经验定律（原理）出发，通过逻辑推演得到一系列结论。其最大特征是以观察到的事实和实验结果为根据，经验基础扎实。试图用几个一般性原理覆盖宽泛的现象，着重于可观察量之间的关系而未能对其背后的过程提供详细的机制。最典型的例子就是爱因斯坦的狭义相对论，从相对性原理和光速不变原理推导出来。或者像热力学那样从能量守恒原理和熵增原理出发，而不关注具体的物质微观细节。

相比之下，建构性理论是建立在假想的基本元素和相互作用的基础上，来解释现象，其目的是为背后的机制提供详细模型。其最大特征是从不可观察的实体或者机制的相关假设出发。试图在基础层面对现象如何发生提供详细的机制，用简单的基本元素建立起复杂的现象，着重于在建构模型的基础上预测新现象。典型例子是气体分子运动论，在分子运动和相互作用基础上说明热力学现象。可见，在爱因斯

[①] A. Einstein, "What is the Theory of Relativity?", *The London Times*, November 28, 1919, p. 13. Also in: *A. Einstein, Ideas and Opinions*, Translated by S. Barmann, New York: Bonanza Books, 1954, pp. 227–232.

坦看来，原理性理论的基石是观察总结出来的经验原理，而建构性理论的基石是假设的基本元素。

根据爱因斯坦关于原理性理论与建构性理论的区分，狭义相对论是典型的原理性理论。甚至在1949年爱因斯坦还明确写道："狭义相对论的一般性原理包含于以下假设中：在洛伦兹变换（从一个惯性系变换到其他任意惯性系）下，物理定律保持不变。这个原理是对所有自然规律的限制，就如同在热力学中永动机不存在的原理性限制一样。"[①] 如前所述，把狭义相对性原理和光速不变原理换成洛伦兹不变性原理后，狭义相对论仍属于原理性原理。相反，自从1932年冯·诺伊曼建立起标准的量子力学形式化体系后，量子力学基本上是一个建构性理论。关于量子力学的解释也是由于对此形式化体系的理解引发的，包括后来发展的建构性的形式化体系。为了考察量子力学的非定域性与狭义相对论定域性的关系，对两者进行比较，我们把注意力转向把量子力学转化成量子信息背景下的原理性理论。

三 发展"作为信息理论的量子力学"原理性理论的可能方案

随着量子信息和量子计算的发展，物理学家已经提出各种基于量子信息理论的量子力学形式化体系。这些新方案都是通过信息理论的原理对量子力学进行重新改写，以洞察其基本方面。

1. 量子贝叶斯主义（QBism）

QBism把量子态解释为观察者个人对测量结果的主观置信度（贝叶斯概率）的表征，而非物理系统的客观性质，这里的概率是观察者信念的度量，而不是客观频率。把量子力学作为作出明智决策的工具，波函数也只是观察者管理其期望对未来经验作出决策的工具。虽然强调了信息的作用，也反对量子力学的非定域性，因为纠缠系统的测量只能是观察者当下的置信度的表征。[②]

量子贝叶斯主义断言所有的物理过程都是定域的，量子纠缠里面的非定域关联并不意味着任何非定域的物理影响或者超光速相互作用，而只是反映观察者对测量结果的期望。包括量子测量和波函数的坍缩都只是观察者利用量子理论对其信念的更新，而不是发生在时空中的物理过程。

---

① A. Einstein, "Autobiographical Notes", In: P. Allen Schilpp, ed., *Albert Einstein: Philosopher Scientist*, pp. 3–94, Ope Court, La Salle, IL, 1949, p. 57.

② C. A. Fuchs, N. D. Mermin and R. Schack, "An Introduction to QBism with an Application to the Locality of Quantum Mechanics", *American Journal of Physics*, Vol. 82, No. 8, 2014, pp. 749–754.

2. 量子信息的理论性重建

这样的重建是想通过信息理论原理基础上的一套公理,推导出量子力学的形式化体系。把量子力学建立在与信息加工相关的公理基础上,有利于对其数学结构的洞察。比如:

(1) 哈代的五公理体系[①]

公理Ⅰ:概率。当 n 趋于无穷大的极限时,相对频率(通过观察特定结果出现的次数比例来测量),对于在经过某种给定制备的 n 个系统的系综上执行的给定测量的任何情况,都会趋于相同的值。

公理Ⅱ:简单性。K 由 N 的函数决定,其中 $N=1,2,\cdots$,并且对于每个给定的 N,K 取与公理一致的最小值。

公理Ⅲ:子空间。状态被限制在一个 M 维子空间中的系统,其表现跟一个维数为 M 的系统一样。

公理Ⅳ:复合系统。由子系统 A 和 B 组成的复合系统,满足 $N=N_A N_B$ 和 $K=K_A K_B$。

公理Ⅴ:连续性。在系统的任何两个纯态之间,存在一个连续的可逆变换。

公理Ⅰ至公理Ⅳ又对应着四条基本原理:

原理Ⅰ:对于公理Ⅰ,假设概率可以作为相对频率引入,并且它是一个遵守概率论法则的明确定义的概念。

原理Ⅱ:对于公理Ⅱ,假设描述一个状态所需的参数数量以最小方式与一次测量中可区分的状态数量(系统的信息携带能力)相关。

原理Ⅲ:对于公理Ⅲ,具有相同信息携带能力的系统具有相同的属性。

原理Ⅳ:对于公理Ⅳ,假设信息携带能力的可乘性。

重建量子力学形式化体系分为三个阶段:通过重新表述公理提出相应的基本原理;人们用数学方法来表述这些原理(以哈代的方式);使用哈代定理来推导出量子力学的整个形式化体系。

(2) CBH 理论

克里夫顿(R. Clifton)、巴布(J. Bub)、霍尔沃尔森(H. Halvorson)提出 CBH 理论[②],以一套量子信息约束条件来推导量子理论的基本元素。其中包括三个基本原理[③]。

---

① L. Hardy, *Quantum Theory from Five Reasonable Axioms*, 2001, pp. 1–34. arXiv/0101012.

② R. Clifton, J. Bub and H. Halvorson, "Characterizing Quantum Theory in Terms of Information-theoretic Constraints", *Found. Phys.*, Vol. 33, No. 11, 2003, pp. 1561–1591.

③ 参见 [美] 约翰·厄尔曼、[英] 杰里米·巴特菲尔德:《爱思唯尔科学哲学手册:物理学哲学》,程瑞、赵丹、王凯宁等译,北京师范大学出版社 2015 年版,第 736 页。

CBH 原理 I，不存在通过测量实现的超光速信息传输：在对两个物理系统中一个实施测量之前，它们之间不存在超光速信息传输。

CBH 原理 II，不能完美地传输：信息不可能以未知物理状态的方式得以完全传播（对于纯态，这意味着"非克隆性"）。

CBH 原理 III，不存在绝对安全的比特承诺：不存在无条件安全的信息通信（因此在理论上欺骗不属于该理论的讨论范围）。

这里的量子理论指的是，一个可观测量和状态满足运动学独立性、不可对易性和非定域性的 C^* 代数理论。也就是说 CBH 理论通过三条信息论约束条件整体上限定了三个物理条件：属于不同物理系统的可观测量的代数形式相互对易（所谓"微观因果性"）；任何单个系统中可观测量的代数形式都是非对易的；物理世界是非定域的，两个类空间孤立系统之间可以存在纠缠态，即使它们保持相互分离。① 虽然 C^* 代数在本质上是希尔伯特空间中算子代数结构的一种抽象概括，但是 CBH 理论还是将其限制在量子信息假设之下，不过其代数结构有些复杂。②

3. 范畴论量子力学

范畴论量子力学利用范畴论对量子过程进行模型化，用范畴论的态射表征纠缠态、制备和测量，着重于量子力学的组成和结构方面。不仅直观性强而且试图使用高阶数学语言统一量子过程和经典逻辑。它强调作为态射的量子过程、张量积、复合，以及图示推理和因果性。③

4. 操作性概率理论

一种使用制备、变换、测量等操作性概念来概括量子理论和经典理论的理论框架，试图确定将量子力学与其他可能的理论唯一区分开来的操作原理。不仅有利于澄清物理学中的因果性、定域性、信息等概念，而且通过将量子力学与其他假设理论进行对比，帮助理解量子力学的特殊之处。最有代表性的是巴雷特（J. Barrett）的操作性概率理论。④

除此之外，大家熟悉的量子逻辑和量子计算也是以量子信息为基础重建量子力学形式化体系的发展方案。

---

① 参见［美］约翰·厄尔曼、［英］杰里米·巴特菲尔德：《爱思唯尔科学哲学手册：物理学哲学》，程瑞、赵丹、王凯宁等译，北京师范大学出版社 2015 年版，第 736 页。

② A. Grinbaum, "Reconstruction of Quantum Theory", *The British Journal for the Philosophy of Science*, Vol. 58, No. 3, September 2007, pp. 396-398.

③ B. Coecke, and A. Kissinger, *Picturing Quantum Processes: A First Course in Quantum Theory and Diagrammatic Reasoning*, Cambridge University Press, 2017.

④ J. Barrett, "Information Processing in Generalized Probabilistic Theories", *Physical Review A*, Vol. 75, No. 3, 2007, pp. 1-21.

当然，不得不承认的是，上面重建量子力学的方案并不是专门为了比较量子力学的非定域性和相对论定域性发展起来的。其重建量子力学的初衷，主要是关于量子力学的各种解释的失败，尤其是以量子测量问题为中心的各种解释如今仍然莫衷一是。另外，这里说的重建也不同于科学哲学家卡尔纳普逻辑分析，而是给出一组基本原理，然后对其数学表征进行公式化，最后推出整个量子力学形式化体系。①

不过，就像量子测量问题会涉及波包坍缩问题一样，这些量子理论重建方案也面临基本原理的选择问题。虽然这些基本原理没有本体论的预设，但是其基础性地位也可能正好有利于某些物理问题（包括哲学问题）的澄清。

四 回到量子纠缠与狭义相对论之间的关系问题

我们的目的是化解量子纠缠的非定域性和狭义相对论的定域性的矛盾。

在爱因斯坦建构性理论和原理性理论区分的启发下，发现困难在于流行的量子力学理论主要是建构性理论，而狭义相对论主要是原理性理论，假如能够建立起"作为信息理论的量子力学"的原理性理论，如此，两个理论都是直接以经验为基础的原理性理论，量子纠缠与狭义相对论是否兼容的问题就相对容易讨论。

1. 量子贝叶斯主义与狭义相对论

由于量子贝叶斯主义把量子态作为观察者对潜在测量结果个人置信度的表征，而且包括测量和信念更新的所有物理过程对于观察者都是定域的，因此量子贝叶斯主义否认非定域物理作用的存在，纠缠粒子之间的关联并不是时空中瞬时传播物理作用的结果，而只是缘于观察者应用量子理论到其经验的结果。

在量子贝叶斯主义这里，每一次测量是一个定域事件，而且观察者的量子态中的任何改变都是定域地发生。因为量子态不是客观性质，所以就没有物理实体通过空间引起瞬时作用。也就是说，量子力学跟狭义相对论一样是定域性的。贝尔定理跟其他量子力学理论中的定理一样，只是帮助观测者在测量时更新他的信念，或者说贝尔不等式的违反，只是让观察者知道自然界并不遵守定域隐藏变量的理论，但是不是说就必然有非定域的物理作用。包括波包坍缩也只是更新观察者知识而不是一个物理过程，因此也不违反狭义相对论的定域性。

---

① A. Grinbaum, "Reconstruction of Quantum Theory", *The British Journal for the Philosophy of Science*, Vol. 58, No. 3, September 2007, pp. 396-398.

2. 以量子信息为基础的量子理论与狭义相对论

（1）哈代的五公理量子力学与狭义相对论

哈代的五公理体系形成了量子理论的操作性基础，而不需要额外假定数学结构，而且可以形成一些基本原理，有利于与狭义相对论的定域性进行比较。比如，公理Ⅳ和原理Ⅳ对复合系统中的维度、自由度以及所携带信息的可乘性，有利于理解量子纠缠和量子关联，它们在哈代体系中是自然而然推导出来的，并且可以通过测量得到展现。特别是，哈代体系避免了与相对论冲突的背后机制，也无须超光速信号。总之，从遵守相对论因果性的公理推出的哈代体系，使得量子力学中的非定域性并不违反狭义相对论的定域性，因为两者都不蕴含超光速信息传递。

（2）CBH 理论量子力学与狭义相对论

由于 CBH 原理都是从信息和因果性的观察得到的基本原理，使得 CBH 理论跟狭义相对论一样是原理性理论。CBH 理论中无超光速信息传递原理直接跟狭义相对论的因果性条件是一致的，虽然有非定域的量子关联，但是不允许有比光快的交流。同样作为操作性的量子力学，CBH 理论也没有假定跟相对论冲突的背后机制。总之，从遵守相对论因果性的信息论推出的 CBH 理论，使得量子力学中的非定域性并不违反狭义相对论的定域性，因为它强调无信号定理。

3. 范畴论量子力学与狭义相对论

范畴论量子力学通过范畴论来重建量子力学，试图抓住量子隐形传态的实质，包括理解量子纠缠和非定域性，同样保证非定域关联不允许超光速联系。比如，量子隐形传态这样一种利用纠缠和经典交流传递量子态的过程，其纠缠态的制备是作为定域过程来模型化的，其定域测量结果也是通过经典信道进行发送，在接收终端也是用定域操作重建量子态的，所以，整个交流和操作都是定域的，加上经典交流保证遵守相对论。违反贝尔不等式的非定域关联，在范畴论框架内进行模型化也不蕴含超光速交流，该理论在预言正确的关联时也保证了因果性。总之，源于量子过程复合结构的非定域关联不是非定域因果作用，范畴论框架保证操作遵守时空的因果结构。

4. 操作性概率理论量子力学与狭义相对论

巴雷特证明了量子力学只是满足无信号条件的广泛操作性概率理论的一个具体例子。在操作性概率理论框架下可以完成各种信息加工任务，诸如：比特承诺、量子隐形传态、安全交流，等等。虽然操作性概率理论允许非定域关联（甚至比量子力学还强的超量子关联），但是不能有超光速信号。总之，通过把量子力学置于操作性概率理论框架下并且加上无信号条件，巴雷特证明了量子力学和狭义相对论要求的定域性是兼容的。

结　论

　　随着量子信息和量子计算的发展，量子纠缠的非定域性和狭义相对论的定域性的矛盾越来越明显。同样，也随着"作为信息理论的量子力学"的原理性理论的发展，我们就更容易把量子力学跟同样是原理性理论的狭义相对论进行比较，而且发现量子纠缠的非定域性和狭义相对论的定域性之间是兼容的。当然，按照爱因斯坦的意思，建构性理论可能比原理性理论更好，就像统计物理比热力学更彻底一样，所以量子力学跟相对论的关系问题还有发展空间。

价值设计的发生、确立与发展[*]

贾浩然[**]

摘　要　近几年，作为新兴技术伦理治理的重要方法，价值设计成为一个被广泛关注的研究主题。该主题的核心问题是如何系统地、自觉地将伦理价值嵌入技术中，从而实现负责任创新。尽管有学者将价值设计追溯到技术评估、价值敏感性设计以及参与式设计等理论，但是它如何产生尚未明确。价值设计的出场逻辑应当放入技术哲学和技术实践进行考察。以理论和实践的发展为线索，价值设计经历了三个阶段：发生期、确立期和发展期。在技术哲学的价值论转向中，价值设计在学科层面被确立为最主要的研究方向之一。总的来说，价值设计的发展并非一蹴而就，存在一个从自发到自觉的过程。在研究范式上，价值设计从认识论研究转向方法论研究。在理论与实践的关系上，二者则从分离到融合。未来，价值设计更需要与技术哲学的发展趋势保持紧密联系。

关键词　价值设计；出场逻辑；技术哲学；价值论转向

近几年，价值设计（design for values）作为一个重要的研究主题被广泛关注。国外成立了多个研究中心，如美国华盛顿大学的价值敏感性设计实验室、荷兰代尔夫特理工大学的价值设计研究所等。在一定程度上而言这是出于现实需要。随着人工智能、大数据、机器人、合成生物学等新兴技术引发的风险，如何进行伦理治理亟待解决。价值设计旨在系统地、自觉地将道德价值嵌入技术中，从而实现负责任创新。由于价值设计的前瞻性、积极性、可操作性，它作为一种方法被广泛运用于解决新兴技术的伦理问题。[①] 尽管有学者将价值设计追溯到技术评估、价值敏感性设计以及参与式设计等理论，但是它出场的内在逻辑尚未明确。本文认为不应当孤立地看待价值设计的出现，而需要将其放入技术哲学和技术实践的发展中来理解。

---

[*]　本文系国家社会科学基金青年项目"价值敏感性设计的实践有效性问题研究"（编号：24CZX062）的阶段性成果。
[**]　贾浩然，南京师范大学公共管理学院讲师。
[①]　贾浩然：《论价值设计的两种视角》，《自然辩证法研究》2024年第6期。

以此为线索，价值设计经历了三个时期：发生期、确立期和发展期。

一 发生期

尽管价值设计近些年才受到广泛关注，但其发生期大致在 20 世纪 80 年代到 20 世纪末，可以追溯到技术哲学的经验转向。20 世纪 80 年代，受到社会建构论的影响，部分哲学家反思经典技术哲学存在的问题，主张技术哲学应当经验转向。按照布瑞（Philip Brey）的观点，经验转向具有三个特点。[①] 首先，不同于经典技术哲学将技术描绘成单方面消极的图景，经验转向认识到现代技术的复杂性，技术的价值可以是善也可以是恶。技术批判逐渐失去在技术哲学的主要位置。讨论的主题从技术时代的人类生存转变为如何通过技术实现美好生活。[②] 这一时期的典型特征是某种程度地接受技术，并伴有去泛化的趋势。[③] 其次，经验转向摆脱了决定论的思维。在决定论思维下，技术的未来要么是乌托邦的，要么是敌托邦的，任何试图改变技术的努力都是徒劳。最后，经验转向打开了技术黑箱，拒绝把技术作为一个单一的整体进行讨论，而是关注具体技术之间的差异。需要说明的是，经验转向并不意味着将技术哲学变成一种经验研究，而是认为技术哲学的概念和论述中的经验成分应当符合事实。这能帮助技术哲学得出更加符合现实的理论，比如关于技术的价值特征、技术发展的规律、技术与社会的关系等。[④]

社会建构论将技术视为一个价值负载的社会过程，技术既不是有着自身生命的自主力量，也不是服从于任何即时需求或利益所掌握的迅速变化所利用的中性工具。基于这一基本立场，经验转向集中批判了两个观点：技术决定论和技术中性论。在一定程度上而言，它们奠定了价值设计的认识论基础。

经验转向首先批判了技术决定论。一般而言，技术决定论包含两个立场：一是技术发展遵循内在的技术逻辑，它独立于社会，与社会力量分离；二是在技术与社会关系上，技术发展决定社会的特征，社会失去对技术的控制。平齐（Trevor J. Pinch）和比克（Wiebe E. Bijker）反对技术发展过程的决定论，他们将"技术人

[①] Philip Brey, "Philosophy of Technology after the Empirical Turn", Techné: Research in Philosophy and Technology, Vol. 14, No. 1, 2010, pp. 36–48.

[②] Tsjalling Swierstra, "From Critique to Responsibility: The Ethical Turn in The Technology Debate", Society for Philosophy and Technology Quarterly Electronic Journal, Vol. 3, No. 1, 1997, pp. 45–48.

[③] [美] 卡尔·米切姆、王楠：《藏龙卧虎的预言，潜在的希望：技术哲学的过去与未来》，《工程研究-跨学科视野中的工程》2014 年第 2 期。

[④] Philip Brey, "Philosophy of Technology Meets Social Constructivism: A Shopper's Guide", in Readings in the Philosophy of Technology, United Kingdom: Rowman & Littlefield Publishers, 2009, p. 122.

工物的发展过程描述成一种变量与选择的交替"①。他们提出的多向模型与当时创新研究和技术史中的线性模型形成了鲜明对比。社会群体拥有对技术解释的灵活性，人工物的技术属性都可以被还原为某种社会特征。技术发展过程应当被理解为不同参与者和社会团体的解释、协商和解决过程。因此，技术没有客观的、固定的本质。对技术决定论的批判为技术伦理学、工程师的价值判断以及道德责任留下空间。芬伯格（Andrew Feenberg）用社会建构论来发展法兰克福学派的批判理论。他认为技术可以受制于自觉的社会控制。尽管现代技术体现了政治等级和政治支配的价值观念，但社会建构论为技术民主化提供了理论上的可能性。技术发展一方面被工具性价值所驱动，如效率、功能等；另一方面考虑到更加广泛的价值，如人类的、生态的以及社会的价值。基于这点，芬伯格试图建构一个民主的技术变革理论，②只有在民主参与的模式下技术才可能支持更广泛的价值。否定技术决定论意味着替代性技术是可能的，使得人们对技术的态度从反对转变为接受。

经验转向同样批判技术中性论。技术中性论认为技术只是一个工具，不负载道德价值，或者说技术仅仅有工具价值。技术的"善恶"实质上是对使用者意图的评价。最能反映这种观点的是美国步枪协会的一句话："枪不杀人，而人杀人。"这种观点只关注技术的使用，将技术视为服从于使用者目的的手段或工具体系，忽视了技术的设计过程以及技术物对使用者与社会的影响。温纳认为人工物本身可以有政治价值。他以"种族主义者的天桥"的例子进行说明：建筑师摩西通过降低天桥的高度使公共交通工具无法通过前往海滩的大道，从而实现阶级歧视和种族歧视的目的。温纳指出："如果我们评估技术的道德和政治语言仅限于工具和使用有关的类别，而不包括对我们人工物设计和布置的含义，那么我们将在认识和实践中被蒙蔽太多至关重要的东西。"③拉图尔认为人工物是被伦理学家忽视的暗物质，人类委派（delegate）给人工物不仅仅是力量，还包括价值、责任、伦理等。④正是由于物质性道德的存在，人类在任何情况下都道德地行事。拉图尔引入脚本（script）的概念来描述人工物对使用者行为的规范作用。设计者可以在技术物中加入自己的道德意图。比如，旅店老板在钥匙上加上重物包含让房客"归还钥匙"的脚本。包含了价值意图的脚本规定使用者的行为，将道德结构施加于社会。尽管这些哲学家的目的

---

① Trevor J. Pinch and Wiebe E. Bijker, "The Social Construction of Facts and Artefacts: Or How the Sociology of Science and The Sociology of Technology Might Benefit Each Other", *Social Studies of Science*, Vol. 14, No. 3, 1984, pp. 399-441.

② [美]安德鲁·芬伯格：《可选择的现代性》，陆俊、严耕等译，中国社会科学出版社2003年版，第3页。

③ Langdon Winner, "Do Artifacts Have Politics?", *Daedalus*, Vol. 109, No. 1, 1980, pp. 121-136.

④ Bruno Latour, "Where Are the Missing Masses? The Sociology of A Few Mundane Artifacts", in *Shaping Technology/Building Society: Studies in Sociotechnical Change*, USA: MIT Press, 1992, pp. 225-258.

并不是讨论如何对价值进行设计,但是他们的论述有力地说明了技术负载价值以及嵌入价值的可能。

在实践领域,价值设计可以源于技术评估。技术评估于20世纪60年代在美国提出,并随后发展到其他地区。早期的技术评估旨在通过系统地收集调查和分析有关技术及其可能产生的广泛影响,为制定国家科技政策提供有用的信息。[①] 此时的技术评估并不涉及技术开发,而是考虑技术开发和使用的边界条件。同样受到社会建构论的影响,在荷兰、丹麦兴起的建构性技术评估旨在克服传统技术评估中将技术视为静态实体的缺陷。肖特(Johan Schot)和里普(Arie Rip)认为:"在传统技术评估中,技术是给定的,因而被视为静态实体。对于建构性技术评估而言,过程的动态性是核心,其影响是在技术发展过程中产生和共塑的。"[②] 建构性技术评估的总体目标是扩展新技术的设计标准,将社会价值反馈到技术发展中。从传统技术评估到建构性技术评估的转变反映出"以预警性为核心转向以建构性为核心的总体演变趋势"[③]。

设计实践也开始关注用户和社会价值在设计中的作用。与将设计视为服务雇主、满足功能的技术性任务的主流观念不同,美国设计理论家帕帕奈克(Victor Papanek)于20世纪70年代提出了"为真实世界而设计"的理念。他强烈批评商业社会完全以营利为目的的消费设计,以及服从于客户利益的狭隘职业伦理观。他指出:"如果我们意识到设计师有足够能力(通过影响人的工具和环境)基于大批量生产进行谋杀,我们也就会发现这在设计师的身上强加了巨大的道德和社会责任。"[④] 但是,帕帕奈克的设计伦理思想不被当时的人所理解,甚至他本人因此受到设计团体的排挤。随着环境危机和能源危机爆发,帕帕奈克的观点得到越来越多的人的关注和认同。马戈林(Victor Margolin)认为:"设计必须脱离消费文化对其身份的塑造,并找到一个可以重新考虑在世界上角色的位置。"[⑤] 绿色设计、参与式设计以及包容性设计的理念在设计领域相继被提出。对自然环境、社会价值的关注逐渐重新塑造设计实践。

在发生期,处于萌芽阶段的价值设计没有被明确提出,在实践上也很难被人接受。这一时期的技术哲学研究主要奠定了价值设计的认识论基础,但仍存在多方面

---

① 顾淑林:《技术评估的缘起与传播——科学技术与社会发展宏观决策》,《自然辩证法通讯》1984年第6期。
② Johan Schot and Arie Rip, "The Past and Future of Constructive Technology Assessment", *Technological Forecasting and Social Change*, Vol. 54, No. 2-3, 1997, pp. 251-268.
③ 邢怀滨、陈凡:《技术评估:从预警到建构的模式演变》,《自然辩证法通讯》2002年第1期。
④ Victor Papanek, *Design for the Real World*, Chicago: Academy Chicago Press, 1984, p. 72.
⑤ Victor Margolin, "Design for A Sustainable World", *Design Issues*, Vol. 14, No. 2. 1998, pp. 83-92.

的不足。首先，此时的经验转向和经典技术哲学一样，关注技术与社会的关系、技术的社会后果等问题，对技术和技术活动本身缺乏重视。这种方式打开技术黑箱是不彻底的。其次，运用社会建构论到技术哲学存在视野上和方法上的局限，比如它忽视对技术缺乏影响的群体，技术选择背后的政治偏见；对称性方法论原则排斥规范性分析，拒绝对技术做出政治和道德评价。[①] 最后，理论与实践仍处于分离的境况。大多数技术哲学家很少关注和参与实际的技术实践。此外，技术哲学在其他学科眼中仍然被视为憎恨技术的意识形态团体。[②]

二 确立期

从20世纪末到21世纪的第一个十年是价值设计的确立期。一方面，技术哲学的经验转向更为彻底，且伴随着技术伦理学的迅速发展和范式转变；另一方面，实践领域则明确提出了在技术发展中主动考虑伦理价值的主张，例如价值敏感性设计（value sensitive design）、设计中的价值（value in design）、游戏中的价值（value at play），等等。

在技术哲学内部，皮特（Joseph Pitt）、克洛斯（Peter Kroes）和梅耶斯（Anthonie Meijers）等人主张面向工程的经验转向。他们认为如果技术哲学只关注技术的社会后果，缺少对技术本身的关注，那么这个学科将面临可有可无的危险状态。长久以来，技术哲学同时处于主流哲学和主流工程学的边缘。这源于多方面的原因。一是在研究方法上，当时的技术哲学研究大部分受到欧陆哲学的影响，缺乏哲学主流中的分析哲学方法。二是在研究内容上，技术哲学强调外在进路，主要关注的是技术的社会后果，缺乏对技术人工物以及技术设计的研究。外在进路可能会使技术哲学家忽略了工程师工作的重要性。克洛斯主张技术哲学向成熟的科学哲学学习，学习的内容包括给予科学本身极大的关注，以及对科学知识的性质、产生和论证进行哲学分析。因此，工程转向包含三个特点：首先，从技术的使用和社会影响到技术发展，特别是工程设计。其次，从规范性方法到描述性方法。最后，从道德问题到非道德问题。[③]

在克洛斯等人的倡导下，工程设计成为技术哲学的核心问题，研究主题涉及工

---

① Langdon Winner, "Upon Opening the Black Box and Finding It Empty: Social Constructivism and the Philosophy of Technology", *Science, Technology, & Human Values*, Vol. 18, No. 3, 1993, pp. 362–378.

② Joseph C. Pitt, "On the Philosophy of Technology, Past and Future", *Society for Philosophy and Technology Quarterly Electronic Journal*, Vol. 1, No. 1/2, 1995, pp. 18–22.

③ Peter Kroes and Anthonie Meijers, eds., *Philosophy of Technology after the Empirical Turn*, Cham: Springer International Publishing, 2016, pp. 11–30.

程设计过程的结构、技术人工物的本质和功能、工程知识的本质、工程科学和自然科学之间的关系、工程科学的方法论结构等。其中，克洛斯和梅耶斯提出的技术人工物的两重性理论最具代表性。技术人工物具有功能与结构的双重本质。"诸如打字机、锤子、复印机或计算机之类的技术人工物与诸如法律或金钱之类的社会人工物不同之处在于其功能实现依赖其物理结构。它们也与物理或自然物体不同，因为它们是人类有意生产并用于实现某些目标的。"① 从工程师的角度来看，工程设计处理了功能与结构的关系问题，即如何将功能意向性转译为人工物的物理结构。价值设计同样面临如何将道德意向性转译为物理属性的问题。二者之间既有联系又存在差异。尽管技术的价值问题在工程转向中被有意边缘化，但关于功能与结构的关系分析对价值设计在内容和方法上都有启发性的。在一定程度上而言，这些研究提供了"构建新的伦理范式的一个新路向，将伦理的维度贯彻到技术人工物的设计、生产以及使用过程中"②。

这一时期我们见证了技术伦理学的爆炸式发展，有学者称其为技术哲学的伦理转向。③ 这种发展有多方面原因。一方面，21世纪初我们迎来了各种高新技术的发展与应用，如纳米技术、转基因技术、信息技术、神经技术等。为了应对技术发展所造成的政策真空，大量的伦理分支领域相应出现，包括纳米伦理、信息技术伦理、生物技术伦理等。技术发展离不开技术伦理逐渐成为人们的一个共识。"避免纳米材料发展的中止的方式是立刻去缩短科学与纳米技术伦理学的差距。"④ 另一方面，由于这些新兴技术所展现出的延展性和会聚性，"重大的技术动荡即将到来。更了解情况的伦理思维和更积极的伦理行动是需要的"⑤。我们不仅需要技术伦理学，而且需要更好的技术伦理学。

为此，学者们反思传统技术伦理学存在的问题。第一，类似于经典技术哲学，传统技术伦理学过度关注技术造成的消极后果。工程伦理讨论的案例大都以工程中的不道德行为和技术灾难为代表，如"挑战者号"事故。这使得技术伦理学成为回顾式的消极性伦理，也加剧工程师与伦理学家之间的对立。第二，传统技术伦理的研究往往从伦理理论、框架以及原则出发，而不是从技术与社会的复杂关系理论出

---

① Peter Kroes and Anthonie Meijers, "The Dual Nature of Technical Artefacts", *Studies in History and Philosophy of Science Part A*, Vol. 37, No. 1, 2005, pp. 1-4.
② 刘宝杰:《关于技术人工物的两重性理论的述评》,《自然辩证法研究》2011年第5期。
③ Peter-Paul Verbeek, "Accompanying Technology: Philosophy of Technology after the Ethical Turn", *Techné: Research in Philosophy and Technology*, Vol. 14, No. 1, 2010, pp. 49-54.
④ Anisa Mnyusiwalla, Abdallah S. Daar, Peter A. Singer, "'Mind the Gap': Science and Ethics in Nanotechnology", *Nanotechnology*, Vol. 14, No. 3, 2003, R9.
⑤ James H. Moor, "Why We Need Better Ethics for Emerging Technologies", *Ethics and Information Technology*, Vol. 7, No. 3, 2005, pp. 111-119.

发，包括技术与道德交织特征。① 自上而下的逻辑推导忽视了技术发展所在的社会语境，以及技术与伦理之间的互动。第三，传统技术伦理采取外在主义的进路。它关注技术的社会后果，而缺乏对技术设计实践的了解。技术伦理学面临与技术实践过于分离的危险。例如在面对技术设计时，伦理学家常常从某种单个价值出发，而设计者考虑的是冲突价值之间的权衡。

面对以上这些不足，学者们给出了技术伦理学的发展方向。首先，普理查德（Michael S. Pritchard）认为技术伦理学应当将注意力转移到工程实践中积极的一面。"当我们将注意力转移到更积极的方向时，很快就会发现，被视为负责任（区别于不负责任的）专业实践可能会有很大差异。"② 个人可以有比伦理准则要求更高的愿望，留给个人解释的空间会更多。这也意味着对工程师品质和技能有了新的要求。技术伦理学应该提供足够的空间来讨论负责任的工程实践所需的各种品质和技能的重要性。其次，约翰逊（Deborah G. Johnson）和韦特莫尔（Jameson M. Wetmore）认为工程伦理应当结合 STS 的研究，STS 的概念和理论能够为伦理观点作出贡献，并为积极的变革指明道路。③ STS 研究能够提供关于工程过程以及技术与社会复杂关系的新理解：工程师并非技术发展中孤立唯一的参与者；基于"社会—技术系统"这一概念能帮助理解技术设计所包含的伦理、政治意义。工程师不仅仅是建造设备，也在建立由人工物以及社会实践、社会安排和人际关系组成的社会技术系统。因此，工程伦理的核心问题应当是工程师如何能够且应该管理这种复杂性。最后，普尔（Ibo van de Poel）和维贝克认为工程伦理需要"从外在主义走向更加内在主义的进路"④。内在主义进路的技术伦理学则把目光投向技术的设计活动，考察如何在技术设计过程中嵌入道德价值，使技术更加符合用户和社会的需求。事实上，这就是价值设计的核心观念。工程设计过程应当作为伦理反思的出发点，例如，不同类型的设计以及所处的组织网络对于伦理反思的重要程度是不同的；设计过程的伦理反思需要预测技术在使用语境中的作用，如技术对使用者的调节作用。

在实践领域，弗里德曼（Batya Friedman）等人提出的价值敏感性设计代表了在技术设计过程中主动考虑人类价值的开创性努力。20 世纪 90 年代，弗里德曼和努

---

① Peter-Paul Verbeek, "Accompanying Technology: Philosophy of Technology after the Ethical Turn", *Techné: Research in Philosophy and Technology*, Vol. 14, No. 1, 2010, pp. 49-54.

② Michael S. Pritchard, "Responsible Engineering: The Importance of Character and Imagination", *Science and Engineering Ethics*, Vol. 7, No. 3, 2001, pp. 391-402.

③ Deborah G. Johnson and Jameson M. Wetmore, "STS and Ethics: Implications for Engineering Ethics", in *The Handbook of Science and Technology Studies*, Cambridge: The MIT Press, 2008, pp. 567-581.

④ Ibo van de Poel and Peter-Paul Verbeek, "Ethics and Engineering Design", *Science, Technology, & Human Values*, Vol. 31, No. 3, 2006, pp. 223-236.

斯鲍姆（Helen Nissenbaum）注意到计算机系统存在价值偏见的现象。她们对此提出了评估和减少系统设计中偏见的方法。① 通过对大量案例的分析，两人得出一个结论：计算机和信息系统可以负载价值。② 在技术设计的过程中，人类价值常常以无意的方式被刻入技术中，这样的技术反过来能促进或损害某些价值，例如正义、公平和隐私等。弗里德曼等人将问题推进了一步：我们能否更加反思性地引导这种价值嵌入，也就是说我们能否自觉地将价值嵌入技术中？这样做的原因有两个。一方面，考虑到负载价值的技术是广泛的、普遍的和系统的。另一方面，与我们同拥有价值观不同的人的沟通不同，我们无法轻松地与技术进行协商。③ 沿着这个方向，弗里德曼等人提出了价值敏感性设计，作为一个系统的理论和方法来处理技术的价值维度。

价值敏感性设计是一种基于理论的技术设计方法，它在整个设计过程中采用一种有原则的和全面的方式来考虑人类价值。④ 弗里德曼等人注重方法论的研究。他们的一个重要贡献是提出了包括概念研究、经验研究和技术研究的"三重方法论"。概念研究包含两方面：一是鉴别直接的和间接的利益相关者，以及涉及的相关价值；二是对涉及的价值概念进行哲学分析。经验研究考察技术所在的社会语境，包括利益相关者如何理解道德价值、如何处理价值冲突、如何处理道德价值和可用性的关系以及新技术对个人与社会的影响，等等。技术研究从技术的特征出发，分析现有技术的特征如何在使用语境下支持或者阻碍道德价值，以及主动地设计系统来实现概念研究中确定的价值。弗里德曼等人强调价值敏感性设计的方法论是迭代的。一方面，价值敏感性设计不是严格按照从概念研究到经验研究，再到技术研究的顺序。它可以从任何一种研究开始，三种研究之间互相提供支撑。另一方面，价值敏感性设计作为一种生动的理论和方法，应当随着时间的推移而发展。⑤

价值敏感性设计可以作为工程教育的工具来减少工程学科中设计和伦理的鸿沟。对于工程师而言，将伦理融入设计的一个障碍就是缺乏正式的方法，如何以及在何种阶段将伦理纳入设计。价值敏感性设计可以作为工程教育方法，通过对人类价值

---

① Batya Friedman and Helen Nissenbaum, "Bias in Computer Systems", *ACM Transactions on Information Systems*, Vol. 14, No. 3, 1996, pp. 330-347.
② Helen Nissenbaum, "How Computer Systems Embody Values", *Computer*, Vol. 34, No. 3, 2001, p. 120.
③ Batya Friedman, "Value-sensitive Design", *Interactions*, Vol. 3, No. 6, 1996, pp. 16-23.
④ Batya Friedman, Peter H. Kahn, Alan Borning, *Value Sensitive Design: Theory and Methods*, University of Washington Technical Report, 2002.
⑤ Alan Borning and Michael Muller, "Next Steps for Value Sensitive Design", *Proceedings of the SIGCHI Conference on Human Factors in Computing Systems*, 2012, pp. 1125-1134.

的表达来弥合技术设计考虑和伦理考虑之间的鸿沟。[1] 霍文（Jeroen van den Hoven）看到了价值敏感性设计对于技术伦理的颠覆性意义。他将价值敏感性设计定义为："一种旨在使道德价值成为技术设计，研究和开发的一部分的做伦理学的方式。"[2] 从伦理学的角度来看，价值敏感性设计体现了道德方法论的转变：强调事前设计，而不是事后分析和评估。[3] 价值敏感设计是通过在设计的早期阶段积极整合伦理反思的前置伦理。

在确立期，技术哲学的研究展现出复杂性。首先，面向工程的经验转向被提出。工程哲学一开始就以技术内部的视角，挖掘工程设计过程深处的哲学问题。它一步一步借助工程设计过程的经验描述来支撑哲学分析，直至彻底地贯彻经验转向纲领。[4] 通过这种方式，我们更好地理解现代技术的本质。这些问题并不仅仅从属于或依赖于规范性、评价性的问题，有时或许对研究那些伦理问题有重大意义。从认知顺序上，认识论问题比社会批判更有逻辑的先在性。[5] 要建立技术哲学的描述性主题，必然要涉及技术哲学的研究主题的迁移与研究方法的变革，由此，分析哲学也适时地整合成为一个重要的技术哲学研究纲领，并构成当代技术哲学经验转向的重大事件。[6]

经验转向的代价是放弃批判的立场甚至是经典立场背后的活动家精神。[7] 正如温纳的批评：STS以及经验转向的技术哲学都在规范性分析上放弃太多。从为了了解现代技术的本质及内在的机制来说，对技术的描述性分析必不可少。然而，有学者认为，技术的认识论与方法论问题固然重要，但在技术哲学的整体构架中，它们既非目的也非唯一的核心内容。[8] 以打开技术黑箱为目的的经验转向没有自觉地参与到技术实践中，以认识技术为目标的技术哲学丧失了积极塑造技术的可能性。

其次，伦理转向在一定程度上补充了经验转向所缺失的规范性。但是，这一时期的大多数技术伦理研究没有结合STS以及经验转向研究的成果。另外，对技术的伦理评估仅仅限于伦理价值，没有考虑到更加广泛的价值，如政治价值、社会价值、

---

[1] Mary L. Cummings, "Integrating Ethics in Design through the Value-sensitive Design Approach", *Science and Engineering Ethics*, Vol. 12, No. 4, 2006, pp. 701-715.
[2] Batya Friedman, "Value-sensitive Design", *Interactions*, Vol. 3, No. 6, 1996, pp. 16-23.
[3] Jeroen van den Hoven, "Moral Methodology and Information Technology", in *The Handbook of Information and Computer Ethics*, John Wiley & Sons, Ltd, 2008, pp. 49-67.
[4] 潘恩荣：《走向工程设计哲学》，《自然辩证法研究》2009年第12期。
[5] 朱春艳、陈凡：《欧美当代技术哲学的"经验转向"：内涵、依据和存在的问题》，《东北大学学报》（社会科学版）2005年第2期。
[6] 高亮华：《论当代技术哲学的经验转向——兼论分析技术哲学的兴起》，《哲学研究》2009年第2期。
[7] Peter-Paul Verbeek, "Accompanying Technology: Philosophy of Technology after the Ethical Turn", *Techné: Research in Philosophy and Technology*, Vol. 14, No. 1, 2010, pp. 49-54.
[8] 高亮华：《论当代技术哲学的经验转向——兼论分析技术哲学的兴起》，《哲学研究》2009年第2期。

经济价值、环境价值等。

最后，这一时期侧重于具体技术的应用伦理，缺乏能够负责任发展新技术的一般性理论和方法。

在实践上，价值敏感性设计明确主张在技术发展中考虑伦理价值，并提供了具有操作性的方法论。一方面，价值敏感性设计综合多个学科的研究成果，包括计算机伦理、社会信息学、计算机支持的协同工作、参与式设计。这体现出对多个学科理论的关注和利用。另一方面，价值敏感性设计的实现离不开跨学科的合作。关于价值的概念分析，技术与社会的关系等问题的讨论需要哲学家的参与。以霍温为代表的荷兰技术哲学家开始关注价值敏感性设计，并将这种方法引入荷兰学派所研究的（高）技术伦理问题，将价值敏感性设计与技术（工程）设计密切关联起来。[①]价值敏感性设计依旧存在不足。首先，价值敏感性设计悬置了许多理论问题没有解决。如价值的定义问题、价值冲突的应对等。其次，价值敏感性设计聚焦于信息技术，尚未扩展到其他技术领域。最后，价值敏感性设计存在的恶意设计、专家统治论、技术修正等伦理风险没有解决。总的来说，此时的价值设计尚未形成理论上的自觉。

三 发展期

进入 21 世纪的第二个十年，价值设计进入真正的发展期。这种情况与技术哲学的价值论转向以及负责任创新的兴起无法分开。

2010 年，维贝克在国际技术哲学学会成立 35 周年之际总结了技术哲学的发展历程。他认为，技术哲学在过去经历了经验转向，然后经历了伦理转向。但是，技术哲学可以且应当从再一次的转向中受益，使先前两次转向的目标更加紧密地结合。在 2016 年出版的《经验转向后的技术哲学》（*Philosophy of Technology after the Ethical Turn*）一书中，克洛斯和梅耶斯明确提出了技术哲学的下一步是价值论转向。

根据克洛斯和梅耶斯的观点，价值论转向可以分为两个方向：描述性价值论转向（descriptive axiological turn）和规范性价值论转向（normative axiological turn）。[②] 描述性价值论转向就是对价值负载的、规范性工程实践进行经验充分的哲学研究。工程实践不仅涉及多个利益相关者的目标和价值，而且涉及不同类型的价值和规范。描述性价值论转向摘除强加经验转向狭隘的有色眼镜，这个有色眼镜严格地关注技

[①] 刘宝杰：《价值敏感设计方法探析》，《自然辩证法通讯》2015 年第 2 期。
[②] 贾浩然、夏保华：《论技术哲学的价值论转向：背景、进路与挑战》，《自然辩证法研究》2020 年第 9 期。

术性价值。描述性价值论转向的要求与对经验转向的要求是一致的，因为它们都采取的是一种描述性方法。① 因此，从研究方法及研究目标来看，描述性价值论转向与经验转向是一致的。与其说它是对我们原来立场的修正，不如说是明确实施的下一步。例如，近几年对技术人工物的道德能动性的讨论就属于描述性价值论转向的内容。这些研究不同于过去对技术后果的道德评价，而是讨论能否将某种程度的道德能动性归因于技术，特别是技术人工物。在这里，技术人工物不能仅仅被视为消极的工具。取而代之的是，技术人工物在人与世界之间发挥着重要作用，并积极地塑造人类的状况。研究表明，承认和认识技术人工物的道德能动性是解决现代技术伦理问题的前提。

规范性价值论转向则意味着对经验转向的背离。它放弃经验转向所采用价值中立的立场。这种转向主张在工程实践的哲学分析中积极处理规范性问题，并以更好地发展与使用技术为目标。布瑞认为，无论是经典技术哲学，还是经验转向的技术哲学，它们都属于反思性的理论哲学，其目标是获得关于技术及其与社会联系的理解。他倡导建立起直接参与技术实践的建设性技术哲学。技术哲学家作为参与者，将技术哲学的概念、原则及方法直接运用到对技术的发展、管理及使用上。根据不同的目标群体，布瑞将建设性技术哲学区分为三种路径：面向工程的哲学研究、面向政策的哲学研究和面向使用的哲学研究。布里戈尔（Adam Briggle）主张通过政策转向（policy turn）来减少甚至消除技术哲学知识生产与使用之间的鸿沟，从而使哲学对现实的影响更加直接。② 他认为经验转向过多关注哲学家说了什么而忽视他们言说的对象。在他看来，经验转向不是一个革命性的事情，它只是一种知识生产模型的变化。经验转向强调跨学科研究，我们借助社会科学和工程学的知识丰富了我们对于技术的理解，我们能够更好地"品尝"技术。但是这种研究模式是单方向的，没有提供任何回馈。经验转向的研究成果仍然仅仅用于哲学家同行之间的评议，这一点与经典技术哲学没有太多差别。我们应该停止反思我们的研究是否经验充分，转而思考是否与实践相关。

规范性价值论转向不仅需要哲学家个人意愿的转变，还需要一种制度化和持续化的工作来支撑。荷兰代尔夫特理工大学成立价值设计研究所可以视为这方面的努力。该研究所以价值设计为研究主题，并希望通过与工程师的密切合作来改变工程实践，将价值设计落实到技术的设计过程中，使技术发展符合使用者和社会的道德

---

① Peter Kroes and Anthonie Meijers, "Toward an Axiological Turn in the Philosophy of Technology", in *Philosophy of Technology after the Empirical Turn*, Cham: Springer International Publishing, 2016, pp. 11–30.

② Adam Briggle, "The Policy Turn in the Philosophy of Technology", in *Philosophy of Technology after the Empirical Turn*, Cham: Springer International Publishing, 2016, pp. 167–175.

价值。尽管过去人们也努力将技术与我们的价值相符合，但是价值设计更加强调这是可描述的、可操作的。在创新过程中，对价值明确地和透明地表达非常重要，这能够发现技术中可疑的价值承诺和使设计服务于共享的公共价值。① 价值设计并不否认创新中存在无知以及不确定性，而是要求创新者更加明确地了解他们知道的以及不知道的和可能不知道的风险，明确设计中的价值承诺以此来承担他们选择的责任。

负责任创新不仅是关于创新的一种学术理念和理论，而且是近年来欧盟研究与创新政策的重要组成部分。自 2010 年左右，该术语开始在政策话语中变得重要。在欧盟框架计划"地平线 2020"中，负责任创新作为重要战略来塑造研究与创新实践。同时，负责任创新也是欧盟应对社会挑战给出的方案。负责任创新反映出欧盟的长期目标，即促使科学和创新更好地响应社会需求。

尚伯格（René von Schomberg）将负责任创新定义为："为了将科技进步恰当地融入到我们的社会之中，社会行动者和创新人员以创新过程及其市场产品的（伦理）可接受性、可持续性和社会赞许性为目的，而相互积极反馈的一种透明性、交互性过程。"② 该定义区分了两个维度：目标和过程。负责任创新的目标是要考虑社会需求以及研究和创新中的道德标准，即将伦理价值嵌入技术。过程维度则强调包容性、透明性和自反性，并且只有在社会行为者共同努力下负责任创新才能实现。霍文将负责任创新定义为"在物理世界、概念世界、制度世界以及它们的组合增加不曾知道的设计，以提供一系列解决道德问题的可行性选项的一种活动或者过程"③。负责任创新就是以设计的方式解决道德超载问题。道德超载是指一个人无法同时满足冲突的责任或冲突的价值。例如，现实世界存在个人隐私和国家安全的冲突，经济发展和可持续性的矛盾等。布洛克（Vincent Blok）认为，负责任创新呼吁创新内涵的根本性转变。传统的创新概念是一种技术的和经济学的视角，这使得它无法变得更负责任。④ 负责任创新突破了经济学、管理学、心理学的创新研究范式，

---

① Jeroen van den Hoven, Pieter E. Vermaas, Ibo van de Poel, "Design for Values: An Introduction", in *Handbook of Ethics, Values and Technological Design: Sources, Theory, Values and Application Domains*, Dordrecht: Springer Netherlands, 2015, pp. 1-7.

② René von Schomberg, "A Vision of Responsible Research and Innovation", in *Responsible Innovation: Managing the Responsible Emergence of Science and Innovation in Society*, United Kingdom: John Wiley & Sons, Ltd, 2013, pp. 51-74.

③ Jeroen van den Hoven, "Value Sensitive Design and Responsible Innovation", in *Responsible Innovation: Managing the Responsible Emergence of Science and Innovation in Society*, United Kingdom: John Wiley & Sons, Ltd, 2013, pp. 75-83.

④ Vincent Blok and Pieter Lemmens, "The Emerging Concept of Responsible Innovation. Three Reasons Why It Is Questionable and Calls for a Radical Transformation of the Concept of Innovation", in *Responsible Innovation 2: Concepts, Approaches, and Applications*, Cham: Springer International Publishing, 2015, pp. 19-35.

把技术创新纳入道德哲学范畴，同时也将价值置于创新核心地位。

负责任创新强调更高层次的责任，即维护、发展和协调现有责任的责任。[①]它并不意味着与过去和正在进行的创新治理进路相冲突，而是试图将它与其他进路相结合并使其发挥实际作用。这一概念背后的主要论点是，在研究和技术创新领域存在着许多现有的责任治理方法。负责任创新并非旨在取代它们，而是旨在对现有的和新的研究和创新相关的过程、参与者和责任进行塑造、维护、发展、协调和调整，以确保理想的和可接受的研究成果。相较于过去的技术评估等进路，负责任创新更加明确对道德价值的设计，以及应对道德价值的模糊性。负责任创新需要在技术设计过程中及时地和持续地纳入利益相关者的价值。相关的价值可以从公共辩论中提取出来，并且需要识别潜在的价值冲突。

负责任创新与价值设计之间可以相互支撑。[②]价值设计可以支持负责任创新，为评估社会价值、需求和期望以及将期望价值落实到技术中提供具体方法。此外，将价值设计作为一个研究领域，负责任创新可以从中吸取经验教训，特别是在利益相关者融入的问题和价值负载的操作性问题。相应地，负责任创新作为一种战略应当向作为研究领域和方法论的价值设计学习。反过来，负责任创新也可以为价值设计的落实提供大量机会，使其在信息通信技术设计之外的各种研究环境中得到进一步应用、发展和完善。负责任创新涉及学术团体与非学术团体之间的合作。负责任创新提出与实施都有技术哲学家的参与，这也为价值设计的实践拓展了新的方向，如对全球性问题的关注。其次，涉及多学科、多元行动者的合作提供了组织和资金的基础。

在发展期，价值设计实现了理论与实践上的双重自觉，并打破了二者之间的分离。如果说技术哲学的价值论转向为价值设计研究在学科层面提供了支撑，那么负责任创新为价值设计的运用提供了现实条件，甚至可以看成是价值设计在创新实践中的实现。这一时期的技术哲学家意识到，发挥其建设性作用不仅在于自身，而且要考虑社会条件。应该建立适当的结构，以支持技术哲学家与从事技术实践的社会参与者之间的协作和互动。负责任创新提供了政策、组织结构和资金等支持。当然，负责任创新本身也是技术哲学家积极参与政策制定的结果。

四 总结和展望

总的来说，价值设计的出场与技术哲学的范式转变息息相关。价值设计体现了

---

① Bernd Carsten Stahl and Mark Coeckelbergh, "Ethics of Healthcare Robotics: Towards Responsible Research and Innovation", *Robotics and Autonomous Systems*, Vol. 86, 2016, pp. 152-161.

② Judith Simon, "Value-Sensitive Design and Responsible Research and Innovation", in *The Ethics of Technology: Methods and Approaches*, London: Rowman & Littlefield International, 2017, pp. 219-236.

对技术哲学的重新定位——从打开技术黑箱来认识和理解技术到思考如何更好地参与到技术实践、如何更好地发展技术并使技术服务于社会。从时间线索上,价值设计一定程度上反映出技术哲学如何在不断的反思中确立和发展。两次经验转向反思经典技术哲学存在的问题,借助社会科学和工程学的知识,采用描述分析的方法,打开技术黑箱,丰富了关于技术本身以及与社会关系的认识。价值论转向则是对经验转向的反思和进一步发展。一是不再回避技术的价值问题,二是实现从认识技术到改造技术的立场转变。用维贝克的话来说,以改造技术为目标的技术哲学是对经典技术哲学时期活动家精神的复归。经验转向暂时性抛弃了技术批判和勇于冒险的传统,这种传统事实上正是当今技术哲学学科得以产生的源泉。当然价值论转向并不是完全回到经典技术哲学,经历了经验转向的技术哲学不仅有批判性,更具有建设性。

对价值设计来说,当下既是机遇更是挑战。基于价值设计与技术哲学的紧密联系,价值设计研究应当与技术哲学发展的几个趋势结合起来。

第一,解决技术哲学内部工程派传统和人文派传统之间的分裂问题。一方面,保持多元的研究进路对于学科内部的繁荣是必要的,它有助于扩展学科的边界和发展出新的概念及主题。费雷(Frederick Ferré)认为面对技术哲学研究的多样性不需要感到恐慌。"技术的大象是巨大的,它提供了足够的表面允许不同进路的哲学家来报告他们的发现,并就如何整合他们的碎片进行争论。"[①] 但另一方面,如果任由这两个传统、这些研究进路分离下去,那么这不仅失去了使各个传统之间保持联系互相受益的机会,更是会威胁到技术哲学作为一门学科的统一性和连贯性。尽管在经验转向中,技术哲学的两个传统已经不像之前那样割裂,但是价值设计研究可以更进一步,成为整合两种经验转向的黏合剂。价值设计研究既需要社会导向的理论来描述工程实践所处的社会语境,理解工程实践涉及的价值以及影响价值实现的因素;它也需要结合工程导向中的功能与结构研究,思考如何将这些价值转化为更具体的设计要求。

第二,加强技术哲学与其他哲学分支学科的联系。在经验转向中,技术哲学表现出重经验轻理论的倾向。与社会科学、工程学等哲学以外学科的联系使技术哲学看起来有远离哲学的危险。这甚至引发一些学者对技术哲学作为严肃的哲学分支学科的怀疑。科克尔伯格(Mark Coeckelbergh)认为,尽管当下技术哲学以对经验和社会现实更加敏感的方式进行思考,但它的方法和其他哲学分支学科的方法在本质

---

① Frederick Ferré, "Philosophy and Technology: Another Look 15 Years Later", *Techné: Research in Philosophy and Technology*, Vol. 14, No. 1, 2010, pp. 23-25.

上是一样的。"没有理由把技术哲学限制在应用或经验哲学的范围内（特别是如果这意味着在概念、论证或理论方面的工作较少的话），也没有理由把它否定为比其他子学科更不哲学。"① 技术哲学可以且应该立足于其他哲学分支和哲学传统，参与其中，并从哲学领域的方法、论点和主题的丰富资源中获益。反之亦然，技术哲学可以参与主流哲学问题的讨论中，例如关于人工物的道德能动性研究可以用来重新审视人的能动性和责任。对于价值设计而言，引入哲学中的价值理论至关重要。这种价值理论能够超越当前技术伦理仅仅从道德维度来评估技术。"除了道德价值外，我们还有文化、社会、政治、经济、生态和个人价值。我们需要一种技术哲学，关注一切有价值的东西，能够区分技术的不同积极和消极后果，并提供它们是好是坏的理由。"② 另外，考虑到价值设计中价值选择以及价值冲突问题，引入政治哲学的理论成果同样是有必要的。

第三，促进与其他学科的沟通与合作。为了促进技术哲学的进一步发展，不仅需要跨学科研究，还需要超越学术圈，深入工程实践和政策领域。经验转向的成果表明，跨学科研究方式对于理解和评估技术来说是富有成效的。但是经验转向的影响更多是单向的，即技术哲学家在与其他学科的沟通中，获得了关于技术更好的理解，但他们并没有将对技术本质的新认识反馈到其他的行动者中。我们需要意识到，技术哲学不是可有可无的和额外的，它对于思考和塑造人类未来是必要的。对学术圈以外的情况保持开放态度以及积极回应社会、政策和非学术实践的变化是技术哲学内在活动的一部分。技术哲学需要以更加自觉的和直接的方式来发挥自己的影响。在国内，实现科学家与哲学家的联盟，发挥哲学对科技事业的积极作用已经成为一个新的思想共识。③ 价值设计研究以及相关研究中心的建立正是沿着这一方向前进的表现。

---

① Mark Coeckelbergh, *Introduction to Philosophy of Technology*, New York: Oxford University Press, 2019, p. 228.
② Philip Brey, "Philosophy of Technology after the Empirical Turn", *Techné: Research in Philosophy and Technology*, Vol. 14, No. 1, 2010, pp. 36-48.
③ 白春礼：《架构科学家与哲学家的思想桥梁，为人类科技事业贡献新智慧》，《中国科学院院刊》2021年第1期。

·城市哲学·

现代城市的问题根源、社会历史本质与未来走向[*]

杨泽峰[**]

摘　要　开创中国特色社会主义城镇化道路离不开对资本参与城市建设和发展的内在机制及其空间效应的科学认识。马克思恩格斯在阐发其城市思想的过程中对资本逻辑主导下的现代城市进行了系统批判，并形成了现代城市批判理论。这一理论认为现代城市问题的根源是资本主义私有制，现代城市的社会历史本质是资本逻辑的历史性空间性表达，现代城市的前途命运是走向城乡融合。现代城市批判理论深刻揭示了资本参与城镇化的运行机制和发展趋势，对我们开创中国特色社会主义城镇化道路具有重要的启示意义。

关键词　现代城市批判；资本逻辑；空间效应；城市哲学；中国特色社会主义城镇化道路

习近平总书记曾指出，"做好城市工作，首先要认识、尊重、顺应城市发展规律、端正城市发展指导思想"[①]。马克思主义城市哲学，作为以马克思主义为指导思想的城市哲学，理应当仁不让地承担起研究城市发展规律的理论任务。与传统城市相比，现代城市的一大突出特征就是资本的参与。西方作为资本主义最为发达的地区，也是资本逻辑所导致的城市问题最先爆发的场域，并引发了大量城市理论工作者的批判活动，如列斐伏尔、卡斯特尔、苏贾、哈维等。他们所阐发的现代城市批判无疑对我们深刻理解现代城市具有十分重要的借鉴意义，但由于缺乏建构的后现

---

　　[*]　本文系湖州市 2024 年度社科规划预立项课题"习近平城乡融合发展重要论述的理论内涵及其创新性贡献研究"（编号：24hzghy301）的阶段性成果。
　　[**]　杨泽峰，湖州师范学院马克思主义学院讲师。
　　[①]　《习近平关于城市工作论述摘编》，中央文献出版社 2023 年版，第 27 页。

171

代主义理论进路[①]和对马克思主义的误读[②]，他们的理论并没有发现解决现代城市问题的科学路径。当前，尽管资本主义的种种弊病早已妇孺皆知，然而囿于特定的生产力水平，我们在城镇化建设实践中依然需要资本的参与，因而也就不得不面对资本逻辑所带来的诸多社会问题。西方城市理论的弊端和中国特色社会主义城镇化建设实践要求我们回到马克思恩格斯的经典文本之中寻找理解现代城市的钥匙。经过研究，我们发现，马克思恩格斯在其经典文本中对资本主义诞生以来的现代城市展开了深刻批判，并全面揭示了现代城市的问题根源、社会历史本质和未来走向，形成了较为系统的现代城市批判理论。这为我们科学把握资本参与城市实践的内在机制及其空间效应，开创中国特色社会主义城镇化道路，提供了丰富的理论资源。

一 资本主义私有制：现代城市问题的根源

现代城市是资本主义生产的聚集地，也是资本主义所造成的城市问题的集中爆发地。资本主义自诞生以来虽然极大地推动了生产力的发展，但也造成了严重的城市问题，如阶级对立、环境污染、居民生活质量下降等。马克思、恩格斯在其早期文本中对这些问题进行了详尽的记述和深刻的分析。如恩格斯的《伍珀河谷来信》《不来梅通讯》《漫游伦巴第》《英国状况 十八世纪》《国民经济学批判大纲》《英国工人阶级状况》等文章，马克思《莱茵报》时期遭遇"物质利益难事"期间的系列文章，如《关于林木盗窃法的辩论》《摩泽尔记者的辩护》《1844年经济学哲学手稿》等，这些文本所描述的内容都是现代城市问题的表现。在中后期，马克思、恩格斯在《德意志意识形态》（马克思、恩格斯）、《共产党宣言》（马克思、恩格斯）、《资本论》（马克思）、《论住宅问题》（恩格斯）等文本中也对现代城市问题展开了深刻的分析。尽管在早期马克思、恩格斯批判现代城市问题的视域主要是理性主义和人本主义，而在中后期则是唯物史观视域和政治经济学批判视域，但其关于现代城市问题根源的判断基本是一致的，即资本主义私有制所造成的人与人、人与物的全面对立。

---

① 如苏贾就认为"后现代性、后现代和后现代主义……似乎是描述当代文化、政治和理论重构的合宜途径，也是彰显对复杂地预期交错在一起的空间加以重申的恰当方法"。（参见［美］爱德华·W·苏贾《后现代地理学——重申批判社会理论中的空间》，王文斌译，商务印书馆2004年版，第7页。）在解决现代城市问题上，列斐伏尔、苏贾等学者将现代城市问题的解决寄希望于城市权利的建构和空间正义的实现，哈维则走向了后现代式的反叛等。

② 有学者认为马克思没有对城市予以充分的关注。（参见［美］艾拉·卡茨纳尔逊《马克思主义与城市》，王爱松译，江苏教育出版社2013年版，第30页。）

1. 资本主义私有制造成了现代城市社会中人与人之间的全面对立

在资本主义私有制条件下，任何个人都是不得不通过出卖自己所占有的商品来参与社会生产。对于资本家而言，他们所要做的就是尽可能地占有生产资料，并将其作为资本要素参与到社会生产中，以剥削工人的剩余价值。对于工人而言，他们除了自己的劳动力就一无所有，因而只能将其商品化，以获取报酬，维持生活。这样，在现代城市的社会生产中就至少蕴含着三组对立：资产阶级与无产阶级之间的对立，资产阶级内部各资本家之间的对立以及工人阶级内部各工人之间的对立。

资本主义私有制的发展使得社会分裂为资产阶级和无产阶级这两个彼此对立的阶级。正如马克思、恩格斯在《共产党宣言》中所言："我们的时代，资产阶级时代，却有一个特点：它使阶级对立简单化了。整个社会日益分裂为两大敌对的阵营，分裂为两大相互直接对立的阶级：资产阶级和无产阶级。"[①] 实际上，自现代城市形成之初，城市社会便已经存在着阶级对立的倾向。在中世纪后期大量农奴逃往城市时，城市中的市民阶级并没有热情地接纳他们。作为后来者，走投无路的农奴一进入城市就不得不接受原本就在城市中生活的市民阶级所制定的各种规则，使他们"只好屈从于由他们那些有组织的城市竞争者对他们劳动的需要以及由这些竞争者的利益所决定的处境"[②]。随着资本主义生产体系的日益成熟和封建主义生产方式的消亡，资产阶级凭借对生产资料的占有而成为城市社会的主导者，大量从乡村拥入城市的农民加入了无产阶级的队伍，并且依靠资产阶级提供的工作岗位生活。这使得资产阶级对于无产阶级的压迫和剥削更加肆无忌惮、变本加厉。因此，资产阶级与无产阶级之间的对立就成为现代城市的基本社会结构。

除了资产阶级和工人阶级之间的对立外，资产阶级内部和工人阶级内部也由于资本逻辑的存在而陷入对立之中。任何一个资本家都期待着在市场竞争中击败其他资本家以占有其资本，从而促进资本的快速增殖，使自己避免被吞并的命运。资本家们尽管在应对工人阶级的反抗时有着共同利益，但是一旦回到各自的产业领域便会展开你死我活的竞争，那些在竞争中失败的资本家便沦为一无所有的工人阶级，而在竞争中取得胜利的资本家便逐渐成为大资本家，甚至垄断某一行业的寡头。同样，在资本逻辑的支配下，任何一个工人也都希望自己能够在劳动力市场上击败其他工人。对于工人而言，只有在与其他工人竞争中获胜，才能得到一份工作，从而避免自己和家人的生活陷入窘境。与此同时，资产阶级也有意地制造工人之间的对立，如制造劳动力过剩的状况，从而使他们可以以最低廉的价格雇佣到最驯顺的工

---

① 《马克思恩格斯文集》第 2 卷，人民出版社 2009 年版，第 32 页。
② 《马克思恩格斯文集》第 1 卷，人民出版社 2009 年版，第 557 页。

人。正如马克思在《资本论》中所言,"过剩的工人人口是积累或资本主义基础上的财富发展的必然产物,但是这种过剩人口反过来又成为资本主义积累的杠杆,甚至成为资本主义生产方式存在的一个条件"①。因此工人阶级内部也存在着彼此对立的物质基础。

总体而言,由于资本主义私有制的存在,无论是资产阶级和工人阶级之间,还是资产阶级、工人阶级内部,都埋藏着对立的种子,只要有适宜的土壤,对立的种子就会迅速成长为资产阶级与工人阶级之间的革命斗争和资本家之间、工人之间的混战。在资本主义私有制条件下,劳动力、生产资料、生活资料等各种生产要素都处于一个庞大的自由市场之中,工人、资本家、土地所有者等不同生产资料的代理人为了能够在交易中获得最大利益而彼此对立。现代城市作为资本主义生产关系的主要载体,自然也就不可避免地成为这些对立状况最为集中的场域。可以说,在资本主义私有制的宰制下,在现代城市社会中人与人之间的对立才是系统的、全面的,任何社会成员都难逃与他人相对立的命运。

2. 资本主义私有制造成了城市社会中人与物之间的全面对立

在现代城市社会中,人与物也处于系统性对立之中。这里所说的人是生活在资本主义生产方式中的现实的人,即资本家和工人;这里所说的物是指包括社会存在和自然存在在内的不以人的主观意志为转移的客观事物。我们将从人与社会存在和自然存在两方面来阐述这种人与物之间的系统性对立。

一方面,人在资本主义私有制条件下与自己所创造的社会存在处于对立关系之中。正如马克思在《资本论》中从商品开始来分析整个资本主义生产方式一样,从社会存在的视角来看,资本主义生产方式中人与物的对立实际上也集中表现为人与商品的对立。

由于资本主义私有制的存在,资本家与商品之间的对立是无法避免的。马克思在《资本论》开篇就指出,"资本主义生产方式占统治地位的社会的财富,表现为'庞大的商品堆积',单个的商品表现为这种财富的元素形式"②,因此商品的不足和过剩都将直接影响资本家的财富状况。在资本主义生产过程中,资本家总是与商品处于对立之中:当一般商品不能满足市场需要时,资本家为了抓住时机实现财富快速积累就会不断扩大再生产,然而此时,资本家却不得不应对扩大再生产而导致的劳动力商品价格上涨的问题;当一般商品超过市场需要时,过剩的商品就表现为财富的损失,资本家就会想方设法消灭过剩商品,甚至不惜直接毁掉,至于劳动力商

---

① 《马克思恩格斯文集》第 5 卷,人民出版社 2009 年版,第 728 页。
② 《马克思恩格斯文集》第 5 卷,人民出版社 2009 年版,第 47 页。

品则更是直接裁减而不管其所有者（即工人）的死活。由于资本主义私有制的存在，商品过剩总会周期性出现，这是因为：从单个企业的角度来看，由于资本主义生产中单个企业生产的组织性和整个社会生产的无政府状态之间的矛盾，资本家在逐利欲望的驱使下总是不可遏制地组织工人生产过量商品，从而容易引发商品过剩；从社会生产总体来看，工人的工资并没有随着资本的有机构成不断提高而相应提高，从而造成高效的社会生产和落后的社会消费水平之间的矛盾，这就必然导致大量商品无法完成"惊险的跳跃"[①] 而成为过剩商品。可以说，资产阶级与商品的对立是无法避免的。

工人阶级与自身所生产的商品也处于紧张对立之中。马克思曾在《1844年经济学哲学手稿》中提出异化理论时就论述了工人阶级的这种对立状态[②]。在资本主义私有制条件下，人的生命活力成为劳动力商品，从而使得人的生命活动除了遵循生命的自然规律，还不得不遵循商品规律。人的生命活动因此成为外在于人的生命的劳动，即异化劳动。只要这种商品规律与自然规律不能完全同一，劳动与人的生命活动的对立就无法避免。同样，人的劳动产品也从人的直接附属物剥离出来，成为服从商品规律的商品。劳动产品越是"完美的商品"，即价值量越低，生产单个商品所耗费的劳动的价值也就越低，劳动力商品的价值也就越低，工人也就越无法用自己所获得的报酬来消纳自己所生产的劳动产品。可以说，在资本主义生产方式中，工人阶级处于与自身所独有的劳动力商品和所生产的一般商品的双重对立之中。

另一方面，人在资本主义私有制条件下与自身所生活的自然存在物处于对立关系之中。

资本主义私有制使得人与自然处于全面对立之中。自然界是人一切生产生活资料的根本来源，正如马克思所言，"自然界，就它自身不是人的身体而言，是人的无机的身体。人靠自然界生活。这就是说，自然界是人为了不致死亡而必须与之处于持续不断的交互作用过程的、人的身体"[③]。因此，人与自然从根源上讲是浑然一体的，人不仅从自然界中来，而且还依靠与自然界持续的物质交换生存，可以说，人是自然的产物。然而，资本主义私有制一经诞生，就开始将资本逻辑渗透到一切社会生产领域的历史进程，并由此开启了人与自然的对立化进程。从经济基础的角度来看，资产阶级根据资本逻辑，利用各种方式将自然界中所蕴藏的生产资料据为己有，并运用各种科学技术和生产组织形式将其商品化。在这一过程中，资产阶级完全摆脱了人与自然原始共同体那种田园诗般的浪漫情愫，与自然建立起了冷冰冰

---

① 《马克思恩格斯文集》第5卷，人民出版社2009年版，第127页。
② 《马克思恩格斯文集》第1卷，人民出版社2009年版，第159—166页。
③ 《马克思恩格斯文集》第1卷，人民出版社2009年版，第161页。

的、具有对立性的主客体关系。从上层建筑的角度来看，资产阶级通过设立符合自己利益的法律，组建符合自身利益的政府，豢养维护资产阶级利益的军队、警察等暴力机关，宣扬符合资产阶级利益的意识形态（如人本主义、自由主义等）等措施，直接宣布一切人与自然的原始共同体（无论是物质的还是精神的）为非法性存在。这样，资产阶级就从经济生活、政治生活和精神生活等方面将人与自然彻底割裂开来，并横亘在人与自然之间，迫使人们以资产阶级为中介与自然界中的生产资料建立联系。这样，在资本主义私有制条件下，人与自然便全面对立起来。

现代城市作为资本主义生产方式最为活跃的空间也必然成为环境问题最为严重的区域。一方面，资本家运用各种驾驭自然的技术开办工厂，并在生产的过程中造成了大量污染物聚集在工厂周围，而大多数城市正是在工厂周围逐渐兴起的，因此环境污染就成为城市挥之不去的梦魇；另一方面，资本主义生产方式还造成大量的人口聚居在城市之中，由于资本家不愿支出额外的成本来解决大量人口聚集所带来的环境问题，使得城市生活设施的发展水平总是相对滞后于工人聚集的水平，这就必然导致城市中出现了人口的聚集而带来的环境污染。城市中的环境污染正是人与自然相对立的集中反映。随着资本主义生产方式的全球发展，这种人与自然相对立的城市也开始遍布全球，最终造成了全球性的城市环境问题。

总体而言，由于资本主义私有制的存在，人与人、人与自然都处于全面对立之中。离开对资本主义私有制自身的变革，这种对立状况不可能得到彻底改变。现代资本主义城市中的诸多社会问题正是这一对立的必然结果与现实表现。

二 资本逻辑的历史空间性表达：现代城市的历史本质与空间本质

自中世纪中后期市民阶级作为一个与封建阶级相对立的阶级登上历史舞台以来，城市就开始呈现出全新的发展走向。正如马克思论述政治经济学方法时所指出的那样，"人体解剖对于猴体解剖是一把钥匙。反过来说，低等动物身上表露的高等动物的征兆，只有在高等动物本身已被认识之后才能理解"[1]。正是由于"资产阶级社会是最发达的和最多样性的历史的生产组织"[2]，以资本逻辑为主导的现代城市的本质直到资产阶级社会才较为全面地呈现出来。马克思、恩格斯通过对现代城市的深入研究，揭示了现代城市的社会历史本质，即资本逻辑的历史空间性表达。

---

[1] 《马克思恩格斯文集》第 8 卷，人民出版社 2009 年版，第 29 页。
[2] 《马克思恩格斯文集》第 8 卷，人民出版社 2009 年版，第 29 页。

1. 资本逻辑的历史性表达：现代城市的历史本质

从历史的维度看，现代城市并不是永恒在场的，其从产生、发展到消亡的历史本质在于资本逻辑的历史性表达。正是在资本逻辑的驱动下，现代城市的萌芽发展开始在传统城市与乡村中孕育，并最后战胜了传统城市与乡村，建立起了全球性的现代城市体系。同样，现代城市也由于资本逻辑固有矛盾的发展而陷入危机之中。

资本逻辑催生了现代城市的萌芽。城市并不是随着市民阶级的兴起才产生的。早在文明初期，人类就开始营建城市。此时的城市（如古希腊、古罗马的诸多城市）是在不同部落之间长期的对立与联合中逐渐形成的。随着生产力的发展，局限于"城市及其狭小的领域"[①]的奴隶制社会被以众多散落乡村为基本特征的封建社会所取代。在这一过程中，城市逐渐成为工商业的聚集场所，而广大乡村则成为农业生产的区域，人们的生活空间由于工商业与农业分工的出现而表现为城乡对立。较为落后的生产力和交往导致无论是城市还是乡村都是由封建制度统治着，在城市手工业生产中表现为行会制度，在乡村农业生产中则表现为封建庄园制，商业则是伴随着农业和手工业的分离而出现的社会分工。商人们穿梭于广大乡村地区收购手工业原料，辗转卖到城市中供手工业使用，再将城市中的手工业产品分销到广大乡村地区。随着航海技术的发展，商人们在利润的刺激下还积极开拓海外市场，并逐渐兴起了港口城市。商人的劳动性质决定了他们逐渐成为最了解市场需求的社会分工。随着市场的不断扩大，原来游村串乡的收购手工业原材料的方式已经不能满足市场的需要，将众多手工业从业者集中到一起进行生产的手工业工场应运而生。"工场手工业最初并没有侵入所谓城市工商业，而是侵入农村副业，如纺和织，即最少需要行会技巧、技艺训练的那种劳动。"[②] 因此，封建庄园制的乡村由于工场手工业的产生而开始瓦解，大量的农奴拥入手工业工场之中，并由此吸引了大量服务于工人的小商小贩，一座座以手工业工场为核心的城市便由此逐渐成长起来。这种新形成的城市显然与传统城市有着本质区别，与由行会制度主导的传统城市不同，新形成的城市是由追求利润的商人主导的，并随着劳动力商品的出现而发展成为资本主义城市，即现代城市。

资本逻辑推动现代城市战胜了传统城市和乡村。所谓传统城市与乡村，是指封建主义生产方式下的人类社会空间形态。现代城市一经产生，就与传统城市和乡村对立起来。从现代城市与传统城市之间的关系来看，现代城市的发祥地是生产流程较为简单的棉纺织业和不受传统城市中行会限制的乡村地区。随着劳动力

[①]《马克思恩格斯文集》第1卷，人民出版社2009年版，第522页。
[②]《马克思恩格斯文集》第8卷，人民出版社2009年版，第164页。

的大量聚集和机器的大量使用，现代城市中棉纺织业部门的生产效率大大提高，从而使现代城市的产品在市场中的占有率大幅提升，传统城市中基于落后生产力和行会制度的相关产业遭受致命打击。接着，现代城市与传统城市之间的市场竞争扩展到了其他相关生产领域，传统城市中的生产方式便迅速土崩瓦解，现代城市逐渐成为城市的主导形式。从现代城市与传统乡村之间的关系来看，现代城市一开始就是以大量来自乡村的劳动力聚集到手工业工场中一起劳动为前提的，随着棉纺织业的不断壮大，以及相关产业的日益兴盛，大量农奴从封建庄园中逃往现代城市中谋生，这使得封建庄园中的农奴数量大大下降，原本就开始用货币税收替代实物税收的封建贵族也日益深入地参与到城市生活之中，加上大量封建贵族的土地被变卖，农业生产的上层建筑也逐渐由原先的封建制度逐步转变为资本主义制度，传统乡村随之逐渐消亡。

资本逻辑还促进了现代城市全球体系的形成。海外贸易的发展本身就是资本主义生产方式产生的前提。在海外贸易不发达的阶段，西欧的商品市场还只是局限在城市及其周边的乡村区域，工商业也由于这种空间局限，而采取了与当时农村封建制度相似的社会制度，即公会制度，而城市也只是彼此孤立地处于广袤乡村的包围中。正如马克思所言，此时的社会状况是"城市乡村化"①。随着航海技术的发展，越来越多的商人开始从事海外贸易，从而催生了资本主义生产方式，商人阶层由此转化为资产阶级。对于财富的渴望促使资产阶级"奔走于全球各地……到处落户，到处开发，到处建立联系"②。从此，在国家力量的支持下，西欧以外的世界开始沦为欧洲资产阶级的殖民地。起初，这些殖民地仅仅是西欧殖民者的原料产地和商品销售市场。为了加速资本周转，殖民者们干脆直接在殖民地建立起了现代城市，宗主国只是通过金融手段从殖民地现代城市中收割财富，一个由资本逻辑主导的现代城市全球体系开始形成。在资本逻辑的世界版图中，遍布全球的现代城市犹如一座座巨大的吸盘，在其各自所掌控的区域中贪婪地吮吸着无产阶级所创造的剩余价值，最终源源不断地汇集到大资本家的口袋之中。

现代城市全球体系形成在为资本逻辑的进一步发展创造条件的同时，也将资本主义生产方式的固有矛盾以全球性社会危机的方式呈现在世人面前。资本逻辑得以展开的前提是无限广阔的商品市场、取之不尽的自然资源和大量存在的失业人口。在资本逻辑诞生之初，相对于全世界所存在的一切自然要素和社会要素而言，这些前提是存在的。因此，资本逻辑才能适应人类社会历史的发展趋势在全世界范围内

---

① 《马克思恩格斯文集》第 8 卷，人民出版社 2009 年版，第 131 页。
② 《马克思恩格斯文集》第 2 卷，人民出版社 2009 年版，第 35 页。

迅速铺展开来。然而，随着资本主义的不断发展，自然要素和社会要素的有限性日益凸显，并成为制约资本逻辑进一步发展的界限。尽管人类的社会历史尚未迎来现代城市大规模消亡的拐点，但是周期性的经济危机、全球性的生态灾难和日益扩大的贫富差距及其带来的全球性社会危机，都无不昭示着现代城市全球体系必将迎来根本性变革。

2. 资本逻辑的空间性表达：现代城市的空间本质

从社会维度来看，现代城市是资本逻辑驱动空间生产的产物。就马克思、恩格斯的人类学研究成果而言，城市是伴随着人类文明的诞生而出现的。在文明诞生的前夜，人类学会了生产房屋、原始村落等更易于发展生产力的社会空间，并由此开始定居。随着生产力和交往的进一步发展，才产生了具有社会结构相对完整的原始城市。可见，城市本质上是作为生产力发展的产物和进一步发展的前提的社会空间。与传统城市的不同，现代城市以资本逻辑作为生产力发展的核心驱动，并在这一过程中被资本逻辑赋予了其社会空间的集约性、通达性和中心性。

资本的生产过程生成了现代城市社会空间的集约性。所谓集约性，是反映资本在单位社会空间中积累剩余价值的速率的范畴，这是衡量现代城市资本活动发达程度的重要指标。起初，资本只是在传统城市与乡村的社会空间中依靠商人简单的"贱买贵卖"或者放高利贷来获取利润以实现货币积累，此时，城市中的手工业者在各自的小作坊中生产，乡村中的农民则是在他们各自的住宅中生产，商人在其中靠买卖获取剩余价值，使得这种社会空间的集约性相对较低。随着生产力的发展和交往的扩大，这种原始的资本积累方式逐渐无法满足社会生产发展的需要，商人们开始自行组织生产，并由此产生了资本主义生产方式，商人阶层也由此转变为资产阶级，之前的手工业者转变为在市场上售卖劳动力的工人阶级，剥削工人阶级的剩余价值成为资本增殖的源泉。为了提高生产和占有剩余价值的效率，资产阶级采取了包括开办手工业工场、创新生产技术、发展大工业生产、建立工厂制度等在内的一系列措施。这些措施引起了大量劳动力和生产资料的聚集从而提高生产效率，同时为资产阶级剥削工人阶级的绝对剩余价值和相对剩余价值创造了条件，最终导致单位社会空间内所实现的剩余价值量大大增长，因而社会空间的集约性显著提高。

资本的流通过程生成了现代城市社会空间的通达性。所谓通达性，是反映不同社会空间单元之间物质流、能量流、信息流的流通效率的范畴。在现代城市产生以前，由于生产力水平的限制，在传统城市和乡村中的诸多社会空间之间的通达性是非常微弱的。正如马克思所言，在传统城市中，"资本是自然形成的资本，它是由住房、手工劳动工具和自然形成的世代相袭的主顾组成的，并且由于交往不发达和流通不充分而没有实现的可能，只好父传子，子传孙"①。随着生产力的发展和交往的扩大，资本家需要从不同的区域购买原料，展开商品生产，并将商品运送至不同的消费市场，这使得社会生产越来越需要具有较高通达性的社会空间。对高通达性社会空间的需求催生了运输业的产生与发展，"运输业一方面形成一个独立的生产部门，从而形成生产资本的一个特殊的投资领域"②。由此便出现了交通工具的不断革新（如轮船、火车、汽车、飞机等的出现）和交通设施的不断完善（如港口、铁路、公路、机场等的出现）。除此之外，为了方便能量流的流动而发明了电力生产和传输设备、为了方便信息流的传播而发明了电报、电话乃至互联网等信息媒介。在物质流、能量流和信息流的变迁过程中，有些原有的城市由于通达性相对滞后而逐渐衰落，有些地点则由于较强的通达性而发展成为现代化大都市。可以说，现代城市的通达性正是在资本的流通过程中不断生成的，并随着资本流通的兴衰而增减。

资本的分配过程生成了现代城市社会空间的中心性。所谓中心性是反映社会空间由于地段的差异而表现出的发展不均衡程度的范畴。马克思发现，现代城市同样存在着像农业生产中存在的级差地租，"凡是存在地租的地方，都有级差地租，而且这种级差地租都遵循着和农业级差地租相同的规律"③。在农业生产中，土壤肥力强、与市场间的距离较近的土地使用者往往能够获得超额利润，土地所有者则通过提高地租的形式分割超额利润，使得具有不同属性的地块往往存在不同的地租，从而导致了级差地租的产生。在现代城市中，也同样存在着这样的情形。个别生产部门往往会由于地段上的优势获得了超额利润，这些超额利润并没有完全进入资本家的钱袋，而是被该地段的土地所有者以地租的形式拿走。由于"空间是一切生产和一切人类活动的要素"④，通过获取土地所有权来垄断空间以获得超额利润就成为比其他任何方式都要轻松得多的资本增殖方式，从而使资本家纷纷参与到地租投机中。地租投机的核心是垄断现代城市中心地段，因此，资本家一方面需要投入巨量资本来维护其所垄断的地段的中心地位，另一方面则通过修建有利于发展资本主义生产的基础设施（如"工业建筑物、铁路、货栈、工厂建筑物、船坞等等"⑤）建构新的中心。正是由于这种"中心—边缘"结构，才使得从事地租投机的资本可以分得大量的超额利润，这也进一步促使资本不断地复制这一空间结构：一边制造有利于资本增殖的城市中心，一边任由相对边缘地区的毁坏，从而不断生产着现代城市的

---

① 《马克思恩格斯文集》第 1 卷，人民出版社 2009 年版，第 558 页。
② 《马克思恩格斯文集》第 6 卷，人民出版社 2009 年版，第 170 页。
③ 《马克思恩格斯文集》第 7 卷，人民出版社 2009 年版，第 874 页。
④ 《马克思恩格斯文集》第 7 卷，人民出版社 2009 年版，第 875 页。
⑤ 《马克思恩格斯文集》第 7 卷，人民出版社 2009 年版，第 875 页。

中心性。

总之，对于现代城市的理解离不开对资本逻辑的历史维度和社会空间维度的分析。现代城市的发展史是资本逻辑基于不同社会历史条件下的生产力不断扩张自身的过程，现代城市的社会空间结构则是资本逻辑为了促进自身增殖而采取的空间策略，两者分别诠释了现代城市的历史本质和空间本质。在资本逻辑的驱动下，现代城市在完成了人类城市从区域性城市转变为全球性城市的历史使命的过程中，也不断孕育着人类的未来空间形态——城乡融合。

三　走向城乡融合：现代城市的前途命运

马克思恩格斯在论述未来共产主义社会的城乡关系时曾预言，共产主义将是一个工业与农业相结合，消灭了城乡对立①，实现了城乡融合，全体社会成员共同发展的社会。② 可以说，城市与乡村的关系根源于工业与农业的关系：当工业是农业的附属物时，城市必然会乡村化；当农业屈服于工业时，乡村必然会城市化。未来共产主义社会的发达生产力能够取消工业与农业的分工，因而也就能彻底改变城市与乡村的对立状况，实现二者的融合。

社会分工诞生以来的人类文明史就是城乡对立的历史。从社会结构来看，随着精神劳动与物质劳动的分离，人类社会中出现了专门从事社会管理的精神劳动分工和专门从事物质生产的物质劳动分工，这为城市的建立提供了前提。从空间布局来看，伴随着工商业和农业社会分工的出现，人类社会出现了专门从事工商业劳动和专门从事农业劳动的社会分工，并由此出现了城市与乡村的分离与对立。城市与乡村的对立在不同的所有制状况下，表现为不同的情形：西欧早在"古代公社所有制和国家所有制"的时代就产生了保留着奴隶制的城市，此时，"分工已经比较发达。城乡之间的对立已经产生，后来，一些代表城市利益的国家同另一些代表乡村利益的国家之间的对立出现了"③。到了"封建的或等级的所有制"时代，城市与乡村的对立发展为封建制度下占有大量地产、拥有武装力量的封建贵族阶级与占有大量资本的市民阶级之间的对立，日益壮大的市民阶级不断反抗来自乡村的封建贵族的统治，城乡对立由此激化为资产阶级的革命运动。城乡对立本质上是工业生产中的对住宅、劳动工具、工厂④等固定资本的私人占有与农业生产中地产的私人占有之间

---

① 《马克思恩格斯文集》第 2 卷，人民出版社 2009 年版，第 53 页。
② 《马克思恩格斯文集》第 1 卷，人民出版社 2009 年版，第 689 页。
③ 《马克思恩格斯文集》第 1 卷，人民出版社 2009 年版，第 521 页。
④ 《马克思恩格斯文集》第 1 卷，人民出版社 2009 年版，第 558 页。

的对立。城市与乡村的社会生产生活实际上是相互依存的，但由于生产力不够发达，私有制依然有其存在的土壤，因而两种社会分工之间的利益冲突依然严重，并在空间上表现为城乡对立。马克思、恩格斯在认识到人类社会历史的城乡对立实质后，便开始用城乡对立来分析当时欧洲资产阶级与封建贵族之间的对立，如马克思在《路易·波拿巴的雾月十八日》中论述当时法国正统派与奥尔良派之间的对立[1]和恩格斯在《德国制宪问题》中论述德国的社会现状[2]等。

  资本主义的诞生激化了城乡对立，但也为城乡融合创造了物质前提和历史必然性。首先，现代城市就是在商人主动吸引原本散落在各个乡村中的手工业劳动者及其生产资料聚集在手工业工场中从事资本主义生产的过程中产生的，这一过程既造成了乡村中的生产要素的流失，从而削弱了封建主义主导下的乡村的力量，也在吸收着乡村中的生产要素的过程中实现了城乡生产要素的融合。其次，现代城市在发展过程中既离不开乡村源源不断的廉价劳动力供给，也离不开在与乡村进行贸易时所获取的大量超额利润，"以较小量劳动交换农村较大量劳动的城市，在同农村的交往中会取得超额利润和超额工资"[3]，而乡村由于依赖城市所提供的农产品市场和工业产品，不得不接受这种不公平的状况。再次，现代城市在发展过程中产生了大量交通、电力、通信等连接一切生产要素的基础设施，从而使乡村中曾经由于基础设施不完善而被封建贵族占有，或者由于生产力局限而外在于资本主义社会生产之外的生产要素融入了现代城市的社会生产之中，为消灭城乡对立、实现城乡融合的"共同的经济"[4]奠定了物质基础。最后，现代城市在其发展过程中也引起了严重的环境问题，资本主义社会生产要想继续展开就必须推进城乡融合以解决生态环境危机，正如恩格斯所言，"城市和乡村的对立的消灭不仅是可能的，而且已经成为工业生产本身的直接需要……只有通过城市和乡村的融合，现在的空气、水和土地的污染才能排除，只有通过这种融合，才能使目前城市中病弱群众的粪便不致引起疾病，而被用作植物的肥料"[5]。显然，在资本主义诞生以后，资本不仅主导了工业生产，而且逐渐主导了农业生产，使得农业日益成为资本主义生产体系下的一个生产部门。这样，曾经由于分别建立在工业和农业基础之上而势不两立的上层建筑在资产阶级革命的过程中实现了整合，生产力不断发展所产生的"共同的经济"为工业和农业分工的消除创造了坚实的经济基础，从而使城乡融合具有了历史必然性。

---

[1] 《马克思恩格斯文集》第1卷，人民出版社2009年版，第521页。
[2] 《马克思恩格斯全集》第4卷，人民出版社1958年版，第50页。
[3] 《马克思恩格斯全集》第26卷，人民出版社1973年版，第258页。
[4] 《马克思恩格斯文集》第1卷，人民出版社2009年版，第568页。
[5] 《马克思恩格斯文集》第9卷，人民出版社2009年版，第313页。

"人体解剖对于猴体解剖是一把钥匙。反过来说，低等动物身上表露的高等动物的征兆，只有在高等动物本身已被认识之后才能理解。"[①] 当我们从城乡融合的视角反思城乡对立的历史，我们会发现，城乡融合是自文明诞生以来人类社会孜孜以求的社会状态。这是因为，无论城市与乡村表现出怎样的对立外观，密不可分的经济联系总是成为城市与乡村的纽带。无论是马克思恩格斯在阐发唯物史观时期曾大量使用城乡对立概念来揭示资产阶级与封建贵族阶级冲突的物质根源，还是在后来主要从事政治经济学批判的过程中，马克思、恩格斯通过研究资本主义生产方式下城市与乡村的经济联系来论述城市与乡村之间的不平衡关系[②]，本质上都是由于落后生产力使得城乡之间经济联系存在着无法克服的障碍（如落后的商品市场和交通条件、不发达的社会分工等）所造成的城乡之间经济利益对立。资本主义大大推动了生产力的发展，并在赋予现代城市战胜乡村的力量（从而激化了城乡对立）的同时，也为城乡融合的发展注入了助推力。可以预见，随着现代城市所造成的"共同的经济"的不断发展，资本主义的外壳必将日益失去其存在的合法性，人类将越来越聚居在超越了私有制、凝结了一切先进文明成果的共产主义社区之中，基于落后生产力基础之上的城乡对立、城乡不平衡发展等都将在城乡全面融合的进程中逐渐消亡。

四 小 结

马克思主义城市哲学对于现代城市的批判科学回答了现代城市诸多问题的根本原因，系统阐释了现代城市的历史本质和空间本质，深刻揭示了现代城市的未来走向，为我们开创和坚持中国特色社会主义城镇化道路提供了马克思主义的原初理论支撑。中国特色社会主义城镇化道路的特征之一就是资本参与城市的建设和发展，这使得我们在推进城市化的过程中难免会遭遇与西方资本主义相类似的诸多城市问题。西方学界城市哲学理论对于我们进入现代城市的论域、理解现代城市问题提供了借鉴。但我们也要看到，这些基于资本主义的城市化的城市理论对于中国特色社会主义城镇化实践而言，还存在着水土不服的危险。就理论特质而言，西方城市理论的理论来源是后现代主义和西方马克思主义，因此西方城市理论才在批判空间与政治的共谋中走向了后现代主义的革命道路和诸如"空间正义""第三空间""希望的空间"这样的乌托邦建构道路，由于未能从根本上摆脱唯心主义的窠臼，这些理

---

① 《马克思恩格斯文集》第 8 卷，人民出版社 2009 年版，第 29 页。
② 林密：《马克思视域中的城乡不平衡发展及其超越——以〈资本论〉为中心的再考察》，《厦门大学学报》（哲学社会科学版）2020 年第 1 期。

论甚至还有将城市哲学拉回到青年黑格尔派哲学基地的风险。[①] 而中国城市理论是以马克思主义城市哲学理论为指导，以中国本土城市发展理论为根脉，以西方城市理论为借鉴的中国特色城市理论。就理论的实践基础而言，西方资本主义城市化与中国特色社会主义城镇化的不同之处在于，前者是资本主义制度下的城市化，而后者是在中国共产党带领下全国各族人民通过驾驭资本实现的城镇化，二者尽管都有资本参与，但对于资本的参与方式和参与程度却大相径庭。直接用西方城市理论来考察中国特色社会主义城镇化所存在的问题和出路，必然会导致药不对症的后果。作为以驾驭资本为基本方式来推动的中国特色社会主义城镇化道路，我们必须清晰认识资本参与城镇化的运行机制，准确评估资本参与城镇化的潜在风险，科学把握资本参与城镇化的发展趋势。显然，马克思、恩格斯的现代城市批判理论必将为我们全面认识资本逻辑参与城镇化的发展规律，扎实推进中国特色社会主义城镇化道路提供了重要的理论支撑。

---

① 桑明旭：《唯物史观的城市逻辑：基础视域、核心问题与阐释边界》，《江海学刊》2021 年第 2 期。

·书评·

马克思的感性概念及其理论效应的系统性阐发
——评《马克思的感性概念》

翁 路[*]

摘 要 感性概念在马克思哲学中是一个重要的、基础性的哲学概念，它对于理解马克思哲学具有重大的理论意义。刘建江博士的《马克思的感性概念》详细梳理了西方哲学史上不同哲学传统对感性概念的理解，阐释了马克思的感性概念的主要内涵及其在思想史上的变革；通过对感性概念与马克思的哲学革命之间关系的考察，阐释了马克思的哲学革命的实质及其所开创的感性哲学观；通过从感性概念的层面阐释马克思政治经济学批判的哲学基础和方法论革命，揭示了历史唯物主义与政治经济学批判之间的内在逻辑关联。

关键词 马克思；感性概念；哲学革命；政治经济学批判

感性概念是一个在马克思的著作中频繁出现的、基础性的哲学概念，它对于洞察马克思哲学的实质及其革命性变革具有至关重要的作用。不仅如此，马克思哲学中的诸多概念，特别是"对象性""对象化""物化""实践""劳动"等概念，在某种程度上都能在感性概念的层面上加以理解。尽管国内外学者围绕马克思的感性概念展开了多维度、多层次、多方面的解读和阐发，提出了诸多富有独创性和极具启发性的见解，但是这些研究也存在一些不足之处：缺乏对马克思的感性概念的系统性和整体性阐发；较少梳理马克思的感性概念的演变过程；对马克思的感性概念的内涵的理解和把握有待深入；对马克思的感性概念与政治经济学批判之间的内在关联着墨不多。刘建江博士的《马克思的感性概念》详细梳理了马克思的感性概念的演变过程，较为系统地考察了马克思的感性概念的多重内涵，深入阐发了马克思的感性概念所实现的变革及其与马克思的哲学革命、政治经济学批判之间的内在关联，是对马克思的感性概念及其理论效应的系统性阐发。

---

[*] 翁路，武汉大学哲学学院博士研究生。

一　马克思的感性概念及其变革

黑格尔说："我们在现世界所具有的自觉的理性，并不是一下子得来的，也不只是从现在的基础上生长起来的，而是本质上原来就具有的一种遗产，确切点说，乃是一种工作的成果，——人类所有过去各时代工作的成果。"① 他认为，哲学家的思想绝不是异想天开或主观任性的结果，而是在批判地继承前辈先贤的思想成果的基础上发展起来的，因此，全部哲学史不是"堆满着死人的骨骼"② 的战场，而是表现为精神的内在的、逻辑的、必然的发展过程。正是基于这样的哲学史观念，著者以深邃而广阔的视野考察了西方哲学史上不同哲学传统对于感性概念的理解及其对马克思的感性概念的影响，并在西方哲学史的背景中阐释了马克思的感性概念及其所实现的变革。从这个意义上说，《马克思的感性概念》所凸显出来的学术价值在于它涉及一个重要的思想史问题：马克思的感性概念汲取了西方哲学史上的哪些思想资源并实现了怎样的变革？

在西方哲学史上，对感性概念的哲学阐释可以追溯至古希腊。正如亚里士多德所说，哲学起源于"对自然万物的惊异"③，古希腊哲学也正是在希腊人依靠自身的理智去探寻世间万物的本原的过程中诞生的。希腊人惊异于世间万物的生灭变化，试图找寻一个终极"实在"以解释世界的起源，问题在于"实在"本身究竟是自然还是思想④。因此，依据不同的阐释方式，古希腊哲学大致可以分为自然哲学传统和形而上学传统。

自然哲学家从具体的感性自然物质的层面来解释世界的本原以及一切存在物的存在规定。无论是泰勒斯的"水"，还是阿拉克西曼德的"无定形"，抑或是阿那克西美尼的"气"，"都是感性的自然物质性的东西，都没有超出感性的具体性范围"⑤。可见，从泰勒斯起，感性概念就是一个与对存在问题的探寻密不可分的存在论范畴。形而上学传统侧重于从超感性的、精神性的东西的层面来追问一切存在物的存在的根据和原则，例如，巴门尼德提出的"存在"概念就是对一切感性存在物的本质性规定的抽象，而它只能通过思想来把握。巴门尼德不仅使古希腊哲学"被提高到思想的领域"⑥，还使对存在问题的探讨从感性的客体性存在问题转向人的存

---

① ［德］黑格尔：《哲学史讲演录》第 1 卷，贺麟、王太庆译，商务印书馆 2009 年版，第 8 页。
② ［德］黑格尔：《哲学史讲演录》第 1 卷，贺麟、王太庆译，商务印书馆 2009 年版，第 23 页。
③ ［古希腊］亚里士多德：《形而上学》，吴寿彭译，商务印书馆 1959 年版，第 5 页。
④ 参见［德］黑格尔《哲学史讲演录》第 1 卷，贺麟、王太庆译，商务印书馆 2009 年版，第 23 页。
⑤ 刘建江：《马克思的感性概念》，中国社会科学出版社 2022 年版，第 57 页。
⑥ ［德］黑格尔：《哲学史讲演录》第 1 卷，贺麟、王太庆译，商务印书馆 2009 年版，第 296 页。

在问题，即思想如何把握存在的问题。随后的阿那克萨戈拉、苏格拉底、柏拉图、亚里士多德进一步深化了这一传统。著者认为，如果说形而上学传统凸显了理智、思想而蔑视感性存在物，那么对马克思产生重大影响的伊壁鸠鲁哲学则重新将感性知觉的原则作为全部学说的准则，肯定感性之于认识世界的前提性地位，强调感性知觉的实在性，轻视作为世界本原和本质的超感性的东西，从而消解了一切追问世界本原的本体论哲学。①

随着中世纪教会权威的衰落和自然科学的发展，近代哲学高举主体性和理性精神的大旗，自觉地将思维与存在的关系问题作为哲学的核心问题，旨在把握住"思维与存在的和解"②，从而把哲学重心转向认识论。近代哲学始于弗朗西斯·培根和笛卡儿，他们分属于经验论哲学传统和唯理论哲学传统。就感性概念而言，感性经验或感官知觉在唯理论者那里丧失了其认识论的基础性地位，仅仅表现为理性或主体自身的观念。例如，笛卡儿怀疑感觉经验的真实性，从清楚而明确的"我思"出发来构建全部知识的大厦，并提出"天赋观念说"；而经验论者认为，感性经验或感官知觉是知识与真理的基础，感性客体不是内在的先验观念。在这一时期，伽桑狄、洛克、贝克莱、休谟等人都极力批判唯理论者的天赋观念论，强调感性知觉之于逻辑范畴、认识的客观真理性的基础性作用，而维柯则强调感性的创造性能力，提出由人所创造的东西才是真理及历史是由人创造的观念，因而他们都较为深入地阐发了感性概念。当然，他们对感性概念的理解也有局限性，例如，洛克的"白板说"所强调的是一种被动直观的、缺乏能动性的感性，而休谟虽然将经验论哲学贯彻到底，但最终在感觉的源泉问题上走向怀疑论和不可知论。当然，著者也承认，这些哲学家从感性的层面对人的认识能力的探讨都或多或少地影响了马克思对感性概念的理解。著者指出："通过对伊壁鸠鲁哲学的复兴，伽桑狄的唯物主义感觉论使马克思看到了伊壁鸠鲁感觉论的重要性；通过对感性事物第一性质和第二性质的区分，洛克的被动直观的感觉论使马克思意识到了人的感官与外在的感性事物之间存在某种关系；通过对感性中的情感或激情的能动性的说明，休谟的感性的人性论使马克思认识到了感性激情的能动作用；通过对感性的创造性能力以及历史真理的强调，维柯的感性的历史哲学使马克思理解到了人的感性的创造活动之于人类感性历史的重要意义。"③

近代哲学的任务是实现思维与存在的统一，但是唯理论哲学和经验论哲学因偏执于一端而无法做到这一点，而这也"构成了德国古典哲学产生和发展的原初动因

---

① 参见刘建江《马克思的感性概念》，中国社会科学出版社2022年版，第67—71页。
② ［德］黑格尔：《哲学史讲演录》第4卷，贺麟、王太庆译，商务印书馆2009年版，第6页。
③ 刘建江：《马克思的感性概念》，中国社会科学出版社2022年版，第91页。

和努力的方向"①。从康德到黑格尔的德国古典哲学将主体的能动性原则纳入思存关系的讨论中，同时，也赋予感性概念以能动性。无论是康德的先验感性论，还是费希特的纯粹自我设定感性世界的纯粹活动，抑或是黑格尔的感性确定性概念，都涉及对感性的能动性问题的探讨，但是德国古典哲学所谓感性是一种理性化的、抽象的感性，因而是对感性的遮蔽。②费尔巴哈在对黑格尔哲学乃至近代思辨哲学的批判中阐发其感性对象性原则，成为走出德国古典哲学的第一人。著者认为，从哲学基础来说，费尔巴哈以真实的、确定的感性存在（自然界和人）为对象和出发点，阐释了感性的现实性、有限性和对象性的特征，批判了思辨哲学以绝对的无限者为出发点的神学化倾向；从哲学方法来说，费尔巴哈凸显了感性直观的认识论意义，揭露了思辨哲学难以把握感性对象的抽象思维方法的弊端。费尔巴哈的感性哲学对马克思产生了直接的影响，但著者也指出，由于费尔巴哈对理论直观的高扬，他的所谓感性直观也只不过是一种纯粹的理论的、思维的活动，而不是马克思后来所说的感性的活动，因而费尔巴哈哲学仍旧落入理性形而上学的窠臼。③

在考察了西方哲学史上的不同哲学传统对感性概念的理解及其对马克思的感性概念的影响之后，著者梳理了马克思不同时期的著作中的感性概念的演变过程，并阐释了马克思的感性概念的主要内涵及其所实现的变革。

著者认为，感性活动是马克思的感性概念的本质内涵和核心规定，这个概念是马克思在批判地吸收费尔巴哈感性哲学的感性对象性原则和黑格尔思辨哲学的能动性原则的基础上提出来的，它构成了马克思新哲学的立足点。在著者看来，马克思对感性活动概念的阐释包含以下几个方面：第一，从感性活动的层面理解对象性活动、实践、劳动等概念，尤其强调感性的工商业实践等经济活动的重要性，凸显了感性活动和实践的革命性和批判性；第二，强调人的本质不是先验的、固定的抽象本质，而是在现实的个人的感性活动或对象化活动中不断生成的一切社会关系的总和；第三，将感性活动当作现实的个人的根本存在方式，视感性活动为一种物质生产活动、交往活动和有限制的活动，凸显了感性概念的存在论意义；第四，将现实的个人的感性活动看作整个现存的感性世界的基础，阐释了自然的人化和人化自然的过程以及历史运动的内在过程和规律；第五，将人的自由问题看作一个现实的实践问题，并从感性活动的角度理解人的感性解放和自由全面发展的实现形式。著者还认为，与费尔巴哈把感性理解为感性存在、感性直观不同，由于将感性理解为感性活动、对象性活动，马克思凸显了感性（世界）的对象性、现实性、能动性、社

---

① 杨祖陶：《德国古典哲学的逻辑进程》，人民出版社 2016 年版，第 11 页。
② 参见《马克思恩格斯文集》第 1 卷，人民出版社 2009 年版，第 499 页。
③ 参见刘建江《马克思的感性概念》，中国社会科学出版社 2022 年版，第 120 页。

会性和历史性等根本特征。

基于对感性活动的理解和把握,马克思还从感性的两种形式(感性意识和感性需要),阐释了感性概念的主要内涵。著者认为,马克思所谓意识并不是理性形而上学传统的内在的、纯粹的意识,而是与人的感性的现实生活交织在一起的感性意识,它是对感性的现实生活的把握;所谓感性需要是指人的个性丰富而全面的感性需要,它不仅包括对人的感性活动所依赖的生产资料、生产工具等的需要,还包括对人的生活资料、劳动资料等的需要,这些需要是确证人的对象化的本质力量的不可或缺的需要。

从著者对马克思的感性概念的主要内涵的阐释可知,马克思的感性概念不同于唯心主义者和旧唯物主义者的感性概念,实现了西方哲学史上感性概念的革命性变革。具言之,唯心主义者轻视感性,并将其抽象化、理论化,而旧唯物主义者仅从客体、直观和自然的角度理解感性,与之不同,马克思把感性理解为感性活动,凸显了感性的主体性、能动性、历史性、现实性等特征,从而发展了一种历史的、具体的感性概念。值得肯定的是,著者将马克思的感性活动概念视为马克思新哲学的立足点,开启了从感性概念理解马克思哲学的实质及其革命性变革的阐释路径。然而,值得注意的是,尽管著者自觉地将马克思的感性概念置于西方哲学史的背景下进行深入考察,并试图对马克思的感性概念所实现的变革加以阐释,但是这种阐释有待进一步深化。

二 马克思的感性概念与马克思的哲学革命

马克思哲学的实质及其在哲学史上所实现的革命性变革,是任何关于马克思哲学的研究都无法回避的重要理论问题。这一问题涉及对马克思哲学所开创的新传统以及马克思哲学与传统西方哲学之间关系的理解。在马克思主义哲学的阐释史上,尽管人们都承认马克思哲学是哲学史上的一次革命性变革,但是由于对马克思哲学的实质的理解存在差异,人们对这种革命性变革的理解也有所不同,例如,第二国际有的理论家和某些西方马克思主义者的"狭义的历史唯物主义"的理解,葛兰西的"实践哲学"的理解,南斯拉夫实践派的"实践唯物主义"的理解,西方马克思主义的部分代表人物和东欧以及苏联部分学者的"人道主义"的理解,以及影响最为深远且在苏联哲学教科书中被定型和固化的"辩证唯物主义"的理解,等等。[①]

[①] 参见杨学功《超越哲学同质性神话:马克思哲学革命的当代解读》,北京大学出版社2010年版,第107页。

这些对马克思哲学的不同理解路向必然导致对马克思的哲学革命的理解的差异。最为典型的就是苏联哲学教科书的解释模式。

在苏联哲学教科书的解释模式中，马克思主义哲学被理解为辩证唯物主义，而历史唯物主义仅仅被看作辩证唯物主义的一般原则在历史领域的"推广"和"运用"。按照这种解释模式，马克思主义哲学是一种普遍适用的世界观，它是对包括自然、社会历史和人的思维在内的"整个世界"的整体认知和根本观点。由于这种解释模式凸显"物质"而轻视"精神"，通过抽象的物质概念来解释世界的物质统一性和揭示物质世界的运动、变化和发展的过程，因而由这种解释模式所建构的马克思主义哲学是在物质本体论的意义上被理解的。这种解释模式曾在我国对马克思主义哲学的理解中占据着主导地位，并对马克思主义哲学在我国的传播和发展具有不可磨灭的作用，然而，毋庸置疑的是，这种解释模式也存在着很大的弊端。这主要表现在，它将马克思主义哲学简化为追寻终极实在的哲学，因而它不仅使马克思主义哲学教条化、刻板化，还掩盖了马克思主义哲学的批判性、革命性，更遮蔽了其在哲学史上所实现的革命性变革。

改革开放以来，在"哲学教科书改革"的热潮中，人们开始反思苏联哲学教科书对马克思哲学的解释并重审马克思哲学的实质。在各种充满争论的观点中，一种比较有代表性且较为普遍的观点是，将实践概念视为马克思哲学的核心范畴，并以它为逻辑起点来建构马克思主义哲学的理论体系，阐释马克思哲学的实质及其革命性变革。比如有学者认为，由于马克思将目光投向人类世界并从人类实践活动来理解和解释人类世界，因而马克思哲学就在哲学史上实现了哲学主题的根本转换，即"从宇宙本体转向人类世界，关注人的生存状况及其异化的消除，关注无产阶级和人类解放"[①]。既然马克思从感性活动概念的层面来理解实践概念，那么对马克思的感性概念的探讨必然要涉及对马克思的哲学革命的阐释，因此，"马克思的感性概念"的学术价值还在于它开辟了从感性概念来阐释马克思哲学所开创的新传统以及马克思的哲学革命的路径。

有学者指出："马克思哲学在哲学史上所实现的变革，不仅表现在它的具体理论观点与旧哲学迥然有别，而且首先表现在它的哲学观与旧哲学根本不同。"[②] 如果说马克思哲学在哲学史上实现了革命性变革，那么就意味着马克思哲学必然形成了一种超越传统西方哲学的新的哲学观和哲学传统。著者正是从哲学观的角度来考察

---

① 杨耕、欣文：《马克思哲学：我们时代的真理和良心——杨耕教授访谈》，《学术月刊》2004年第1期。

② 杨学功：《超越哲学同质性神话：马克思哲学革命的当代解读》，北京大学出版社2010年版，第85页。

马克思的哲学革命并阐释马克思哲学所开创的新传统。著者认为，作为一种理性形而上学，传统西方哲学所持有的是一种理性哲学观，这种哲学观把理性、精神、意识等当作独立存在，因此，"受意识之内在性的困扰，全部理性形而上学对现实世界的观照，只能停留于意识之内，也只能是单单通过范畴、抽象、观念等对现实世界的把握，它根本无法体会生动的感性生活世界"①。马克思在批判包括黑格尔哲学在内的传统西方哲学的过程中开创了一种感性哲学观。对著者而言，所谓感性哲学观是指立足于感性的世俗生活世界之上、从感性的人的活动出发，并以感性的世俗生活世界为其旨归的一种对于哲学本身的理解、看法和观点。② 这种感性哲学观的根本旨趣在于批判和改造感性的现实世界。这种对马克思哲学的理解是极其恰当和准确的，因为马克思曾多次阐释哲学与感性的现实世界的关系以及哲学的实现问题。早在《博士论文》中，马克思就提出"哲学的世界化"和"世界的哲学化"相统一的思想，强调哲学要批判性地介入感性的现实世界；在《〈黑格尔法哲学批判〉导言》中，马克思进一步指出哲学的实现依赖于"物质武器"③，即无产阶级；在《关于费尔巴哈的提纲》第 11 条中，马克思则直截了当地批判传统西方哲学只是在解释世界，主张哲学应该改变世界；在《德意志意识形态》中，马克思和恩格斯认为，"实践的唯物主义者即共产主义者"应该"使现存世界革命化，实际地反对并改变现存的事物"④。可见，马克思哲学"不是一种纯粹的精致化的理论体系，而是一种介入现实的哲学，是一种世界化了的哲学，是一种实现和完成了的哲学"⑤，这种哲学与理性形而上学传统大异其趣，是一种新的哲学传统。

马克思哲学的新传统是在批判理性形而上学传统的过程中阐发的。著者认为，马克思以感性活动为出发点，从三个方面批判了理性形而上学传统：第一，以感性的现实的个人批判一切抽象主体，确立了人的主体地位；第二，以尘世的感性生活世界批判抽象理性的天国，宣告了哲学向感性生活世界的回归；第三，以感性的历史生成论批判传统的本体还原论，揭示了历史唯物主义的基本原则。著者还洞察到政治经济学批判对于理解马克思的理性形而上学批判及马克思的哲学革命的意义。正如理性、精神、意识在理性形而上学传统中成为永恒的、独立的主体并抽象地主宰和统治着感性的现实世界一样，作为一种"普照的光"，资本在现代社会渗透到资本世界的各个角落，成为抽象地统治和支配现代人的核心原则。马克思洞察到资

---

① 刘建江：《马克思的感性概念》，中国社会科学出版社 2022 年版，第 285 页。
② 参见刘建江《马克思的感性概念》，中国社会科学出版社 2022 年版，第 299 页。
③ 《马克思恩格斯文集》第 1 卷，人民出版社 2009 年版，第 17 页。
④ 《马克思恩格斯文集》第 1 卷，人民出版社 2009 年版，第 527 页。
⑤ 刘建江：《马克思的感性概念》，中国社会科学出版社 2022 年版，第 301 页。

本和理性形而上学之间的相互勾连和内在共谋的关系，并对资本形而上学展开了猛烈批判。著者认为，通过对商品拜物教、货币拜物教和资本拜物教的层层剖析和批判，马克思不仅揭示了商品、货币、资本的历史性，以及资本主义的历史性、暂时性，打破了资本主义是天然的、永恒的社会制度的神话，还揭露了资本主义经济生活中的物役性，强调必须在感性的经济的历史运动中积极地扬弃经济拜物教，恢复感性的主体性。① 总之，通过对理性形而上学以及与之相勾连的资本形而上学的批判，马克思将批判的触角逐渐延伸至现实的经济领域，深刻诠释了其理性形而上学批判的彻底性，形成了新的哲学传统，在哲学史上实现了革命性变革。

最后，著者还认为，基于对感性概念的理解和阐释，除了在哲学观上实现了对传统西方哲学的革新外，马克思还实现了对以往的方法论、历史观、自然观、科学观和政治经济学研究等具体理论观点的超越，形成了不同于以往哲学的新看法。这也就表明感性概念是贯穿马克思的哲学观、方法论、历史观、自然观、科学观和政治经济学批判等的核心概念，它对于理解和建构马克思哲学的整个理论体系具有至关重要的意义。

三　马克思的感性概念与政治经济学批判

自《资本论》问世以来，如何理解马克思的哲学革命及历史唯物主义与政治经济学批判之间的关系，一直是马克思主义哲学研究中的热点问题。传统的观点认为，马克思的哲学革命与政治经济学批判是两个前后相继的思想阶段。具言之，马克思先通过对传统西方哲学的批判实现哲学革命并形成历史唯物主义的普遍原理，再将历史唯物主义的普遍原理"应用"或"推广"到政治经济学批判，从而展开对资本主义社会的批判。这种解读模式既割裂了马克思的哲学革命及历史唯物主义与政治经济学批判之间的本真关系，也遮蔽了对马克思的哲学革命、历史唯物主义的创立过程及《资本论》的哲学理论形态的正确理解，越来越受到人们的质疑。比如有学者指出，马克思的哲学革命不是完成于马克思青年时期的一次性事件，而是贯穿于马克思一生的持续深化发展的思想历程；在这一思想历程中，政治经济学批判的发展对于历史唯物主义的创建具有重要意义，是马克思的哲学革命的内在驱动力。② 这就表明，马克思的哲学革命、历史唯物主义的创立与政治经济学批判是融为一体的相互生成的关系。《马克思的感性概念》也从感性概念的层面阐释马克思的哲学

---

① 参见刘建江《马克思的感性概念》，中国社会科学出版社2022年版，第291—297页。
② 参见郗戈《走向"特定性哲学"——政治经济学批判对马克思哲学革命的深化》，《中国社会科学》2022年第5期。

革命、历史唯物主义与政治经济学批判之间的内在关联。正是在这个意义上，著者指出："马克思基于对感性概念的深刻理解而实现的哲学革命，也必然以某种方式参与到他后期的政治经济学批判的研究中，为其政治经济学批判提供一种历史唯物主义的哲学基础。"①

马克思政治经济学批判的方法论问题俨然成为近年来《资本论》及其手稿研究中的热门话题，但是学者们在如何理解研究方法与叙述方法的关系、辩证法的抽象与具体的关系等问题方面仍未达成共识。著者结合马克思的相关文本，从感性概念与政治经济学批判的方法的内在关联的角度，阐释了马克思政治经济学批判的方法论问题。首先从整体上比较了马克思政治经济学批判的方法与古典政治经济学的研究方法的根本差异。在著者看来，古典政治经济学的研究方法是一种实证主义的方法，这种方法虽重视"抽象力"在政治经济学研究中的重要性，但其所强调的"抽象"是一种"知性抽象"，也就是说，这种抽象所形成的普遍性的概念是从局部经验事实得出的，并且这种普遍性是同"特殊的具体事物处于外在的对立之中"②、排除了特殊性的普遍性。著者认为，囿于这种实证主义的思维方式，古典经济学家不懂得用批判性的、历史性的眼光来对待资本主义的经济生产方式，反而为资本主义社会的天然性和永恒性作辩护。与古典经济学家的实证主义的思维方式不同，马克思以感性的方式改造黑格尔的思辨理性辩证法，提出了一种感性辩证法来研究政治经济学。对著者而言，马克思的感性辩证法是一种历史性的、具体的辩证法，它强调抽象的、观念的东西不是一种独立的东西，而是一种依附于感性、物质性的东西。通过对马克思政治经济学批判的方法的剖析，著者既揭示出以往政治经济学研究的非人性和非历史性的缺陷，也凸显了马克思政治经济学研究的批判性、革命性和历史性的特征。对此，著者指出："正是由于思维方式和方法论的根本转换，马克思才得以透视资本主义经济运行的内在矛盾和深层规律，才得以克服古典经济学家囿于实证主义范式所遮蔽的问题。"③

具体而言，著者是从研究方法和叙述方法两个方面来阐释感性辩证法在马克思政治经济学批判中的方法论意义的。就研究方法而言，马克思的研究方法是从抽象上升到具体的方法。马克思在《1857—1858年经济学手稿》中明确指出了政治经济学研究的两种方法，即从具体到抽象的方法和从抽象上升到具体的方法。著者明确指出，从具体到抽象的方法是古典经济学家的方法，而从抽象上升到具体的方法是

---

① 刘建江：《马克思的感性概念》，中国社会科学出版社2022年版，第233页。
② 刘建江：《马克思的感性概念》，中国社会科学出版社2022年版，第236页。
③ 刘建江：《马克思的感性概念》，中国社会科学出版社2022年版，第237页。

"科学上正确的方法"①，是马克思政治经济学批判的方法。著者认为，古典经济学家是从具体的现实开始政治经济学研究的，但是他们的错误之处在于，他们的经济范畴和经济形式所表征的具体是一种"抽去了事物的内在联系和事物的内在矛盾的具体"②，因而它变成了一种适用于历史上任何时代的普遍的抽象。对著者而言，马克思虽然也将从具体到抽象的方法视为政治经济学研究的必不可少的一环，但是他所理解的抽象不同于古典经济学家所理解的抽象，它们的区别在于马克思所理解的抽象不是一种纯粹的范畴一般，而是有着感性的现实历史内容的抽象，因此，马克思的经济范畴和经济形式便具有一定的"历史基础和历史内涵"③。对从具体到抽象的方法的强调也表明马克思对感性现实的重视，但是马克思并未停留在抽象的经济范畴和经济形式，而是进一步在抽象的思维中具体地再现感性的、客观的历史过程，这就是从抽象上升到具体的方法。著者认为，马克思从抽象上升到具体的方法并不是黑格尔所理解的那种靠抽象的思维力量去创造感性现实的方法，而是符合感性的现实历史过程、在思维中再现具体现实的方法；正是基于这种方法，马克思才能全面把握资本主义经济发展的感性现实和感性历史，超越古典政治经济学。

就叙述方法而言，马克思的叙述原则遵循着理论逻辑与感性历史的统一。著者认为，马克思政治经济学批判的研究方法与叙述方法是根本一致的，其一致性在于承认感性的现实历史的前提性。对著者而言，所谓理论逻辑与感性历史的统一是指抽象的经济范畴和经济形式所体现的理论逻辑必须以感性的现实历史的东西为前提，必须服从于感性的现实历史的东西。④ 具言之，政治经济学批判中经济范畴的逻辑展开和排列顺序必须与感性的经济对象的历史发展相吻合。通过从感性概念对马克思政治经济学批判的方法论问题的探讨，著者阐释了马克思的政治经济学批判相对于古典政治经济学的独特之处，彰显了马克思政治经济学批判的革命性。

除了阐释马克思政治经济学批判的方法论问题，著者还从感性概念的层面阐释了资本主义社会中商品、货币、资本的本质及其历史演变进程，揭示了马克思剩余价值理论的哲学基础及资本逻辑的秘密，凸显了马克思政治经济学批判的哲学意蕴。著者认为，通过对商品的二重性、劳动的二重性以及交换价值的剖析，马克思指出了抽象价值所蕴含的感性对象性形式和感性的人与人之间的社会关系，揭示了抽象价值到货币实体再转化为资本的历史演变过程；通过对资本与劳动力之间关系的透视，马克思揭示了资本主义社会中资本与劳动力平等交换表象背后所隐藏的剥削本

---

① 《马克思恩格斯文集》第 5 卷，人民出版社 2009 年版，第 25 页。
② 刘建江：《马克思的感性概念》，中国社会科学出版社 2022 年版，第 241 页。
③ 刘建江：《马克思的感性概念》，中国社会科学出版社 2022 年版，第 242 页。
④ 参见刘建江《马克思的感性概念》，中国社会科学出版社 2022 年版，第 246 页。

质，深刻地阐释了剩余价值生产的逻辑；通过对资本的本质的考察，马克思揭示了作为"抽象劳动"和"社会关系"的资本的双重性存在；通过对对象化劳动与活劳动之间异化关系的洞察，马克思阐释了感性世界的资本生产逻辑，揭示了资本主义社会人与人相异化的根源。

综上所述，通过对马克思的感性概念与政治经济学批判之间内在关系的阐释，著者阐发了马克思政治经济学批判的哲学基础和方法论革命，揭示了历史唯物主义与政治经济学批判之间的内在逻辑关联。

·会议综述·

社会发展问题的理论根据、历史实践和当代创新

——"马克思的社会发展理论与中国式现代化"高端论坛综述[*]

宋晓杰　吕世荣[**]

旨在全面推进中华民族伟大复兴的中国式现代化进程，在新时代新征程中谱写了全面建设社会主义现代化国家这个新历史伟业的崭新篇章。它不仅在哲学理论体系上极大地丰富和发展了马克思主义的社会发展理论，而且还在现代化的实现道路上为人类历史和文明的发展进步贡献了中国方案和中国智慧。因此，以当今世界和中国社会的基本状况为根基，结合中国特色社会主义道路的发展进程，在系统阐发马克思社会发展理论的基本内容、方法及其当代发展和价值的前提下，深刻把握它们同中国式现代化理论的创新性建构的内在关联，进而揭示中国式现代化的历史必然、理论根据、内在要求、本质特征、发展趋向和时代意义，势必构成中国特色哲学社会科学的重要构成和迫切任务。基于上述共识，由中国马克思主义哲学史学会和河南大学主办，河南大学哲学与公共管理学院、黄河文明省部共建协同创新中心、人文社科研究院和国家社科基金重大项目"马克思主义社会发展理论的当代重大问题研究"课题组共同承办的"马克思的社会发展理论与中国式现代化"高端论坛，于11月3日至5日在河南大学召开。来自全国30余所高等院校和科研机构的70余名专家学者出席此次论坛。讨论的主要议题涉及马克思主义社会历史理论视域中国式现代化的理论根据和价值基调，自主创新和文明互鉴背景下中国式现代化的要求、特征和贡献，马克思社会发展理论的框架、内容和价值，马克思经典著作和现代社会批判中人和历史的发展等。限于篇幅，现仅把与会专家重点关注的问题概述如下。

---

[*] 本文系国家社会科学基金重大项目"马克思主义社会发展理论的当代重大问题研究"（编号：19ZDA020）的阶段性成果。

[**] 宋晓杰，河南大学哲学与公共管理学院副教授、硕士生导师，哲学互鉴与中国话语建构研究中心研究员；吕世荣，河南大学哲学与公共管理学院教授、博士生导师，哲学互鉴与中国话语建构研究中心研究员。

一 中国式现代化的哲学基础、理论前提与价值支撑

站在马克思社会历史理论和马克思主义中国化的基本视野，从哲学基础、理论前提和价值支撑等方面，系统阐释中国式现代化理论和实践的逻辑底色和内在取向，不但是马克思主义社会发展理论中国化时代化亟待解决的关键问题，更从根本上涉及当代中国语境下马克思主义基本理论和方法的创新发展这一时代课题。

（一）中国式现代化的哲学基础

中国人民大学哲学院郝立新教授将《资本论》第一卷"第一版序言"中的社会有机体理论及其以有机结构为本质意义的辩证方法视为中国式现代化的哲学基础。他认为，以它为根据对中国式现代化的把握需明确：其一，指向历史性和整体性视野的现代化发展包含着科学性—规律性与价值性—目的性、人的世界与物的世界、民族与世界历史之间的矛盾；其二，从历史进步性和内在局限性辩证地认识资本主义文明；其三，社会的现代化本质上是人的现代化。

复旦大学哲学学院汪行福教授强调应充分回归《1857—1858年经济学手稿》中的三种社会形态论。他指出，该理论提供了一种围绕人的能力的发展、以自由个性的普遍实现为历史实践之根本目的的非欧洲中心主义的普遍历史叙事，既不依赖于特定的社会形态，又不遵循生产主义的原则。由此出发，我们能更好地理解中国式现代化包含的两个自觉：对社会主义的价值自觉和对发展道路特定的经验自觉。

华侨大学哲学与社会发展学院刘荣军教授则聚焦于《〈黑格尔法哲学批判〉导言》。他认为，马克思早在那里就确立了现代化发展主题的总纲领和解决现代化问题的总思路。他将以工业化为基础的现代化发展的核心问题看成是财富领域对政治领域的关系，并站在从政治解放到人类解放的历史转变高度，为德国式现代问题提出了一个只有以实践方式才能解决的方案。它启示我们，将"现代化国家"和"人民共和国"双重叙事统一起来的中国式现代化，必然会以创造"改造工业和社会结构的必要性和条件"，以及推进全体人民共同富裕、促进全过程人民民主和实现人的自由全面发展的统一为己任。

（二）中国式现代化的理论前提

中国社会科学院哲学研究所单继刚研究员把青年马克思的哲学历史观变革看作中国式现代化的一个理论前提。他指出，以1845年为界，马克思实现了从超历史的

历史哲学向历史科学的飞跃，并给予它强、弱两大纲领。前者以"两个决不会"为核心，后者则围绕落后国家非资本主义发展理论，分别适用于西欧发达资本主义和东方社会。其强调历史发展的普遍规律同人类实践活动、逻辑和具体历史的动态统一视界，构成马克思主张中国同欧洲的社会主义就像中国哲学和黑格尔哲学一样具有重大差别的根基。

扬州大学马克思主义学院平成涛博士则剖析了马克思对自然资本化的批判对理解中国式现代化的前提性意义。他指出，在马克思那里，自然与人的关系建立在人的感性活动之上，既具有历史的性质，又从根本上取决于物质资料生产过程，但在资本主义生产方式下却表现为被资本—权力所改写的自然资本化这一异化样态。批判它的关键在于谋求物质生产方式的变革和对"社会"原则的复活，以彻底消除人类生存条件的外在性，为人与自然、人与人的真正联合创造条件。上述思想是深刻认识追求"人与自然和谐共生"，以及经济理性和生态理性相辅相成的中国式现代化的重要指引。

（三）中国式现代化的价值支撑

武汉大学哲学系赵士发教授认为，毛泽东的"现代"概念奠定了中国式现代化的价值基调。他指出，毛泽东的"现代"概念更应是人类存在的内在尺度，反映了一种不断从当下走向自觉、以面向当下的主动性来积极推动社会进步和发展的历史主动精神。它坚持从中国实际出发，致力于把马克思主义的普遍真理同中国社会主义建设的具体实践相结合，强调基于中国特点开辟中国道路和对传统文化的批判性继承。它构建了主客辩证统一的历史认识论，为中国式现代化进程提供了充足的价值支撑。

黑龙江大学哲学学院李昕桐教授认为，马克思的东方社会理论为中国式现代化实践路径的价值底蕴和取向提供了明确依据。她指出，马克思认为当东方农村公社体制走向极致时，物质层面的发展和进步构成其迈向现代化的根本动因，而当工业文明日益暴露出弊端，制约和规范工具理性的价值、精神和文化选择方面的因素又成为推动社会变革的主导力量。从这个角度看，中国式现代化之所以强调文化自信、文化双创和文化结合，归根到底是因为，西方现代化的文化困境从根本上制约了人类文化生命的可持续发展，现代化发展已经进入价值理性层面的实践活动起主导作用的时代。

二 中国式现代化的内在要求、本质特征与时代贡献

全面审视中国式现代化的内在要求和本质特征,以此深入揭示其历史贡献和时代意义,是自觉构建中国特色社会主义理论体系和中国自主知识体系,实现马克思主义中国化时代化新飞跃的根本。

(一)中国式现代化的内在要求

南开大学哲学系教授王南湜教授以中西实践智慧的不同来理解中国式现代化的核心诉求和终极目的。他认为,从亚里士多德的实践智慧及其与理论智慧的区分可以看出,西方的实践智慧旨在解决人类的终极价值理想,从而必然牵涉神性和现实生活的关系问题。因为中西价值理想有着根本差异,所以包含在中国式现代化进程的实践智慧真正要处理的是,我们的价值理想同现实生活的关系,立足当代重建中国哲学精神最终只是为了使它适应当今社会,而不是简单照搬西方事物。

南京大学哲学系刘怀玉教授从空间话语的自主建构探讨了中国式现代化在历史实践和理论体系上的基本属性和内在品格。他指出,近代以来中国社会现代化的探索是一部对外部国际资本主义空间钳制的"经历—脱离"历险史,也是一个内在发展空间的重建创新过程。它先后经历西方现代化殖民化浪潮冲击,进而突破资本主义抽象空间生产宰制,谋求生存、建设、发展和创新这样一个由被动裹挟到主动作为的过程。因此,中国式现代化同时涉及社会历史发展和空间重构问题。对它的讨论,不仅要在哲学空间话语层面反思和突破西方现代化理论、"全球现代性理论"、"世界体系论"、大陆和海洋中心论的世界地缘政治哲学与"本土派现代化理论"的限度和对中国式现代化的误解,借鉴和消化其合理成果,而且要从把握资本主义全球化生产逻辑与中国现代化自身的空间生产逻辑互动关系入手,从中国革命与现代化自身的发展实践出发,来理解中国式现代化的历史空间辩证法意义。

同济大学人文学院陈立新教授围绕现代性文化困境的破解和文化领导权的构建阐述了中国式现代化的核心关切和历史使命。在他看来,马克思将现代性文化概括为抽象统治,认为它只会将资产阶级自诩的文明时代导向一种错乱状态:人的对象性的本质与人自身相分离,世界深陷物同人相对抗的困境。本着卢卡奇总体性理论和葛兰西文化领导权思想的有益启示,在现代性文化仍然发挥作用的今天,我们需要站在历史的地平线上积极构建新的文化领导权,以本质上就是人的活动的历史性本身来改变抽象性的统治。以人民为中心、以劳动为原则的中国式现代化已经把它作为一个问题和一种可能性,展示在我们面前。

西安交通大学哲学系马文保教授重在论述中国式现代化的实质要义和关键任务。他认为，正在发展中的中国式现代化不只是一个理论问题，更是一个世界问题；不只是要总结经验，更是要寻找出路；不只是为世界贡献中国智慧，更是为自己寻求解决方案。它是总体和全面的现代化，包含着经济、政治、社会和精神生活四重领域，且以实现人的现代化为最终目标，重在解决在社会主义制度下如何利用资本来实现现代化和工业化这一根本问题。

（二）中国式现代化的本质特征

黑龙江大学哲学学院丁立群教授通过中西现代化的本质区别论述了中国式现代化的基本特征。他认为，为了克服西方一元现代化的绝对主义和发展中国家多元现代化的相对主义的弊病，中国式现代化需要重构现代化的普遍本质和普遍理性。其重要标志在于，将片面的工具理性变成全面且完整的理性，以人的全面发展为根本价值，形成了一种以人的现代化为原价值，以物质文明、精神文明、政治文明、社会文明、生态文明的全面提升为目标的总体现代化理想。

中国社会科学院哲学研究所魏小萍研究员从物质文明和精神文明的关系入手，分析了中国式现代化的独特意义。她指出，在马克思那里，资本主义社会包含着经济关系和工业文明，以及与其相适应的契约精神、自由平等理念和法律制度双重维度。尽管后者构成它的精神支柱，但在现实生活中却以相反形式运行，同时又支撑着资本主义经济关系的产生及其在悖论中的自我再生产。与之不同，中国式现代化没有经历完整的从市民社会到资本主义经济关系形成的发展阶段，并且在较短时间内从半殖民地半封建社会过渡到社会主义社会，最终走向了物质文明与精神文明相辅相成的新局面，因而是在更高意义上对自由平等、诚实守信等核心现代性理念的兑现。

河南大学经济学院耿明斋教授以现代化进程的深层构架为基础，从整体上论述了中国式现代化的内在特质，即党的统一领导和全过程人民民主的完美结合、政府主导资源配置与市场经济的有机结合、以区域之间的不平衡和冲突为特点的大国经济、城乡二元结构基础上的现代化道路以及土地（资源）公有对城乡经济社会结构有着重大影响。

（三）中国式现代化的时代贡献

复旦大学哲学学院吴晓明教授主张，中国式现代化由于在特定的历史转折点上承担起了特定的但又具备更高普遍性的世界历史任务，所以它不可避免地展现出世界历史意义。根本原因在于，它以实现全体人民共同富裕和走和平发展道路为特征，在完成现代化任务和占有现代文明积极成果的同时，不仅正在超越由资本本性和霸权法则所主导的现代性本身，而且全面开启了能够在积极的历史性实践当中展开自身的人类文明新形态。

中共中央党校哲学教研部韩庆祥教授指出，从意识形态建设和中国自主知识体系构建来看，中国式现代化及其文化形态是瓦解西方中心论的一把利剑。西方中心论的基本要素尽管曾经对于世界的发展进步发挥着巨大作用，但其实质却在于，企图把文化等同于文明，把现代化等同于西方化，把进步化为中心，把特殊说成普遍，把西方当成世界，换言之，把西方唯一化，把唯一统一化，把统一统治化，把统治合法化。

中国社会科学杂志社孙麾研究员认为，中国式现代化的划时代意义在于，在资本主义和社会主义长期并存的新历史条件下，中国式现代化标识了中华民族以其历史首创精神和主动精神对现代化历史叙事的全面改写，预示着现代化多元选择和新文明形态的生成。因此，研究和阐释中国式现代化需要明确这种精神在唯物史观和历史辩证法中的重大价值，并在深度参与全球化过程和平等对话的思想竞争中，深刻把握传统文化现代转换的历史趋向，创造现代性的中国内涵。

陕西师范大学哲学书院袁祖社教授强调，发展是一项人类整体性、实践主体性以及文明总体性的事业，文明本位的社会发展和现代化历程从一开始就承诺了历史进步论意义上有关文明社会的崇高理想。从这个角度看，中国式现代化的主要贡献在于，它始终遵循文明创造的逻辑，创建了以创新、协调、绿色、开放、共享的新发展理念，既具有基于中国立场、民族本位的核心利益关切，更承载着普遍性意义上人类公共性福祉的长远性和根本性观照。

三 马克思社会发展理论的基本构架、核心问题与当代发展和价值

基于世界和西方社会的发展变化与中国现代化进程，重新理解马克思社会发展理论的基本构架和核心问题以及当代发展和价值，始终都是贯穿在马克思主义发展历程和中国马克思主义哲学界重点关注的关键问题。

（一）马克思社会发展理论的基本构架

北京大学哲学系丰子义教授从总体上概括了马克思社会发展和现代化理论的主要内容和基本观点。他指出，它们包含两大层次：讨论社会发展的基础、动力、矛

盾规律和社会形态演进的一般理论，以及针对现代社会发展的前提条件、机制、路径和未来走向等具体问题的研究。值得注意的是，马克思始终都把人的自由全面发展当成社会发展的根本目的，他既以世界历史的视野来考察现代社会和不同民族国家的发展，又强调世界历史的开启同资本主义的现代化进程紧密相连，既高度肯定现代性的进步意义和资本文明的历史贡献，又指出其野蛮和罪恶的本质，力求以内在超越的方式来克服其基本矛盾。

河南大学哲学与公共管理学院吕世荣教授站在历史科学、价值哲学和辩证方法的有机结合层面，论述了马克思社会发展理论在立场、原则和方法上的内在统一。她指出，马克思对社会发展问题的研究建基于历史唯物主义的哲学立场和为无产阶级解放寻找理论武器的价值立场的统一。从哲学世界观高度和社会发展视角看，其基本原则分别表现为自然观和历史观、历史观和价值观、解释世界和改变世界的统一，以及现实性和历史性、科学性和价值性、批判性和建构性的统一。所用的方法则主要包括从现象到本质的辩证唯物主义方法、从本质到过程的历史唯物主义方法和从过程到发展的实践唯物主义方法。

苏州大学政治与公共管理学院杨思基教授认为，研究马克思的社会发展理论需要系统把握它的核心要素，包括原初背景和话语语境，现实的个人思想，经济基础与国家政治上层建筑和社会意识形式的辩证关系原理，社会矛盾与社会发展动力理论，社会有机体理论与社会生产和再生产理论，社会历史过程的本质和规律理论，社会形态演进的一般和特定规律及普遍和特殊发展道路的关系问题，以及当代资本主义的历史特殊性和时代特征理论等。

（二）马克思社会发展理论的核心问题

中国社会科学院李景源教授将生产力原理视为马克思社会发展理论的一个中心议题，强调生产力标准才是中国共产党人探索中国社会发展的总的、根本的方法论原则。他认为，"两个决不会"思想实为历史唯物主义关于生产力原理的经典表达。运用此理论武器，毛泽东、邓小平和习近平等在领导中国革命与社会主义现代化建设的具体实践中，创造了马克思主义社会发展理论的中国式版本，拓展了中国特色社会主义理论体系。

河南大学经济学院许兴亚教授强调，明确《资本论》中一些关键范畴的原初含义是深入认识马克思社会发展理论的一个基本前提。他指出，生产力概念包括三层含义：作为过去历史发展的结果的"物质生产力"；作为劳动者之主体方面的"劳动生产力"；共产主义条件下作为主客体生产力的统一的、人的能力体系。生产方式概念具有三个维度：一般意义上的生产方式，即"物质生产过程的方式"；"社会生产方式"，即"经济的社会形态"或"经济的社会构成"；生产方式的"个别"，即个别生产部门或生产单位的生产方式。经济基础概念同样包含三重意义：生产关系的总和（社会的经济结构）、生产方式和物质基础。

（三）马克思社会发展理论的当代发展和价值

华东师范大学哲学系孙亮教授认为马克思社会发展理论的当代发展需正视情感资本主义问题。他指出，在当代西方社会，情感遵循市场原则和计算法则被遴选和建构，情感商品依靠产销合一的方式被制造出来并蜕变成统治人的情感生活的意识形态，情感的空间日益被"伪情感"所填满。对此西方左翼的解决方案无法认识到情感异化的前提在于私有财产权制度，以及马克思区分生产劳动和非生产劳动的根本意义。回归马克思视域中对特定资本主义生产方式结构的追问进而实现对"资本—劳动"结构关系的彻底革命，才是情感摆脱物化的唯一出路。

河南大学哲学与公共管理学院郑慧子教授着重分析了在马克思社会发展理论中占据重要地位的科学技术思想对破解当代社会发展困境的价值。他认为，马克思将科学视为伟大的历史杠杆和最崇高意义上的革命力量，深刻认识到科学在社会结构体系中是作为独立变量而发挥作用的，并且他对无产阶级的同情始终从科学理性出发。当代社会走向单向度发展的根源在于，科学之所以作为建制被纳入，仅仅是因为它在满足社会适应性生存方面具有的工具价值，而其内在价值的表达却被严重消解。马克思关于科学技术的基本态度对该问题的解决显然具有建设性的启示意义。

河南大学哲学与公共管理学院赵海瑞博士主张《资本论》中的政治经济学批判是解剖数字化时代无形经济崛起的利器。她指出，马克思资本逻辑批判的经济世界观表明，从"有形经济对工人体力与生产领域的掠夺"向"无形经济对工人智力与日常生活的掠夺"的转变，只能深度遮蔽资本逻辑宰制的现代性二律背反本质。以它为根据来揭示当今世界资本逻辑的二律背反性，需充分关注"数字红利"和"数字鸿沟"对经济正义的双重影响：它以普惠共享促进了社会化生产力的大发展，以虚拟现实时空叠加实践推动了人的全面发展，同时又带来国际和地域间信息占有不平等、数字利维坦控制等问题的加剧恶化。

本次论坛对深化党的二十大报告的马克思主义哲学精神研究，精准把握时代新变化和新机遇，推进中国式现代化理论的系统性阐释和创新性构建，发挥了重要的推动作用。整体而言，与会专家在马克思的社会发展理论、中国式现代化的理论和实践及二者的关系等领域，全面推进了学界的研究广度和深度，并在很多重要方面达成了高度共识。他们一致认为：其一，应回归马克思以历史科学和社会有机体为基础的历史观、围绕资本和工业文明的现代性批判、以人的自由全面发展为目的的社会形态论、以客观必然性和主体选择性的辩证统一为原则的东方社会理论的基本视域，来探求中国式现代化的哲学基础、理论前提和价值支撑；其二，中国式现代化致力于重建扎根于当代中国现实生活的价值理想，并在制度共存和文明互鉴中谋求中国自主的现代化发展道路和空间，这是其根本问题所在。它开启了一种建基于总体化全面化的现代化构想的人类文明新形态，彻底克服了西方现代化进程对工具理性和价值理性、物质文明和精神文明、人和自然之间统一关系的割裂困境，因而必然承载着更具长远性、根本性和生命力的世界历史意义；其三，马克思的社会发展理论是一个融合人类历史和现代社会两大层次，以及科学历史观和辩证人类学双重维度的有机整体，对它的深入把握既需系统阐释其基本构架、范畴和问题，也要在全面审视当今世界最新变化和中国现代化道路历史实践的基础上不断推进其当代发展和中国式创新。同时，他们还指出，在这些领域仍然存在一些值得进一步关注和研究的问题：如何基于马克思的社会发展理论，系统揭示中国式现代化的哲学根据和价值取向？如何深入理解全面推进马克思主义社会发展理论中国化时代化的前提、机遇、挑战和路径？如何基于中国式现代化的发展进程、内在要求和根本关切充分阐明它对马克思主义社会发展理论的创新发展？如何在同西方现代化进程和西方中心论的对比中深刻领会中国式现代化的独特意义和时代贡献？等等。

重访马克思：从马克思现代性思想到中国式现代化

——"马克思现代性思想与中国式现代化"学术研讨会暨中国马哲史学会马恩哲学思想研究分会年会综述

王众凯[*]

2023 年是马克思逝世 140 周年，也是全面贯彻落实党的二十大精神的开局之年。在以中国式现代化全面推进中华民族伟大复兴的新征程上，为深刻阐释中国式现代化的马克思主义渊源及其对历史唯物主义的原创性贡献，不断开辟马克思主义哲学中国化时代化新境界，2023 年 8 月 22 日至 24 日，由中国马克思主义哲学史学会马克思恩格斯哲学思想研究分会、哲学研究杂志社、江海学刊杂志社、苏州大学政治与公共管理学院联合主办、苏州大学东吴哲学研究所承办的"马克思现代性思想与中国式现代化"学术研讨会暨中国马哲史学会马恩哲学思想研究分会 2023 年年会在苏州召开。来自全国数十所高校和科研院所的近百位专家学者参与本次会议，研讨内容聚焦中国式现代化的马克思主义哲学渊源、中国式现代化与历史唯物主义的内在关联、以中国式现代化不断开辟马克思主义哲学中国化时代化新境界等重要议题。

一 中国式现代化的马克思主义哲学渊源

（一）马克思现代性思想的基本内涵

马克思的现代性思想具有丰富的理论内涵，构成了中国式现代化的"魂脉"。中国人民大学哲学院郝立新教授提出，当前需要围绕以下三个问题讨论"马克思现代性思想与中国式现代化"：一是怎样看待马克思现代性思想的内涵，尤其是关于资本逻辑批判的辩证思想；二是如何厘清马克思现代性思想与中国式现代化理论的内在关系；三是如何概括中国式现代化的"六观"所蕴含深刻哲学思想。河南大学

---

[*] 王众凯，苏州大学哲学系博士研究生。

哲学与公共管理学院吕世荣教授着重分析了马克思、恩格斯、列宁的意识形态思想与马克思现代性思想的关联，并在推进中国式现代化进程中如何甄别各种意识形态提出了新的思考，认为学界应当加强对马克思主义意识形态理论的研究。中国社会科学院哲学研究所周丹研究员指出，马克思的现代性思想是需要长期关注和深入挖掘的领域，立足马克思现代性思想，深化中国式现代化的理论阐释，对中国式现代化的核心概念、基本理论的发展历程做全面的梳理与回顾，推动中国式现代化的理论创新，是学界需要继续推进的一项重大任务。复旦大学哲学学院汪行福教授指出，研究马克思现代性思想需要重视复杂现代性理论，当前需要从三个维度思考复杂现代性的理论范式：一是现代性诸规范及其之间关系的复杂性，二是现代性境遇的复杂性，三是现代性的规范与事实之间相互作用的不确定性和矛盾性，同时，在复杂现代性中寻找思想的坐标还需要警惕犬儒主义和民粹主义。嘉兴学院人文社科研究院康文龙教授指出，相较于马克思所处的社会，中国式现代化所经历的重大实践使我们能够有自信地提出中国式现代化理论，这是需要理论界重点关注的问题。桂林电子科技大学马克思主义学院何平教授认为，马克思现代性思想的基本内涵包括以人为中心的社会基础、理性的思想基础、世界市场的物质基础、工业化的经济基础和资本化的核心等五方面内容构成，具有历史唯物主义、阶级分析、价值观念批判、革命和解放等方面的特点。湖北大学马克思主义学院于桂凤教授提出，基于马克思现代性思想来看，人的现代化既是现代化的前提，也是现代化的结果，而在人的现代化中起重要作用的是人的精神的现代化。洛阳师范学院马克思主义学院田江太副教授认为，马克思现代性理论的重要特征和核心内容是我们把握中国式现代化的重要理论武器，其对于理解中国式现代化的独特性、辩证性及其世界意义具有重要价值。

（二）马克思现代性思想的文本语境

重新审视马克思的现代性思想，需要站在新时代的历史高度"回到马克思""重读马克思"。中国社会科学院哲学研究所冯颜利研究员从"塔克—伍德命题"出发，分析马克思在相关文本中对正义的理解和看法，强调要高度重视马克思文本，并将其放到马克思整个思想历程发展过程中来加以解读，在理解马克思文本时要特别注意把握其出场逻辑和基本立场。苏州大学哲学系陈忠教授指出，马克思关于机器问题的论述是以物和生产关系为抓手来展开的，马克思关于机器的思考与当今人工智能、大数据等一些高科技发展密切相关，这要求我们给予充分的关注和重视。南京大学哲学系刘怀玉教授聚焦《英国工人阶级状况》这一文本，深入探赜了青年恩格斯"另一条道路"的哲学意义，以及如何理解青年马克思和青年恩格斯的学术思想关系问题，他指出，现有文本印证了青年马克思和青年恩格斯的思想之间是互相影响的关系，这是一种思想上的"双向奔赴"。南京大学哲学系孙乐强教授着重探讨在现代技术背景下如何以马克思的理论观点来理解和捍卫劳动价值论的问题。他认为，如何理解自动化工厂和劳动价值论之间的关系，构成了"李嘉图难题"，并结合马克思的相关文本探讨了这一难题的解决路径。上海交通大学马克思主义学院周露平副教授针对马克思"工作日问题"进行了哲学层面的反思，主要包含三个方面的内容：一是马克思为何要研究工作日问题，二是工作日作为一个问题具有自己的内在矛盾，三是如何超越工作日。北京化工大学马克思主义学院陈阳副教授基于对《1857—1858年经济学手稿》的考察，探讨了以中国式现代化推动构建人类命运共同体的价值论阐释，提出当前亟须对人类命运共同体的历史定位、理论基础和现实意义展开学理化论证与阐释。

（三）马克思哲学革命与现代性思想变革

马克思的哲学革命是对"从前哲学信仰"的整体性突破，内在地包含着现代性思想的重大变革。华东师范大学哲学系孙亮教授认为，理解马克思现代性思想的一系列前提问题之于把握马克思现代性思想具有重要意义，功利主义的历史哲学将现代性的展开过程理解为工具合理性镶嵌其中的主体文明化进程，只有摆脱这种功利主义历史哲学的掣肘，才能站在合理的方位正确理解马克思的现代性思想。南京农业大学马克思主义学院孙琳副教授主要探讨了三个问题：一是理性与现代性的关系如何，二是马克思在唯物史观的创立过程中如何对作为现代性主要支撑的理性进行批判性扬弃，三是马克思的唯物史观是否一种对理性的内部超越。东北师范大学马克思主义学院马军海副教授认为，当前需要关注马克思对黑格尔现实概念的重构，马克思从实践出发去理解现实，揭示了感性的人的活动的历史性、主体性，重构了思维与现实的张力，确立了理解现实的辩证方法与实践原则。

二　中国式现代化与历史唯物主义的本质性关联

（一）历史唯物主义与中国式现代化的理论基础

习近平总书记指出："历史和现实都表明，只有坚持历史唯物主义，我们才能不断把对中国特色社会主义规律的认识提高到新的水平，不断开辟当代中国马克思主义发展新境界。"[①] 作为科学的理论武器，历史唯物主义构成中国式现代化的理论

---

① 习近平：《坚持历史唯物主义不断开辟当代中国马克思主义发展新境界》，《求是》2020年第2期。

指引和价值支撑。中国社会科学院哲学研究所单继刚研究员探讨了马克思历史唯物主义中的普遍性与特殊性的关系问题，强调在理解中国式现代化的过程中，要坚持这种普遍性与特殊性辩证统一的视域和观点。东北师范大学马克思主义学院胡海波教授认为，经典的唯物史观是马克思现代性思想的理论形态和思想形态，马克思的现代性思想是马克思唯物史观中最具有时代性和实践性的理论主题。黑龙江大学哲学学院姜海波教授指出，中国式现代化的进程具有复杂性，对中国式现代化与其他地区现代化的不同的探讨需要借助马克思历史唯物主义的"过渡"理论来理解。上海师范大学马克思主义学院谢江平教授认为，基于历史唯物主义基本原理，邓小平理论围绕中国式现代化的目标、道路、方向和路径等作了重要规定，为中国式现代化指明了价值立场。西南交通大学马克思主义学院覃世艳副教授认为，在历史唯物主义视域中，现代性具有一般性和具体性、物质性和价值性等规定性，当前需要对中国式现代化的现代性逻辑进行阐释。

（二）中国式现代化与历史唯物主义的中国逻辑

时代是思想之母，实践是理论之源，中国式现代化历史实践的展开必然催生历史唯物主义的中国逻辑。苏州大学哲学系任平教授从马克斯·韦伯的现代性思想与马克思的现代性思想的承继关系入手，阐明我们应当怎样理解马克思主义对中国道路的关切，他指出，没有现代生产方式、现代社会和现代国家，就没有唯物史观。任平教授还结合习近平总书记视察江苏时的重要讲话，探讨了苏州所经历的千年现代化历程所呈现的内生性和自主性现代化道路，分析了苏州千年发展历程之于探索中国式现代化道路的参考借鉴意义。江海学刊杂志社赵涛研究员表示，中国式现代化与苏州这座城市至少有着三重关联：第一，苏州长期站在中国历史发展的前沿，凝结着中国式现代化的鲜活实践经验；第二，需要在此基础上，深度挖掘苏州内生性现代化的理论资源；第三，苏州在历史上出现了多次冲击现代化的浪潮，这值得学界重视和研究。东北师范大学马克思主义学院竭长光教授认为，在一段历史时间内，中国的现代化走的是一种外因决定型的发展模式，受外部影响较大，而要实现社会主义现代化强国就需要将其转换为内因决定型的发展模式。中共四川省委党校马克思主义学院廖小明教授指出，中国式现代化具有丰富的内涵和宽广的外延，既有历史内涵，又有实践指向，而毛泽东对中国式现代化的奠基作用不容忽视。南京师范大学哲学系张福公副教授提出，从马克思抽象与具体的历史辩证法来看，中国式现代化概念的提出是对新时代中国特色社会主义道路历史具体总体的科学抽象和科学规定。江苏师范大学马克思主义学院陈群志副教授认为，中国式现代化的具体实践包含两个方面：一是思维方式的现代化，二是生活方式的现代化。南通大学马克思主义学院宗海勇副教授指出，新发展理念是中国式现代化的发展动能和实现路径，需要从根本动力、根本问题和根本宗旨上理解新发展理念的历史来源和逻辑进路。

（三）中国式现代化的历史唯物主义意蕴

中国式现代化及其理论体系具有丰富的哲学内涵，我们可以从历史唯物主义的不同维度对之展开解读。江苏师范大学马克思主义学院曹典顺教授提出，从哲学层面审视中国式现代化，在一定意义上就是对现代性的差异性和时代性问题的诠释，在这个意义上，"可选择现代性"构成了中国式现代化的哲学前提，中国新现代性表征了中国式现代化的哲学逻辑。苏州科技大学马克思主义学院王建明教授认为，需要从生态建设即人与自然和谐发展的视角来看待中国式现代化的发展路径，要从马克思主义哲学中人与自然关系的相关论述、中华优秀传统文化中关于生态的基本观念出发，合理推进人与自然和谐共生的现代化。中共上海市委党校哲学教研部陈胜云教授认为，中国式现代化包含着不断丰富人民精神世界的本质要求，我们需要把不断丰富人的精神世界的具体目标与实现人的全面发展的整体目标相结合，以开启人的精神世界的重构历程。厦门大学哲学系林育川教授指出，从中华人民共和国成立初期到改革开放之后再到新时代，回顾中国共产党的实践历程，可以发现为何在当前我们能够把中国式现代化提升到人类文明新形态的高度。盐城工学院马克思主义学院徐东教授提出，在考察一个理论的历史地位和现实价值时，需要分析这个理论与以这个理论为指导的价值观，因而当前需要着重分析马克思现代性思想的价值维度与中国式现代化的价值指向。

三 以中国式现代化开辟马克思主义哲学中国化时代化新境界

（一）中国式现代化与构建中国自主知识体系

习近平总书记指出："加快构建中国特色哲学社会科学，归根结底是建构中国自主的知识体系。"[①] 中国式现代化的独立自主实践必然开辟出独立自主的原创知识体系，构建中国自主知识体系也必然要以中国式现代化的历史实践为现实基础。同济大学人文学院陈立新教授提出，推进中国式现代化，不能完全按照西方社会所划

---

① 习近平：《坚持党的领导传承红色基因扎根中国大地 走出一条建设中国特色世界一流大学新路》，《人民日报》2022年4月26日第1版。

定的路径和轨迹来展开，而需要立足中国实际，从民族自身的需求出发，依靠高质量发展来创造美好未来。重庆理工大学马克思主义学院徐茂华教授认为，理解"'第二个结合'是又一次的思想解放"需要从三个维度入手，即思想解放的重要性、理论创新的迫切性、思想发展的必要性。江苏大学马克思主义学院李丽教授指出，中华优秀传统文化的现代化转型与人类文明新形态的历史性创造具有内在的统一性，这种统一性包含历史、理论、实践和价值四个维度。南京大学哲学系周嘉昕教授认为，当前必须加强对全球化、反全球化、逆全球化相关概念的辨析与考察，厘清这些概念的基本内涵及其相互关系，有助于深化学界对中国式现代化的研究阐释。河南大学哲学与公共管理学院戈士国教授提出，资本主义社会是一个"攻防兼备"的体系，既拥有以创新和变革为利器的进攻能力，也拥有隐秘的防御能力，即特定的意识形态装置和机制，因而我们要全面认识和准确识别西方现代化的意识形态。南京信息工程大学马克思主义学院曲蓉教授指出，现代文明秩序构建是中国式现代化的重要组成部分，需要着重把握其系统性、整体性和发展性。绍兴文理学院马克思主义学院洪波教授探讨了世界历史进程中人类文明新形态的出场及其范式建构。她强调，现代化是世界历史进程的范畴，是世界历史发展的必然趋势，也是人类文明新形态的重要标志。复旦大学哲学学院鲁绍臣副教授认为，中国式现代化之所以能够提供世界性的启示意义，是因为它能从中华优秀传统文化中汲取力量以解决资本主义社会中存在的文明分歧、贫富分化、物化现象和个体孤独等问题。

（二）中国式现代化与当代中国马克思主义哲学形态

中国式现代化在马克思主义哲学的指导下，不断汲取新的历史实践经验，孕育并发展了当代中国马克思主义哲学的新形态。陕西师范大学哲学书院袁祖社教授提出，需要基于马克思哲学中现代性反思批判的视野来探讨中国式现代化的世界观逻辑及其文明价值观内蕴，当代中国马克思主义、21世纪马克思主义在世界观变革与重建方面有着独到的理论智慧和原创性贡献。山西大学哲学社会学院邢媛教授认为，当前需要重点加强对中国式现代化方法论问题的研究，方法论包含理论预设、原则指导与方法实施，要在此基础上对中国式现代化道路如何走过来的经验事实进行理论抽象，以引领和指导新征程上的中国式现代化发展。华中科技大学哲学学院吴畏教授着重探讨了中国式现代化进程中的"世界性"问题：一是抽象概念之间的关系如何，二是如何用抽象概念论证具体的经验事实，三是把概念运用到对象之中的方法是什么，四是我们应当如何去讨论世界性。嘉兴学院人文社科处彭冰冰教授认为，在"两个结合"中发展马克思主义，既是马克思主义的内在品质使然，也是中国式现代化的必然要求，中国共产党人把马克思主义思想精髓同中国具体实际结合起来、同中华优秀传统文化精华融通起来,推动了马克思主义发展。苏州大学马克思主义学院张晓副教授指出,21世纪世界政治经济形势的快速发展导致西方国家意识回归,呈现出阶段性、主体多元化、地域性等特点,这导致当前研究中出现了回归马克思主义经典国家理论和延续马克思国家理论批判特质这两条路径。

  本次会议以"马克思现代性思想与中国式现代化"为主题一以贯之,具有特殊的纪念意义和时代内涵。与会专家充分发扬马克思主义哲学的科学精神和实践精神,以高度的问题意识与宽广的理论视野围绕会议主题展开了深入探讨交流,取得了广泛共识与丰硕成果,为推动马克思恩格斯哲学思想研究及中国式现代化理论阐释作出了应有贡献。

投稿须知

《东吴哲学·马克思恩格斯哲学思想研究》创刊于 2001 年，是苏州大学哲学系与中国马克思主义哲学史学会马克思恩格斯哲学思想研究分会联合主办的学术集刊。本刊倡导经典阐释与现实问题反思相结合，强调发挥哲学的理论探索和现实观照功能，注重发表富于深度哲理、时代气息和人文关怀的原创性学术成果。本刊热诚欢迎海内外学者惠赐佳作。为进一步提高编辑工作的效率，保证学术出版的原创性与严肃性，敬请作者赐稿时留意如下规约。

1. 本刊坚持学术性与思想性并重，常设栏目有习近平新时代中国特色社会主义思想的哲学阐释、当代中国马克思主义哲学研究、马克思恩格斯经典文献研究、国外马克思主义哲学研究、马克思主义研究评论（书评）、中国哲学与吴地文化研究、国家治理哲学研究、新科技革命与未来哲学研究、城市哲学研究、科技伦理研究、外国哲学研究、当代美学与美育研究等。

2. 本刊发表的文章形式主要为原创性的研究性论文、专题性论文以及部分研究报告、书评，请勿二次投稿。研究性论文字数以 1.2 万字—1.5 万字为宜，专题性论文字数以 1.5 万字—2 万字为宜，书评字数以 0.8 万字—1.2 万字为宜。

3. 本刊原则上只接收电子投稿，电子版稿件请用 Word 格式。标题三号字宋体，正文小四号字宋体，注释和引文一律采用脚注形式。正文尾页请附上英文标题、英文摘要与关键词、作者简介，并注明作者的联系方式。

4. 本刊审稿时间约为 3 个月，投稿后 3 个月内，若未收到邮件和电话回复等形式的录用通知，请另投他刊。来稿录用发表后，将赠送样刊 2 本并致薄酬。

5. 凡在本刊上发表的文字不代表本刊的观点，作者文责自负。简繁体纸质出版权和电子出版权均归苏州大学哲学系所有。

6. 本刊除由中国马克思主义哲学史学会马克思恩格斯哲学思想研究分会、苏州大学哲学系享有文稿发表及传播权外，已许可中国知网以数字化方式复制、汇编、发行、信息网络传播本刊全文。所有署名作者向本刊提交文章发表之行为视为同意上述声明。如有异议，请在投稿时说明，本刊将按作者说明做适当处理。